국어머리 공부법

국어머리 공부법

1쇄 발행 2023년 3월 31일
3쇄 발행 2023년 7월 7일

지은이 김선
펴낸이 유해룡
펴낸곳 ㈜스마트북스
출판등록 2010년 3월 5일 | 제2021-000149호
주소 서울시 영등포구 영등포로5길 19, 동아프라임밸리 611호
편집전화 02)337-7800 | **영업전화** 02)337-7810 | **팩스** 02)337-7811
홈페이지 www.smartbooks21.com
원고투고 www.smartbooks21.com/about/publication

ISBN 979-11-90238-90-8 03370

맞벌이네 공부법은 단순해야 합니다

국어머리
공부법

김선 지음

스마트북스

초4 사회 55점이
고등 1등급이 되기까지

아이들의 삶을 바꾼 두 권의 책

애들이 5세일 때, 내가 읽은 책에 매우 흥미로운 내용이 있었다. 일본 시골 초등학교 교사가 단순반복계산과 소리내어 읽기를 매일 시켰더니, 아이들의 뇌 기능과 학습습관이 좋아져서 훗날 이들의 명문대 진학률이 40%가 넘었다고 했다.

또 하나, 저명한 뇌 과학자이자 도호쿠대학 교수인 가와시마 류타의 책에 매우 흥미로운 사진 세 장이 나왔다.

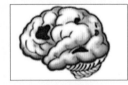  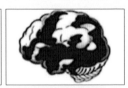

컴퓨터 게임을 할 때　　글을 조용히 묵독할 때　　글을 소리내어 읽을 때

가와시마 류타, 『뇌력 일기장』

위의 그림들은 아이들이 컴퓨터 게임을 할 때, 글을 소리 없이 속으로

읽을 때(묵독), 글을 소리내어 읽을 때(낭독) 등 세 가지 상황에서 뇌를 자기공명영상으로 촬영한 것이다.

이 세 장의 그림을 보는 순간, 머리에 확 들어왔다.

그림에서 짙은 색은 뇌가 활발하게 움직인 부분을 표시한 것이다. 컴퓨터 게임을 할 때는 뇌가 활성화된 부분이 별로 없고, 묵독을 할 때는 중간 정도였다. 그런데 아이들이 낭독을 할 때를 보면, 그림에서 보다시피 뇌의 이곳저곳이 엄청 활성화됐다.

글을 소리내어 읽을 때 뇌가 이렇게 많이 활성화된다면, 당연히 아이들의 뇌력, 집중력, 기억력, 암기력, 독해력, 문장력, 발표력 등이 강화될 것이었다. '후천적 공부머리를 만들 수 있겠구나' 싶었다.

"그래, 하나만 패자."

바쁜 맞벌이 엄마는 오직 하나 문해력, 그중에서도 '소리내어 읽기'에 집중하기로 했다.

굳이 말하자면
'두 번만 소리내어 읽어라' 공부법

이 책에서 주장하는 문해력 학습법과 공부법은 간단하다. 굳이 이름을 붙이자면 '두 번만 소리내어 읽어라'이다. 돈도 따로 안 들고, 부모도 편하고, 뭘 추가적으로 더 하는 것도 아니니 아이도 부담이 덜하다. 방법이 너무 간단해서 이걸 책으로 써야 하나 고민했을 정도이다.

하지만 내가 생각하기에, 이것만큼 확실한 문해력 학습법과 기초 공부법은 없다. 국어도 사회도 과학도 초등 수학 문장제 문제도, 심지어 대입 수능까지도 어느 정도 수준까지 잡을 수 있다. 왜냐하면 '인간의 뇌가 그렇게 생겨 먹었기 때문'이다.

초5/중학/고등, 학년이 올라갈수록 강해지는 공부법

보통 초등 4~5학년이 되면 아이들 간에 학력 격차가 벌어지기 시작하고, 중학교에 들어가면 격차가 더 벌어지며, 고등 때 또 한 번 벌어진다고들 한다. 흔히 "초등 공부는 엄마 공부, 중등 공부는 학원 공부, 고등 공부는 아이의 공부머리와 체력"이라는 소리도 있다.

그런데 이 공부법은 초등 5학년 즈음에 아이의 학업 성취가 한 번 뛰고, 중학교 때 또 한 번 오르고, 고등학교에 가면 한 번 더 뛰는, 학년이 올라갈수록 강해지는 공부법이다. 이는 특이한 현상이 아니며, 이미 이와 관련된 과학적 연구결과들이 있다.

왜 학년이 올라갈수록 강해질까? 이 책에서는 이 간단한 공부법이 왜 이리 힘이 센지 과학적 지식을 살펴보고, 유아, 초등 저/고학년, 중고등에 이르기까지 아이가 이 습관을 스스로 '즐겁게' 유지해가도록 어떻게 도울 수 있을지 소개했다.

바쁜 부모들을 위하여,
평범한 맞벌이 쌍둥이 부모의 현실적 코칭법

우리 부부는 평범한 머리를 가졌다. 명문대 출신이 아니며, 양가 가까운 친척들을 둘러봐도 명문대 출신이 없다. 우리집 쌍둥이는 어릴 때 거의 모든 발달이 느렸는데 인지발달, 언어발달도 느렸다. 특히 한 아이는 사회성도 매우 부족했으며, 5세 때 10개월~1년 정도의 발달지연 판정을 받고 8개월 동안 놀이치료를 했다. 진단 결과를 듣고 집에 와서 베란다에서 울던 기억이 난다.

둘 다 초등 저학년 때 공부를 못했고, 고학년까지 공부를 잘하는 편이 아니었다. 중학교에 들어가서 성적이 꽤 올랐지만 두드러질 정도는 아니었고, 고등학교에 가서 또 한 번 오른 경우이다.

양가 도움 없이 쌍둥이를 키우며 맞벌이를 했다. 초등 때부터 아이들을 옆에 끼고 일일이 가르칠 시간도 여력도 없었기에 문해력과 공부의 기초 체력을 키우는 데 주력했다.

공부머리 별로인 아이,
어떻게 해야 할까?

이란성 쌍둥이를 키우면서 사람은 타고나는 것이 생각보다 꽤 크구나, 새삼 느끼게 됐다. 외모도 성격도 기질도 취향도 공부머리도 달랐다. 이런 경우 쌍둥이 부모는 같은 시기, 같은 방식을 선택했음에도 아이에 따라 결과가 달리 나타나는 것을 경험하게 된다.

5세 때 발달지연 진단을 받은 아이는 초등 5~6학년이 되자, 이해력과 독해력이 좋은 편이고 공부머리가 좀 있겠구나 싶었다.

반면 다른 아이는 사회성과 공감지능은 좋았으나, 이해력과 독해력이 별로이고, 수학머리, 과학머리가 안 좋았다. 머리말 제목인 '초4 사회 55점에서 고등 1등급'은 얘의 이야기다. 이 아이의 성장과정을 함께하면서 설혹 타고난 공부머리가 그저 그래도, 문해력과 공부력이 어떻게 성장할 수 있는지 많은 것을 느꼈다. 아이는, 아니 사람은 무엇으로 성장하는가? 무엇이 아이가 스스로 발전해가는 추동력이 될 수 있을까? 이 책을 쓰게 된 이유 중 하나이다.

학교 공부+문해력
동시에 잡는 법

맞벌이네 공부법은 단순해야 한다. 단순하되 '통합적'이어야 한다. 아이들이 공부할 가짓수를 자꾸 늘리면 안 된다. 뭘 중뿔나게 새로 추가해서하는 게 아니라, 그냥 어떤 아이든 그 시기에 하는 것들을 방법을 조금 달리하는 것으로도 된다. 그래야 아이의 학습 부담이 줄어들고, 부모의 관리 부담도 적어진다.

이 책에서는 '소리내어 읽기'로 읽기의 기초 체력을 확실히 다지고, '모르는 문제 두 번 낭독법'으로 메타인지와 생각하는 끈기와 자기 효능감을 키우며, '강의식 공부법'으로 학교 공부와 문해력, 수행평가력까지 동시에 잡는 법을 소개한다.

또한 이 과정에서 아이의 문해력이 높은 수준까지 성장하려면 결국 '다독'이 중요하다. 그런데 실제로 해보면 이것이 참 쉽지 않다. 다독이란 진정 무엇이고, 어떤 모습이어야 할까? 유아, 초중고까지 아이들과 함께 다독으로 갈 수 있는 고민과 방법도 담았다.

스토리의 힘
동기부여, 자기 효능감, 자율학습 습관

윤태호 작가의 만화책 『미생』에는 맞벌이 엄마인 선차장이 출근길에 어린이집에 아이를 맡기고 돌아서서 우는 장면이 나온다. 동병상련, 그 에피소드를 읽으며 애들 어릴 때가 생각나서 나도 울었다.

반지하방에서 시작한 신혼 부부, 곁에서 돌봐드려야 했던 가난한 홀시아버님, 계속되는 야근과 휴일근무, 엄마인 나 자신이 평생 습관 젬병…. 이제 와서 하는 말이지만, 애들 초1 때 수십 명 작은 중소기업에서 신생팀을 맡게 됐는데 365일 중에서 출근 안 한 날이 40일도 채 안 됐다. 1년 만에 좋은 결과를 내며 팀은 성공적으로 자리잡았지만, 급기야 이듬해 1월 신제품 출시일을 맞추기 위해 밤을 새느라 애들을 추운 사무실 바닥에 재운 날 아침, 나는 퇴사를 결심했다. 솔직히 애들 어릴 때 사는 게 전쟁터 같았다.

아이들을 키우다 보면 '이런 상황에서 우리 애들이 잘 자랄 수 있을까', '내가 부족하고 나쁜 엄마구나' 싶은 순간이 많다. 그런 순간, 사정을 얘기하며 울던 내게 "아이들을 믿으세요"라고 말해주신 지인의 말씀에 위로와 용기를 얻은 기억이 있다.

지금도 우리집처럼 맞벌이 양육에 허덕이는 가정들이 많을 것이다. 어쩌면 우리집보다 더 힘든 상황에 놓인 가족도 있을 것이다. 그분들께 이 책이 위로와 용기가 되고 작으나마 도움이 되셨으면 하는 마음 간절하다.

바쁜 맞벌이 가정일수록 동기부여와 자율학습 습관이 중요하다. 매일 공부를 가르치거나 일일이 봐주거나 체크하기가 힘들기 때문이다. 대신 아이들에게 물고기 잡는 법을 가르칠 수는 있다.

이 책에는 '우사인 볼트와 네가 달린다면', '엄마의 달리기와 유전자' 같은 스토리가 꽤 많이 나온다. 모두 실제로 우리집 애들을 키우면서 들려준 얘기들인데, 기억을 되살려 글로 썼다.

습관 젬병의 맞벌이 엄마는 매일 공부를 가르치고 체크하고 봐주지는 못했지만, 아이들의 감정을 움직이기 위해 공부법, 동기부여, 자율학습 습관 등을 되도록 삶에서 퍼올린 스토리로 전달했다. 아이들의 동기부여, 자기 효능감, 자율학습 습관을 만드시는 데 도움이 되었으면 한다.

우리집 이란성 쌍둥이는 성격도 공부머리도 참 달랐다. 아이들은 각양각색이고 부모 또한 서로 다른 존재들이다. 따라서 두 아이에게서 성공한 공부법이 모든 아이들에게 먹힌다는 보장은 없다.

다만, 내가 16년 전쯤 두 권의 책을 보고 영감을 받아 문해력 학습법을 시작했듯이, 부모님들께 이 책이 작은 힌트라도 되셨으면 하는 마음 간절하다.

나와 아이들의 든든한 지지자인 남편에게 사랑한다는 말을 전하고 싶다. 아울러 부족한 부모 밑에서 돌봄도 제대로 못해줬는데, 무난히 자라준 아이들에게 미안하고 고맙고 사랑한다는 말을 전한다.

2023년 3월
김선 드림

• 차 례 •

머리말 초4 사회 55점이 고등 1등급이 되기까지 **004**

들어가기 **우사인 볼트와 네가 달린다면 020**
먼저, 부모가 아이 뇌의 '가소성'을 믿어야 한다

한 아이와 빈 그릇 | 엄마의 달리기와 유전자 | 중2 아이의 눈물 | 뇌의
가소성 | '공부머리도 유전'이란 말은 대입만 보기 때문 | 문해력은 아이
손에 쥐어주는 예금통장 | 읽기/쓰기 능력의 유전은 고작 20%

1장

두 번만
소리내어
읽어라

초등 2학년 겨울방학, 수학 문장제 문제 **032**
'두 번만 소리내어 읽어라'와 자율학습 습관의 탄생

한국 아이들이 글을 휙 보는 습관이 들기 쉬운 이유 | 디지털 시대, 읽어
도 이해를 못하는 아이들 | 오래 생각하는 끈기 | 공부를 통한 자기 효
능감의 시작 | 부모가 편하다

중2 아이가 소리내어 읽기를 병행한 8가지 이유 **040**
바쁜 부모들을 위한 공부머리 초간단 요약편

부모의 '읽기 발달'에 대한 오해가 문제다 | 아이의 '읽기 자동화' 수준
을 체크해야 한다 | 소리부터 잡아라, 왜? | 읽기 자동화의 핵심은 '연
결'이다 | 아이들의 독서 뇌는 오래 삐걱거린다 | 소리내어 읽으면 왜 이
해가 더 잘되나? | 읽기 발달 5단계에 스킵은 없다 | 중2가 소리내어 읽
기를 병행한 이유

2장

맞벌이네 공부법은 단순해야 한다

부모의 습관 한 스푼
부모가 소리내어 읽는다, 간혹 딱 1분이라도   052
엄마가 옆에서 혼자 소리내어 읽었다 ㅣ 낭독은 즐거울 수밖에 없다, 뇌가 그렇게 생겨 먹어서 ㅣ 초중고 때도 엄마가 혼자 소리내어 읽고 있었다 ㅣ 참 쉽고 간단하다

아이의 자기 효능감 한 스푼
과제를 쪼개어 단순화하라   056
단순한 하나는 계속 지지된다 ㅣ 딱 하나만 배워와라 ㅣ 자잘한 실패를 할 기회를 많이 줘야 한다 ㅣ 부모는 한 발 뒤로, 아이의 선택권 ㅣ 질문하는 힘

공부법 한 스푼
요란하게 공부해야 오래간다   064
유아 때부터 화이트보드 개수를 늘린 이유 ㅣ 초4, 요란한 공부법 1단계 ㅣ 요란한 공부법 2단계 ㅣ 아이들이 공부법을 자기에 맞게 변형하다

3장

학교 공부 + 문해력 동시에 잡기

부모가 공부법을 전달하는 4단계   070
부모가 미리 판을 깐다 ㅣ 공부법의 1단계를 가르쳐준다 ㅣ 미진해도 기다린다 ㅣ 공부법의 2단계를 추가해 완성한다

공부법 끊어주기의 부수 효과   073
아이의 교정 능력을 믿는다 ㅣ 부모의 무리한 요구를 왜 못 느꼈을까? ㅣ 어렵게 얻어야 가치를 안다

급할 땐 질러가자, 교과서의 재발견   077
초5에 만나는 읽기의 크레바스 ㅣ 급할 때 쓰는 방법

공부력은 아이가 스스로 여백을 메워가는 힘이다   081
부모가 사회/과학을 요약해 가르치지 않은 이유 ㅣ 지식보다 학습력 자체가 중요하다 ㅣ 급하게 판을 깔 때

강의식 공부법, 왜 장기기억으로 잘 가나? 084
장기기억으로 더 많이 보내려면 | 강의식 공부법의 4가지 장점 | 공부의 정석 + 알파 | 초등 때부터 문제집 선택을 맡긴 이유 | '이해와 표현'이 더 중요하다

어휘력을 수월하게 빨리 잡는 법 088
어휘 장기기억화에 필요한 반복 횟수는? | 기계적 반복이 아니라 다른 방식으로 만나야 한다 | 강의식 공부법이 어휘력에 직빵인 이유

발표하기/글쓰기/생각하기를 한 쾌에 잡는다 090
수용적 지식에서 표현적 지식으로의 빠른 전환 | 초중고 수행평가의 기초 체력 | 거의 모든 수행평가는 결국 글쓰기다 | 말하기와 글쓰기, 생각하기는 서로 연결되어 있다

부모의 감정 전이, 자율학습으로 가는 지름길 093
기쁨의 전이 | 교과서, 수업, 선생님의 전이 | 지루한 구간을 지날 때

[영어 문해력에 대한 엄마의 반성문] 099
국어 문해력에 대한 반면교사

일단 짧게 수학 반성문 | 드디어 영어 문해력 반성문 | 감정 전이의 실패 | 부모 공부의 실패 | 로드맵의 실패 | 아이의 특성에 맞는 적용 실패

4장

아이와 함께하는 행복한 거실 문해력

듣기의 마태효과 110
아이의 귀는 생각보다 민감하다 | 읽기의 마태효과

텔레비전과 스마트폰을 치운 다음 채운 것 113
초중고 스마트폰 전쟁 | 영상 미디어와의 강력한 결별 | 부모의 목소리로 채우다: 읽어주기, 다청, 대화

다독 디딤돌: 책과 행복한 감정 연결하기 118
도서관과 행복한 경험 연결하기 | 그림책 독서 성장판 | 독서 권수에 집착하지 말자

무엇을 읽어줄 것인가? **121**

2년마다 2~3일, 아이 책에 대한 집중 공부 | 다양성에 대한 존중 | 취향에 대한 존중, 5 대 5의 법칙 | 아이의 책 구매 연습, 2 대 2의 법칙

어떻게 읽어줄 것인가? **124**

전통적 읽어주기 방법도 매우 좋다 | 대화를 늘리는 텍스트 톡 | 표지 읽어주기 | 본문 읽어주기 | 독후활동 | 지나치게 자꾸 묻지 말자 | 제목을 읽은 후 3초 쉬어야 하는 이유 | 끊어 읽기에 신경쓰자

공감과 치유로서의 낭독법 **131**

발달지체 진단을 받은 이과형 아이 | 세 가지 시도 | 책을 통해 아이와 공감한 놀라운 순간 | 변화, 그리고 변화 | 기적의 쿠슐라

거실에서 시작하는 문해력 **137**

작업기억력을 키우는 말놀이 | 배경지식을 키우는 대화와 바깥 활동 | 부모가 아이들의 유치원에서 배운 것 | 문해력은 이야기에서 시작된다

서사 능력을 키우는 거실 활동 **141**

부모와 함께 쓰는 그림일기 | 서사 능력, 어느 정도 발전했을까? | 거실 문해력 활동의 효과 | 수행평가력을 키우는 디딤돌이다

서사 능력 더 쉽게 키우기 **149**

뉴스 타임 만들기 | 절차력과 양 개념을 익히는 거실 국어 놀이 | 거실에서 하는 실험 국어 놀이 | 초중고 수행평가의 기초 다지기

주양육자 외의 대화와 읽어주기 **154**

부모가 아닌 또 한 사람의 성인 | 맞벌이 가정의 현실적 문해력 이야기

두 아이의 초중고 글쓰기 발달, 어떻게 달랐을까? **158**

이과형 아이의 초중고 글쓰기 | 문과형 아이의 고등 글쓰기, 뭐가 문제였을까? | 반복의 힘과 국어력 양질전환의 법칙

서울대 글쓰기 수업과 메타인지의 힘 **166**

서울대 글쓰기 수업과 두 아이의 양상 | 다시, 중2 아이가 이해가 안 된다고 울던 그날 | 메타인지의 가소성 | 메타인지가 발달하려면 1: 표현적 지식으로의 빠른 전환 | 메타인지가 발달하려면 2: 기준을 만드는 힘 | 서울대의 글쓰기 수업 방식 | 아이는 무엇으로 성장하는가? | 이름 지음의 힘

5장

유창한 읽기를 위하여

한글 교육, 때를 기다려야 하는 이유 176
영국 독서학자의 연구가 가르쳐주는 것 I 뇌의 읽기 발달 스케줄이 다르다 I 조기 한글 교육, 아이의 뇌 성장을 방해한다 I 그림책 읽어주기가 훨씬 효과적이다

가정에서의 읽기/쓰기가 언어발달에 미치는 영향 180
상식적 결과를 보인 그룹 I 초1엔 잘했는데, 초4엔 평균 이하 그룹 I 초1엔 못했는데 갈수록 성장한 그룹 I 독서의 장기효과

초보 독서가에서 읽기 해독자로 183
[엄마의 한글 교육 반성문] I 한국어 파닉스 과정 길 필요가 없다 I 아이의 음절, 음소 인식에 도움되는 거실 놀이

부모의 도움 읽기 방법 186
처음에는 익숙한 책으로 시작하자 I 부모와 짝 읽기 I 초3까지 부모의 읽어주기는 계속됐다

최소 초4까지 소리내어 읽기를 병행해야 하는 이유 188
피아노 교육이 문해력 교육에 주는 힌트 I 능숙한 읽기에 필요한 시간 I 하농과 소리내어 읽기

소리내어 읽기는 공부습관 신호다 192
공부 신호로 사용하기 좋은 이유 I 집중력과 기억력이 높아진다

메타인지를 높이는 낭독 피드백 팁 195
일단 기다려야 한다 I 읽기 독립 시기 I 잘못 읽었을 때 I 막혔을 때 I 메타인지를 키우는 핵심

언어의 뿌리를 키우는 동시 낭독 198
소리를 잃어버린 국어교육 I 운율, 소리내어 읽는 맛이 좋다 I 읽기 초기 단계에 적당하다 I 여백과 울림이 많다 I 비유 표현과 유추력의 보물 창고이다 I 어떤 시는 아이와 평생을 함께한다 I 여백을 메우는 과정에서 생각이 자란다

어린이 잡지를 이용한 거실 문해력 203

인류 최초로 한 명의 양육자가 전담하는 시대 | 연남동 고물상, 3만원에 건진 중고 어린이 잡지 60권 | 우리집 거실 놀이와 문해력의 보물창고 | 엄마가 소리내어 읽기 습관을 보여주는 재료 | 아이들이 소리내어 읽는 재료 | 거실과 식탁 대화에서 어휘의 풍성함

거실 문해력, 중고 어린이 잡지의 부수 효과 207
분류·비교·범주화·도식화

생각의 이미지화 능력이 왜 중요한가? | 유아 때는 그야말로 가지고 노는 용도 | 인간은 이항대립적으로 사고한다: 어휘력 쉽게 늘리는 법 | 분류, 범주화, 도식화

정교한 독해습관을 키우는 문제 낭독법 213

지문과 문제, 다른 독해법이 필요하다 | 연필 들고 낭독하며 세 가지 표기법 | 수능 국어 문제 독해법과 왜 다른가?

요약력을 키우는 세 번 낭독법 216

요약은 쉬운 것이 아니다 | 낭독할수록 좋은 명문 | 요약정리 6단계 | 목수의 그림 | 주의할 점 | 모든 과목으로 확장

한자 어휘력 확장을 위한 세 가지 팁 223

[엄마의 한자 공부 반성문] | 한자어 풀기 | 같은 한자의 어휘 확장 | 한시, 판소리 쉬운 텍스트

어휘력을 늘리는 여섯 가지 대화 팁 226

반의어/유의어, 포괄어/종속어 확장의 효과 | 대화 속 사자성어, 속담 | 조심조심 예문 활용법 | 단 5%만 욕심내자 | 종이 사전 찾기의 효과, 정보의 구조와 위치감 | 챗GPT로 인한 신종 직업과 멋진 질문 이야기

6장

아이와 함께 행복한 다독으로 가는 길

묵독의 힘 234
묵독을 하면 어휘력 성장이 빨라지는 이유 | 한 번에 읽어들이는 덩어리 크기가 다르다 | 잘 읽는 아이는 무엇이 다를까? | 단순, 무식, 때려 박기의 힘 | 아이를 다독으로 이끄는 방법

맥락 읽기의 힘 240
우리 청소년의 문해력 특이점 | 우리 청소년 읽기 능력의 약점 | 맥락 읽기, 왜 중요한가?

목적성 독서와 한 우물 파기의 힘 244
목적성 독서 | 능숙한 목적성 독서자의 읽기법 | 능숙한 목적성 독서의 확장 | 여러 저자의 글에 대한 취약함 | 언어 인공지능의 때려 박기 | 10쪽 미만의 텍스트를 읽는 아이들

배경지식의 힘 251
뇌의 착각 | 수능 국어 '헤겔' 문제가 주는 교훈 | 인간의 지식체계에는 맥락이 있다 | 학교 수업이 쉬웠던 이유

아이와 함께 다독으로 가는 길 257
다시, 도서관·서점과 행복한 기억 연결하기 | 아이와 서점에 가면 부모가 꼭 해야 할 행동 | 다청(다양한 듣기)에서 다독으로 가는 길 | 제임스 카메론이 아이 독서에 주는 교훈 | 다독의 빈 구멍을 채우는 집중 독서의 힘 | 부모가 몇 페이지만 보다가 자도 괜찮다 | 부모의 독서 피드백 쉽게 하는 법 | [엄마의 다독 반성문] 아이 독서 취향에 대한 고민이 부족했다 | 부모와 책 돌려 읽기 | [엄마의 독서 편식 반성문] 동기부여 | 독서와 대화 | 어쩌다 과학책 | 3년에 11권쯤이야

요즘 초중생, 왜 소설 읽기 지도가 필요한가? 273
우리말과 문체의 빠른 워밍업

벽초 홍명희의 『임꺽정』이 왜 생소할까? ㅣ 아이 독서, 문학·교양서로 잘 확장되지 못하는 이유 ㅣ 요즘 아이 독서, 과거와 무엇이 다른가? ㅣ 우리 어휘와 정서를 잃어가는 아이들 ㅣ 이야기와 상상력의 방 ㅣ 표현이 사라지고 문장이 짧아지는 시대 ㅣ 우리 어휘와 문체를 위한 빠른 접근법

과학에 영감을 주는 독서 281
앙드레 김, 낯선 곳으로의 초대 ㅣ 한 과학자와의 만남 ㅣ 문화와 취향은 하루아침에 길러지는 게 아니다 ㅣ 새는 양쪽 날개를 달고 난다: 영감을 주는 독서 ㅣ 낯선 곳으로의 독려

에필로그 한국의 문해력 교육, 어디로 가야 할까? 287

우사인 볼트와 네가 달린다면

- 먼저, 부모가 아이 뇌의 '가소성'을 믿어야 한다

언젠가부터 '공부머리는 유전'이라는 말이 회자되고 있다. 입시시장에서 엄청나게 성공한 사교육회사 대표도, 공부법 강사들, 교수들 중에도 '공부머리는 타고나는 것'이라고 하는 사람들이 많아졌다. 예전에 비해 이런 말을 하는 사람들이 정말 많이 늘었다.

물론 '공부머리도 타고난다'는 말은 과학적으로 일면 맞다. 이를 입증하는 관련 연구들도 꽤 있다. 그런데 정말 그게 다일까?

그렇게 치면 외모야말로 빼도 박도 못하는 유전이다. 훤칠한 키와 멋진 얼굴 같은 것 말이다. 여기서는 '공부머리는 타고나는 것'이라는 말로부터 이야기를 시작해 보겠다.

한 아이와 빈 그릇

쌍둥이 중 이과형 아이의 대입 면접 전날이었다.

뒤에서 문해력 발달과 관련해 상술하겠지만, 우리집 애들은 고등 입학 때 선행학습이 부족했으며, 초등 저학년 때보다 고학년 때, 중학교에 올라갔을 때, 그리고 고등 때 성적이 계단식으로 많이 올랐다. 나는 이것을 '문해력 학습법' 때문이라고 생각한다.

문해력이란 글을 읽고 이해하며 독해하고, 그것을 바탕으로 글이나 말 등으로 표현하는 능력까지를 포괄하는 개념이다. 쉽게 말해 우리가 흔히 쓰는 독해력이란 말에 표현력, 콘텐츠 생산력까지 덧붙인 말이라고 생각하면 된다. 따라서 넓게 보면 학교 교육의 수행평가까지 문해력의 범주 안으로 들어온다.

이 아이는 초등 5학년이 됐을 때, '공부머리가 좀 있나?' 하는 생각이 들었다. 초등 때보다 중학 때 성적이 올랐는데, 반 26명 중에서 3~6등 정도 하다가 3학년 때는 3~4등 정도 했다. 중학 때 반에서 이 정도면 잘하는 편이긴 하지만 두드러질 정도는 아니었다.

그런데 인근에서 내신이 빡세다는 고등학교에 들어갔는데, 성적이 확 올랐다. 본인도 가족도 놀랐다. 1학년 2학기 때 전교 1등을 했다. 외근을 나갔다가 애한테 전화를 받고 너무 놀라 휴대폰을 떨어뜨렸던 기억이 난다.

수학 선행학습이 부족해서 고생을 꽤 했고, 2학년 때는 내신이 떨어졌다가 3학년 때 다시 올랐다. 내신시험보다 모의고사를 더 좋아했으며, 모의고사 성적이 내신 성적보다 꾸준히 꽤 잘 나왔어서, 본인도 부모도 학교 선생님도 얘는 정시로 대학을 갈 거라고 생각했다.

그런데 기대도 안 하고 진로대로 낸 수시전형에서 서울대 1차에 붙고 면접을 앞두고 있었다. 부모인 우리는 입시제도를 잘 몰랐다. 사실 엄마는 애들이 고3이 되어서야 수시 원서는 6장, 정시 원서는 3장, 3합4, 4합5, 수시 납치, 최초합 같은 말을 비로소 알게 됐을 정도였다. 학교생활은 아이들이 스스로 하게, 공부도 알아서 하게 키운 편이다.

그러니 면접 날짜는 발표됐는데, 서울대 면접이 어떻게 진행되는지 몰라 애가 부랴부랴 수소문하더니, 45분 동안 주어진 3~4문제를 풀고, 15분간 교수님들 앞에서 칠판에 문제를 풀면서 설명을 한다고 했다.

면접 전날, 애는 좀 쿨한 성격인데 좀 싱숭생숭해 하는 것 같아 안방으로 불렀다. 수학이 1등급이지만, 개중에서도 탁월한 아이들이 있는데 그렇지는 않았다. 이과형 아이지만 국어에 매우 강했고, 내신등급 관리나 모의고사에서 덕을 좀 봤다.

"너희 학교에 뛰어난 애들 있지?"

"엄마, 잘하는 애들 많아. 내가 보기에도 진짜 잘하는 애들 있어."

"그래, 그렇지. 세상엔 수재도 많아. 그런데 수재도 유학을 가거나 하면 더 뛰어난 수재를 보고 좌절감을 느끼기도 한다더라."

"그런가?"

"그렇다더라. 대신 너는 엄마가 보기엔 좀 비어 있는 그릇이야. 선행을 많이 했거나, 어릴 때부터 부모가 공부를 많이 가르치거나 옆에 붙어 일일이 코칭을 하지 않았잖아. 네가 합격한다면 교수님들이 그 비어 있는 부분에 눈길을 뒀기 때문일 것 같고, 떨어진다면 이유가 뭐라고 생각해?"

"실력이 부족하기 때문이지."

"맞아. 1차 합격은 운이 좋았고, 2차는 수학 문제를 풀고 발표하니까 떨어지면 지금 실력이 부족하기 때문이지."

그리고 말을 이었다.

"그런데 우사인 볼트와 네가 달리기를 한다면, 누가 멀리 갈까?"

"우사인 볼트?"

"아니, 누가 멀리 가기로 맘을 먹었느냐에 달린 거지. 우사인 볼트보다 네가 멀리 가기로 마음먹었다면, 네가 더 멀리 가는 거지. 물론 너와 우사인 볼트가 같은 시간을 뛴다면, 우사인 볼트가 훨씬 멀리 가겠지만 말이야."

"......."

"그걸 잊지 마. 너는 완성형이 아니고, 비어 있는 부분이 많은 그릇이야. 이번에 떨어지든 붙든 간에 이제 시작일 뿐이고, 설혹 대입에서 떨어지더라도 네가 계속 걷기로, 더 오래 걷기로 마음먹었다면, 결국 우사인 볼트보다도 더 멀리 갈 수 있다는 것을."

"응."

"그려, 그것만 기억하면 돼."

엄마의 달리기와 유전자

"저기 축구 골대까지 달려서 돌아와, 선착순!"

나는 학창 시절 항상 체육 시간이 스트레스였다. 뭘 해도 반에서 가장 못했고, 선착순 달리기라도 하게 되면 딴에는 열심히 뛰는데도 78등 꼴찌거나 운이 좋아야 76~77등이었다. 당연 100미터 달리기는 20초를 넘었다. 운동 젬병은 나만이 아니었다. 4형제 중에서 가을운동회에서 100미터 달리기로 3등 안에라도 들어본 사람이 한 명도 없었다. 유전자로 말할 것 같으면, 우리집은 운동 유전자가 '극히 안 좋은 집안'이었다.

그런데 어느 날, 문득 이런 생각이 들었다.

"만약 학창 시절에 하루 20분씩 달리기 연습을 했다면 어땠을까? 매일 연습해도 반에서 1등은 못했을 것이다. 하루 7~8시간씩 매달려도 학교 대표는 못했을 것이다. 이런 수준은 '타고난 게' 있어야 하니까.

하지만 운동 유전자가 꽝인 나조차도 매일 20분씩 연습했다면, 당시 내가 부럽게 쳐다봤던 친구들처럼 17초 초반은 뛸 수 있지 않았을까?

유전과 달리기에 대한 이런 생각은 아이들의 문해력 교육에서 나침반 역할을 했다.

쌍둥이, 적어도 한 아이는 공부머리를 타고나지 않았다.

어릴 때부터 문해력 하나는 잡아줘야지 결심했지만, 애당초 상위 5%, 상위 1%가 목표가 아니었다. 오히려 우리집 애들은 유아 때 인지발달과 언어발달이 느렸고, 초등 저학년 때 공부를 못했기에 중간까지라도 가보는 게 목표였다. 마치 100미터 달리기가 그러하듯, 문해력도 연습한다면 타고난 학습력이 단 1센티라도 나아지지 않을까 하는 생각에서 시작했다.

그런데 문해력 교육은 내가 예상했던 것보다 훨씬 힘이 셌다.

중2 아이의 눈물

아이들이 5세 때 문해력 교육을 결심할 때, 가장 기초적인 것은 '소리내어 읽기'였다. 보통 글자를 배운 후 받침까지 줄줄 잘 읽게 되면, 슬슬 묵독으로 넘어가고 낭독을 그만둔다. 꽤 빠른 아이들은 3~6개월, 보통 6개월~1년, 좀 길게 하면 1~2년 정도 한다. 우리집은 이 과정을 꽤 길게 늘렸다.

이해력, 독해력이 좋은 편인 아이도 중학교 때까지 간간히 소리내어 읽기를 병행했다. 고등 때도 어쩌다 할 때가 있었다.

특히 다른 아이는 스스로 소리내어 읽기를 꽤 오랜 기간 많이 했다.

중학 때도 꽤 많이 했고, 고등 1~2학년 때도 꽤 했다. 이 아이는 이해력, 독해력이 부족하고, 과학머리, 수학머리가 별로였다. 그러다 보니 부모로서 안쓰러울 때가 꽤 있었다.

중2 때, 이 아이가 방에서 과학 시험공부를 하다가 안방으로 왔다. 학교에서 배운 건데 모르겠어서 오늘 낮에 반 친구들에게 물어 설명도 들었는데, 집에 와서 교과서를 읽어보니 이해가 안 되었다고 한다. 그래서 '오기'가 생겨서 두 페이지를 일곱 번이나 소리내어 읽었는데도 여전히 이해가 안 된다며, 반에서 자기만큼 수학이나 과학 이해력이 없는 애는 없을 거라며, 자기는 똥 머리라고 울었다.

아이러니하게도, 그날 아이와 대화를 하다가 '얘가 나중에 공부를 좀 잘할 수도 있겠구나' 느꼈다. 이 부분은 뒤에서 메타인지와 엮어 좀 더 자세히 다루겠다. 메타인지는 5~7세부터 성장하기 시작하는데, 우리의 뇌가 그렇듯 메타인지도 변화, 발전한다.

얘가 공부머리가 틔나 싶었던 것은 고등 1학년 2학기가 되어서였다. 성적이 확 올랐다. 중학 때 반에서 4~6등 정도로, 이것도 소리내어 읽기 습관과 공부법으로 버틴 거였는데, 가족들이 내신에 불리하다며 말려도 극구 내신이 가장 빡센 학교 중 하나를 뒤에서 문 닫고 들어갔다.

고등 1학년 1학기 '중간'고사 시험에서 4등급 초를 찍었다. 싱크대에서 설거지를 하고 있는데, 옆에 와서 성적을 말하더니, 대뜸 "엄마, 걱정마. 내가 갈수록 쭉 오르는 예쁜 그래프를 그려줄게, 믿어봐", 환한 표정으로 씩씩하게 말하는데, 설거지를 멈추고, 참…, 뭐라 할 말도 없고, 싱크대 창을 물끄러미 몇 초 바라보다가 고개를 돌려 쳐다보며 "그려" 피식 웃고 말았다. 그런데 기말고사에서 나아져 1학기를 3등급 초중반을 찍고 마무리하더니, 2학기 때는 2등급 중반을 찍었고, 계속 올라서 2학년에는 결국 1등급으로 진입했다.

여전히 발전한다는 느낌을 주는 아이다. 내신이 엄청 빡센 고등학교를 뒤에서 문 닫고 들어가더니, 서울대도 뒤에서 문 닫고 들어갔나 싶은데(이 아이는 원서를 낸 모든 대학과 과 들에서 합격했고, 몇 년씩의 장학금을 제안받기도 했다. 대학이 어떤 유형의 아이를 좋아하는지 힌트를 얻을 수 있는 부분이다), 생각했던 것보다 꽤 잘해서 가족들이 놀랐고 계속 성장하고 있다. 대학에 와서도 계속 성장해 이제는 두 아이의 독해력과 글쓰기 차이를 크게 못 느낀다. 애들 대학의 필수교양 글쓰기 수업 방식은 메타인지의 성장과 관련해 흥미로워 보였는데, 이 부분도 뒤에서 좀더 자세히 다루겠다.

뇌의 가소성

예전에 런던의 택시 운전사는 수입이 꽤 높았는데, 미로처럼 얽힌 수천 개의 골목길을 다 외워야 자격증이 나왔다. 연구자들이 그들의 뇌를 촬영해 보니 기억과 학습을 관장하는 해마가 매우 커져 있었다.

미로 같은 수천 개의 골목길을 달달 외우고 다니다보니, 뇌에서 관련 부위가 커졌던 것이다. 이후 택시 운전을 그만두고 시간이 지나면 해마가 원래 크기로 돌아왔다. 이것은 뇌가 훈련하고 개발하기에 따라 변화할 수 있음을 보여주는 증거다.

인간의 뇌가 고정된 것이 아니라 계속 변화한다는 것을 '뇌의 가소성'이라고 한다. 공부머리도 어느 정도 타고나지만, 설혹 공부머리가 그저 그렇더라도 연습하면 성장할 수 있다. 런던 택시 운전사들의 뇌가 그러했듯이, 인간의 뇌는 변화하고 발전할 수 있기 때문이다.

'공부머리도 유전'이란 말은 대입만 보기 때문

'공부머리도 유전'이라는 말은 집어치우자고 하고 싶다. 물론 공부머리는 유전의 영향을 받으며 타고나는 면이 꽤 있다. 연구결과들이 이를 입증하고 있으며, 이란성 쌍둥이인 우리집 아이들도 꽤 달랐다.

그런데 기라성 같은 사교육계 거물들과 교수님들, 공부법에 정통한 강사들이 이런 말을 하지만, 직장인 엄마로서 나는 예전부터 이 말이 대체 내 애들의 인생에 뭔 도움이 되는지 모르겠다는 생각을 하곤 했다.

물론 과열된 조기교육 열풍과 사교육비 올인을 막거나, 아이의 꿈을 존중하자는 면에서는 분명 도움이 된다. 하지만 이 말은 '공부'라는 말을 오로지 학교 성적, 특히 대입 측면에서만 보기에 거리낌 없이 말하고 회자되는 말이라고 생각한다. 만약 공부머리를 '새로운 지식을 습득하는 능력'이라고 한다면, 아이가 살아가면서 일에서, 삶에서 이게 필요한 순간은 언제든 닥칠 수 있다.

문해력은 아이 손에 쥐어주는 예금통장

한 피아노 학원 강사가 있었다. 피아노로 대학 가기가 얼마나 어려운가. 아마 어릴 때부터 20여 년을 피아노에 매달렸을 것이다. 그런데 그는 30대 초반에 전혀 새로운 일에 꽂혔다. 그리고 불과 1년여 만에 직업 자체를 완전히 바꿔 비즈니스에서 성공했다.

'쏟아지는 정부정책, 보도자료, 각종 기관의 보고서, 기사, 관련 글들…. 생소한 용어가 너무 많고 이해하기 어렵던데…. 게다가 정보가 너무 자주 바뀌고 흘러넘쳐 정신없던데, 대체 그걸 어떻게 1년여 만에 학습했을까? 게다가 생산까지 해서 비즈니스에 성공하다니….' 굉장히 인상 깊었다. 반면 같은 비즈니스에서 더 앞서 있던 어떤 분은 정보습득 능력이 약했고 성장이 곧 한계에 부닥쳤다.

아이가 바리스타가 꿈이라서 경력을 쌓고 카페를 차렸다 해도, 문해력이 좋으면 내 카페만의 스토리를 만들어내기가 더 수월하고, 그 스토리를 입혀 인터넷과 소셜 네트워크 서비스에 더 잘 뿌릴 수 있다. 스토리가 있는 카페가 없는 카페보다 성공 가능성이 더 높다.

문해력은 내 아이의 손에 쥐어주는 또 하나의 예금통장이다. 아이가 평생 가져가는 자산이며, 학창 시절에 쥐어주면 이자가 복리로 늘어난다.

게다가 문해력 예금통장은 부모가 아이에게 주는 데 돈도 따로 안 든다. 굳이 사교육까지 안 해도 된다. 별도로 학원을 다니거나 비싼 프로그램을 할 필요도 없다. 또한 연습용 책들을 마구 사들여 시키지 않아도 된다. 문해력까지 이런 식으로 접근하면, 아…, 애들이 해야 할 과목이나 일의 개수를 자꾸 늘리는 셈이 되어버린다.

맞벌이네 공부법은 단순해야 한다. 그냥 집에 있는 책으로 하면 된다. 우리집이 그러했다. 부모가 힘도 별로 안 든다. 아이도 뭘 중뿔나게 새로 추가해서 하는 게 아니라, 그냥 어떤 아이든 그 시기에 하는 것을 방법을 좀 다르게 하는 것으로도 된다. 우리집이 그렇게 했다.

읽기/쓰기 능력의 유전은 고작 20%

연구에 의하면, 언어적 재능은 50% 정도 유전되며, 그중에서도 읽기와 정확한 쓰기 같은 능력은 20%만 유전의 영향을 받는다고 한다.[1] 우리가

---

1 김영훈, 『독서의 뇌』, 스마트북스, 2023년, 63쪽.

타고나는 것 중에서 유전의 영향력이 이보다 큰 것은 많다. 엄마나 아빠의 코가 둥글면, 아이의 코가 둥글 확률이 50%가 넘는다고 한다. 그런데 유전의 영향력이 고작 20%라면 시도해 볼 만하지 않은가.

부모가 '공부머리는 타고나는 것'이라고 생각하면, 아이들은 은연중에 다 느낀다. 아이도 그렇게 생각하게 된다. 먼저, 부모가 아이 뇌의 가소성을 믿어야 한다. '공부머리는 유전'이니 하는 말은 던져버리고, 아이 손에 쥐어줄 문해력 예금통장을 1센티라도 키워보자.

1장

두 번만
소리내어
읽어라

초등 2학년 겨울방학,
수학 문장제 문제

'두 번만 소리내어 읽어라'와 자율학습 습관의 탄생

초등 2학년 겨울방학 어느 날, 모처럼 월차를 냈다. 이상하게도 그날의 기억은 거실에 앉아 있던 내 모습, 우리집 문과형 아이의 목소리나 표정까지 기억에 생생하다.

나는 거실의 탁자에 앉아 노트북을 정신없이 보고 있었다. 당시 글로벌 금융위기 이후 경제가 요동치고 있었는데, 한창 경제 글에 빠져 있었다. 한 아이는 뭘 하고 있었는지 기억이 안 나고, 이 아이는 자기 방에서 공부를 하고 있었던 모양이다.

당시는 우리집도 여느 저학년 맞벌이 집처럼 문제집들을 사주어 하루 몇 페이지씩 풀게 하고, 저녁에 퇴근해서 체크하고 가르치고 숙제를 내주곤 했다. 아이가 수학 문제집을 들고 왔다. 문장제 문제였다.

"엄마, 이거 모르겠어."

설명해줬다.

그런데 불과 5분도 안 되어 또 문제집을 들고 왔다.

"엄마, 이 문제 모르겠어."

아…, 여튼 가르쳐줬다.

"문제를 잘 읽어봐."

근데 불과 5분도 안 지나 또 왔다.

"엄마, 이것도 모르겠어."

이 아이는 어릴 때 사회성이 좋았지만, 국어력과 수학 이해력이 별로이고 좀 부산했다.

"문제를 잘 읽었니?"

"응."

"진짜? 문제를 잘 읽으면 풀 수 있는 문제 같은데."

"문제를 잘 읽었어. 그런데도 모르겠어."

일단 가르쳐줬다. 그리고 말했다.

"○○아, 이제부터는 모르겠으면, 문제를 소리내어 천천히 생각하며 두 번 읽어봐. 이때 문제에서 중요한 것에 연필로 밑줄을 쳐. 엄마가 하는 걸 보여줄게, 잘 봐."

초등 수학 문장제 문제를 두 번 낭독하며 연필로 중요한 것에 밑줄을 치는 요령을 보여주었다(5장에서 좀더 상세히 설명한다).

"이렇게 두 번 읽었는데도 모르겠으면, 그때 엄마한테 물어봐."

"응."

나는 다시 노트북을 읽고, 아이는 자기 방으로 갔다.

얼마나 시간이 지났을까? 아마 얼마 안 됐을 거다.

"엄마, 엄마!"

아이가 큰소리로 외치며 방에서 뛰쳐나왔다.

'아…, 한 20분만 엄마 좀 내버려뒀으면 좋겠구먼.'

나는 노트북에서 시선을 떼고 고개를 들었다. 그런데 아이의 얼굴이 너무 환한 거다. 표정이 지금도 기억에 또렷하다.

"엄마! 문제가 풀려. 소리내어 읽었더니 이해가 돼. 세 문제나 풀었어."

애가 흥분했다. 나도 환한 표정으로 대답했다.

"그렇지? 원래 소리내어 읽으면 이해가 더 잘돼. 적어도 초등, 중등 아이들은 그래. 과학자들의 연구결과도 그렇다고 해."

"헤헤."

아이는 웃더니 자기 방으로 갔다.

"모르겠는 문제는 두 번 소리내어 읽어봤니?", 이것은 초등 때 우리 집 아이들의 공부 지지대 중 하나였다.

한국 아이들이 글을 휙 보는 습관이 들기 쉬운 이유

사실, 초등 1~2학년 수학 문장제 문제는 아이가 '찬찬이' 읽어보고, '진득하게' 생각하면 거의 대부분 이해하고 풀 수 있다. 그런데 맘이 급한 아이는 문제를 후루룩 읽어버리고, 답이 금방 안 보이면 냉큼 "엄마!"부터 부르고 본다. 엄마한테 가르쳐달라며 교과서나 문제집을 가져와 내밀어버린다.

나는 이후로도 바로 덥석 가르쳐주지 않았다. 아이가 모르는 어휘를 물으면 얼른 대답해줬지만, 문제는 아이가 물으면 가르쳐주기 전에 이 말을 반복했다.

"지문과 문제를 소리내어 두 번 읽어봤니?"

아이가 두 번 낭독하면서 풀어봤는데도 모르겠다고 할 때만 가르쳐 줬다.

특히 우리나라 아이들은 글을 '휙 보는 습관'이 들기가 쉽다.

뒤에서 따로 얘기하겠지만, 우리나라 아이들은 일반적으로 다른 나라 아이들에 비해 글자를 너무 일찍 배우고, 도움 읽기 과정은 짧고, 너무 어린 나이부터 너무 많은 문제풀이에 노출된다. 부모나 학원의 숙제로 나온 문제들을 빨리 풀어버려야 놀 수 있지 않은가. 이런 이유들로 인해 글을 후루룩 보는 습관이 생기기가 쉽다.

글을 휙 보는 습관은 이후 초등 고학년, 중학교, 고등학교까지 문해력, 이해력, 공부력의 성장을 가로막는 최대 장애물 중 하나이다.

디지털 시대, 읽어도 이해를 못하는 아이들

또 하나, 스마트폰이나 태블릿 등에 일찍 노출되는 것도 글을 휙 보는 습관을 더욱 강화하고 있다. 이와 관련된 얘기를 잠깐 해보자.

우리나라 청소년 문해력에 관한 조사를 보면 눈길을 잡는 대목이 있다. 문해력이 우수한 나라에 비해, 우리 청소년들은 디지털 텍스트를 읽는 능력이 약한데, 사실과 의견을 제대로 구분하지 못하는 아이들도 꽤 있었다. 이는 읽어도 독해는커녕 그 글이 사실을 전달하는 것인지, 의견을 쓴 것인지조차 제대로 이해하지 못하고 있다는 것이다. 우리 청소년들에게 왜 이런 현상이 벌어질까?

이제 책과 스마트폰 화면의 텍스트를 읽을 때, 우리의 안구가 어떻게 움직이는지를 보자. 이와 관련된 연구들이 있는데, 여기서는 쉽게 접근하기 위해 저자가 임의로 이미지를 매우 단순화했음을 밝혀둔다. 세세한 것은 연구의 영역이고, 부모인 우리는 맥락만 알면 된다.

왼쪽은 종이책의 영어 텍스트를 읽을 때, 인간의 안구가 어떻게 움직이는지를 안구 추적기로 따라간 것이다. 인간은 묵독을 할 때 글자를 덩어리로 읽는다. 안구가 별색 점 부분을 찍고, 나머지는 빠르게 스치면서 한 번에 쭉 빨아들이며 읽는다.

오른쪽은 스마트폰 화면에 익숙한 사람이 기사 등 텍스트를 읽을 때, 안구의 움직임이다. 시선이 몇 개의 눈에 띄는 핵심 단어들을 찍은 다음에 F자 형태나 지그재그 형태로 죽 흘러내리면서 읽는 경향이 있

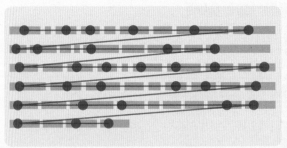

▲ 종이책을 읽을 때 안구의 움직임

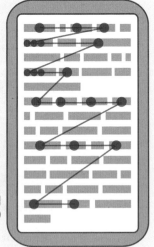

▶
스마트폰 화면의 텍스트를 읽을 때 안구의 움직임
(핵심 단어 위주로 F자 형태나 지그재그 형태로 훑어 읽어버린다)

다. 디지털 미디어의 텍스트 읽기는 '훑어 읽기' 양상이 뚜렷하다.

　이런 읽기 방법은 매우 숙달된 독해자가 필요한 자료만 얻기 위해 목적성 읽기를 빠르게 할 때는 괜찮다. 하지만 초중고 학생들은 이렇게 읽으면 안 된다. 아직 독해에 숙달되지 않았고, 배경지식이 부족하며, 읽기 발달이 진행되고 있는 상태이기 때문이다.

　아이가 스마트폰을 통해 이런 읽기 습관이 들어버리면, 교과서를 읽어도 이해를 못하게 된다. 어린 나이에 '훑어 읽기'에 익숙해지면 '깊이 읽기'가 어려워진다. 따라서 디지털 시대에 글을 후루룩 보는 습관은 반드시 고쳐야 한다. '모르는 문제 두 번 낭독법'은 단순하지만, 이런 '훑어 읽기' 습관을 고치고 글을 찬찬이 보는 습관을 키우는 방법이다.

오래 생각하는 끈기

공부, 그리고 문제 해결 능력에서 중요한 것 중 하나는 오래 생각하는 힘, 바로 '생각의 끈기'다.

　문제를 모르겠으면 두 번 소리내어 읽어본 다음에 물어보라는 것은, '너의 머리로 두 번 더 생각해 보라'는 것이다. 이렇게 하는 데 시간이 더 걸려봤자, 초등 저학년 문제는 겨우 1~2분밖에 안 된다. 하지만 아이가 좀더 오래 생각할 수 있는 힘을 키워갈 수 있다. 이것은 시작이다.

　이것이 성장하면, 중고등 때 어려운 수학 문제를 들고 30분, 1시간, 2시간 넘게 매달리는 끈기가 생기게 된다. 이러한 끈기는 나중에 어른이 되어 자기 일을 할 때까지 연결될 것이다.

공부를 통한 자기 효능감의 시작

당시 이 아이는 모르는 문제를 두 번 낭독하는 과정에서 스스로 푸는 확률이 높아졌다. 3개 중 2개, 70% 정도는 낭독 과정에서 스스로 풀게 됐다. 초등 저학년이라 더 그랬을 것이다. 하지만 초등 고학년, 중고등생도 모르는 문제를 소리내어 읽어보면 스스로 풀 확률이 조금이라도 높아진다(이는 과학적 이유가 있다. 47쪽 참조).

문제가 무슨 뜻인지 몰랐는데, 또는 문제를 못 풀었는데, 두 번 소리내어 읽어보니 스스로 이해가 되더라, 이 작은 경험이 이후 아이들의 '스스로 해낼 수 있다'는 믿음, 즉 자기 효능감의 기반이 되었다.

또한 자율학습 습관은 자기 효능감에서 출발한다. 아이가 '내가 스스로 해낼 수 있다'고 믿어야 자율학습 습관이 자리잡을 수 있다. 모르는 문제를 두 번 낭독하는 과정에서 자기 효능감이 커지고, 이게 자율학습으로 가는 시작이 되었다.

부모가 편하다

'모르는 문제 두 번 낭독'은 실제로 해보면 부모가 꽤 편해지는 방법이다. 일단, 아이가 부모에게 모르겠다며 물어보는 경우가 확 줄어들었다. 이것만도 고마운데, 이를 통해 자기 효능감이 생기고 자율학습 습관으로 연결되니 한결 더 편해졌다.

초등 2학년 겨울방학 그날 이후 과도기를 거친 다음, 초등 3학년부터 우리 부부는 공부를 매일 가르치거나 봐주는 것을 슬슬 그만뒀다. 시험공부든 수행평가든 뭐가 됐든, 애들이 알아서 하는 습관으로 발전했다. 엄마는 시험 날짜는 알지만, 그날 무슨 시험을 치르는지 과목들도 잘 몰랐다. 시험 기간이 되면 국을 끓이고 과일이나 간식 등을 냉장고에 더 채우는 정도를 했다.

물론 자기 효능감과 자율학습 습관을 키우는 것이 쉽지 않았다. 어려웠다. 좌충우돌할 때도 꽤 많았다.

유아 때는 유아 때대로, 초등, 중학, 고등 때 모두 고민과 좌충우돌이 있었다. 자잘한 선택의 기로에 자주 섰고, 초등 고학년이 되고부터는 변수가 늘어 이제 네 명이 선택을 놓고 옥신각신하기도 했다. 중학 때는 사춘기 애들과 부딪힐 생각을 하니 머리가 아파, 퇴근 시간인데 집에 가기 싫어 미적거린 날들도 있었다. 그 과정에서도 어떻게든 조금씩 성장해 습관이 자리잡아온 것 같다. 우리집 애들의 자기 효능감과 자율학습 습관이 자리잡아간 과정에 대해서는 뒤에서 상세히 다룬다.

중2 아이가 소리내어 읽기를 병행한 8가지 이유

바쁜 부모들을 위한 공부머리 초간단 요약편

"초등 2학년인데 수학 문장제 문제를 잘 틀려요."

"초등 5학년 아이인데 어휘력이 부족해요."

"중학생인데 교과서를 읽어도 이해가 안 된대요."

"아이가 공부를 나름 하는데, 성적이 왜 안 오르죠?"

"공부가 재미없고 지겹대요."

"시험 때 문제를 잘못 읽어서 틀릴 때가 많아요."

자주 나오는 얘기들이며, 우리집도 아이들이 자라는 과정에서 겪었던 일이다. '시험 때 문제를 잘못 읽어서 틀릴 때가 많아요' 같은 문제들, 생각보다 금방 안 고쳐진다. 어떻게 해야 할까?

이를 위해서는 먼저 읽기 뇌에 대한 최소한의 과학적 지식이 필요하다. 뇌 과학은 복잡하고 좀 어려운데, 여기서는 바쁜 부모들을 위해 꼭 기억해야 할 핵심만 뽑아 최대한 풀어썼다.

부모의 '읽기 발달'에 대한 오해가 문제다

우리는 아이의 읽기 발달 과정을 가볍게 여긴다. 아이가 한글을 배우고 받침까지 막힘없이 줄줄 읽으면, 이후에는 읽기 발달에 관심을 덜 기울인다. 영어, 수학, 과학, 사회 등 과목 공부에 주력한다. 하지만 국어는 모든 과목을 공부하는 데 필요한 도구 과목이다. 국어력이 부족하면 모든 공부가 어려울 수밖에 없다.

그런데 과연 우리 아이, 잘 읽고 있는 것일까? 아이가 책의 글자를 줄줄 읽을 수 있으면, 읽기를 잘하는 것일까?

다음을 한 번 읽어보자.

> 미국 연준이 3월 20일, 기준금리를 0.25%P(퍼센트포인트) 인상한다고 발표함에 따라 원화의 절하 가능성이 높아졌다.

유치원생도 한글을 안다면 글자를 읽을 수는 있다. 하지만 뭔 뜻인지는 모른다. 성인도 경제에 관심이 없으면, 위의 문장을 읽을 수는 있되, 생소한 어휘와 배경지식의 부재로 무슨 뜻인지 잘 모를 수 있다. 읽기는 단순히 문장의 글자를 읽는 것이 아니다. 아이가 글을 읽고 '이해'까지 해야 비로소 읽었다고 할 수 있다.

읽기 발달의 5단계 중에서 3단계인 '이해'까지만 놓고 봐도, 읽기는 우리가 생각하는 것보다 훨씬 긴 시간과 훈련이 요구된다. 읽기 자동화, 풍부한 어휘, 배경지식, 다독 등 많은 훈련이 필요하다. 일단 여기서는 '이해'만 기억하고, 다음 이야기로 넘어가보자.

아이의 '읽기 자동화' 수준을 체크해야 한다

최근, 부모를 위한 영어 문해력 책인『조이스박의 오이스터 영어교육법』에서 흥미로운 그림을 봤다(38쪽). 저자에 따르면, 20년 전쯤부터 영어 버전이 인터넷에서 수백만 회 공유됐고, 한글 버전은 5~6년 전부터 인터넷에 떠돈다고 한다.

나는 이 책의 그림이 신기해서 중1 아이가 있는 막내 남동생에게 소개했다. 그런데 나중에 좀 특이한 얘기를 들었다.

일단, 다음을 한 번 읽어보자. 이것을 읽을 수 있는가?

> 캠릿브지 대학의 연결구과에 따르면, 한 단어 안에서 글자가 어떤 순서로 배되열어 있지는는 중하요지 않고, 첫 번째와 마지막 글자가 올바른 위치에 있는 것이 중하다요고 한다. 나머지 글들자은 완전히 엉창망진의 순서로 되어 있라을지도 당신은 아무 문제 없이 이것을 읽을 수 있다.

남동생 부부는 이 글을 무난히 소리내어 읽었다고 한다. 우리 뇌는 글자를 한 자씩 읽지 않고 의미 덩어리로 읽는다. 눈으로 단어의 첫자(예: 연)와 끝자(예: 과)를 찍어 맞추면 하나의 단어(연구결과)로 인식하기에, 단어의 중간에 글자들이 뒤섞여 있어도 무리 없이 읽을 수 있다.

그런데 중1 조카는 글을 한 자, 한 자 쓰인 대로 읽는 경향을 보였다고 한다. '캠릿브지', '연결구과' 식으로 말이다. 이 경우 아직 읽기 자동화가 덜 됐다고 볼 수 있다. 쉽게 말해, 우리집 쌍둥이 중 한 아이처럼 읽기 발달이 느린 편인 것이다.

부모가 아이의 읽기 발달 수준을 정확히 아는 것은 중요하다. 이런 경우 학원 등 사교육을 늘려도 효과가 적을 수 있다. 문해력에 더 신경을 쓰는 것이 장차 학습력을 높일 수 있는 방법이다.

요즘은 문해력에 대한 관심이 높아지다 보니, 학년별 문해력 체크 문제 세트나 프로그램도 있는 것 같다. 아…, 바쁜 맞벌이 가정은 이렇게 할 일의 개수를 자꾸 늘리면 부모도 애도 힘들다. 굳이 이렇게까지 안 해도 되고, 쉽다. 그냥 자기 학년의 사회, 과학, 역사 교과서에서 '아직 안 배운 곳'을 아무데나 세 군데 정도 펼쳐 몇 문단씩 낭독해 보라고 하면 된다. 10분도 안 걸린다.

아이가 소리내어 읽는 것만 들어도 읽기 자동화 정도를 금방 알아차릴 수 있다. 줄줄 잘 읽으면 된 거고, 끊어 읽기가 능숙하지 않거나, 생소한 어휘들에 자주 머뭇머뭇하면 부족한 상태로 볼 수 있다.

그런데 읽기 자동화의 핵심이 뭘까? 바쁜 가정에서 어떻게 메워줄 수 있을까?

소리부터 잡아라, 왜?

아기가 말을 배우는 과정을 보면, 먼저 '귀'로 말을 배운다. 청각은 가장 이른 시기에 성장하는 감각이다. 뱃속에 있는 태아 6개월부터 엄마, 아빠의 목소리를 들을 수 있다. 또한 청각은 우리가 죽을 때 가장 늦게까지 남아 있는 감각이기도 하다. 그래서 부모님이 돌아가시는 순간, 우리는 손을 꼭 잡고 귀 가까이 "사랑한다"는 말을 들려드린다. 청각은 문해력 발달에서도 가장 기본이고 중요한 요소이다.

이 글을 쓰면서 읽기 발달 5단계 도식을 수십 번을 들여다봤는데, 이론적으로야 이미 알려진 것이지만, 엄마의 눈으로 보니 좀더 재미있게 다가왔다.

그림을 보자. 다음은 읽기 발달의 각 단계에서 도달해야 할 핵심 기능을 중심으로 연결 상태를 표시한 것이다. 네모상자의 밑을 보자. 공통점을 발견했는가?

그렇다. 바로 '소리'다.

일단 '소리'만 기억하고 다음으로 가보자.

읽기 자동화의 핵심은 '연결'이다

아이들의 언어 지식은 '소리→문자→뜻' 순으로 발전한다. 이 부분은 조금 설명이 딱딱할 수 있지만 꼭 필요한 지식이다. 가만히 읽어보면 그리 어렵지 않고 쉽게 이해된다.

1. 아기들은 모국어 단어를 먼저 귀로 배운다. 엄마가 사과를 가리키며 "사과"라고 하는 걸 듣고, 아이는 이름을 '소리'로 알게 된다. 글자를 배우기 전에 아이들이 아는 말은 다 소리로 들어 기억하는 것이다.

2. 아이가 한글을 배운 후 '사과'라는 단어를 보고 읽는다고 하자. 아이가 눈으로 '사과'라는 글자를 보고(문자), 지금까지 귀로 들어 익혔던 음소[1]와 음절[2] 지식과 연결해 이 문자를 "사과"라고 읽는다(문자-소리 연결). 이때 뇌의 기억상자에서 소리로 알고 있던 '사과'라는 단어를 찾아 연결해 '아, 사과구나'라고 뜻을 이해한다(소리-문자-뜻 연결).

   아이의 독해력이 좋으려면 어휘력, 배경지식이 풍부해야 하지만, 일단 뇌에서 '소리-문자-뜻'의 연결이 팍팍 잘되어야 한다. 그런데 이것이 생각보다 쉽지 않다. 왜 그럴까?

아이들의 독서 뇌는 오래 삐걱거린다

인간의 진화는 수십만 년이지만, 문자는 약 1만 년 전에 발명됐고, 인쇄술의 발달로 특권층이 아니라 일반 대중들이 책을 읽은 것은 고작 수백 년밖에 되지 않았다. 우리 뇌는 독서에 맞게 진화될 새가 없었다.

그러다 보니 인간의 뇌에서 독서를 담당하는 하나의 부위는 없다. 다음의 그림에서 보듯이, 우리가 글을 읽을 때 동원되는 부위는 뇌의 여기저기에 흩어져 있다. 즉, 소리 인식, 글자 인식, 뜻(이해) 인식 등의 부

---

1 음소: 말소리의 최소 단위다. '사과'에서 ㅅ, ㅏ, ㄱ, ㅗ, ㅏ 같은 게 바로 음소다.

2 음절: 음소보다 조금 큰 말소리의 단위다. '사과'에서 '사', '과'가 바로 음절이다.

위가 이곳저곳에 흩어져 있는 것이다.

아이가 글을 유창하게 읽고 이해하려면, 뇌에 흩어져 있는 이 부위들에서 수십억 개의 뉴런(신경세포)이 빠릿빠릿하게 활성화되고 서로 연결되어야 한다. 유창한 독서가는 이 과정이 불과 약 0.6초 만에 일어난다고 한다.[3] 이것이 어디 쉽겠는가?

만약 이것이 원활하지 않으면, 아이가 글자를 잘 못 읽거나, '읽기는 하는데 이해를 못하는 현상' 등이 발생하기 쉽다.

참조: 스타니슬라스 드앤, 『글 읽는 뇌』 이광오·배성봉·이용주 옮김, 학지사, 2017년, 84쪽.

---

3 김영훈, 『독서의 뇌』 스마트북스, 2023년, 321쪽.

읽기 전문가들에 따르면, 우리나라에서 '읽기는 하는데 이해를 못하는 아이들'이 늘어나고 있다. 이는 한글을 지나치게 일찍 가르치고, 도움 읽기 과정은 짧고, 소리내어 읽기 과정도 너무 짧게 지나가버리는 것도 한 원인으로 생각된다.

소리내어 읽으면 왜 이해가 더 잘되나?

우리 성인들도 글을 읽을 때, 문장이 머리에 잘 안 들어오거나, 읽어도 이해가 잘 안 되거나 하면, 입으로 작게 중얼중얼 소리내어 읽는 경우가 있다. 또한 읽은 단어의 뜻이 아리송할 때도 소리내어 몇 번 되뇌어 보기도 한다.

앞에서 살펴봤듯이, 우리 뇌에서 읽기와 관련된 부위들은 여러 곳에 흩어져 있다. 시각 정보(문자), 소리 정보, 의미가 처리되고 기억되는 영역이 다르다. 글을 읽을 때 이 영역들이 잘 연결되어야 이해가 잘된다. 그런데 아리송할 때는 소리내어 읽으면 기억이 나거나 이해가 될 때가 있다. 이들 영역에서 기억들이 불려나와 연결되는 것이다.

읽기 발달 5단계에 스킵(skip)은 없다

아기가 서지 못하면 걷지 못한다. 너무 당연한 얘기다. 아기가 서지 못하면 걷지 못하고, 걷지 못하면 뛰지도 못한다.

읽기 발달도 마찬가지다. 1단계에서 영유아들은 모국어를 '충분히' 많이 들어야 한다. 그래야 비로소 2단계로 갈 수 있다. 또한 2~3단계에서 소리와 문자를 연결해 '충분히' 읽어야 이해력이 높아지고, 그래야

4~5단계에서 독해 수준을 제대로 높여갈 수 있다.

세상에 어떤 부모도 서지도 못하는 아기에게 걸어라고 강요하지는 않는다. 그런데 읽기 발달에 관한 한, 우리는 아직 능숙하게 걷지도 못하는 아이에게 뛰라고 하는 경우가 있는 것 같다.

한편으로는 이런 상황이 이해가 된다. 아이가 서거나 걷는 것은 우리의 눈에 뻔히 보인다. 하지만 아이들의 읽기 수준은 3단계, 4단계로 올라갈수록 알아채기가 쉽지 않다. 막연히 우리 아이는 '어휘력이 부족하다'거나 '이해력이 부족하다' 정도로 느끼기가 쉽다.

중2가 소리내어 읽기를 병행한 이유

이쯤 되면, 왜 우리집에서 보통은 초등 1~2학년, 빠른 경우 7세에 끝내버리는 소리내어 읽기를 초등 고학년, 심지어 중고생 때도 병행했는지 눈치챘을 것이다.

히딩크 감독은 2002년 월드컵 축구 대표팀의 기초 체력 훈련에 주력했다. 전술도 공격도 수비도 중요한데, 대표팀을 데리고 뭔 기초 체력 훈련을 그렇게 많이 시키냐는 소리도 있었다. 하지만 그는 한국 대표팀이 좋은 성적을 거두려면 전후반 경기 동안 뛸 강한 체력이 필요하다고 생각했다. 결국 그는 월드컵 4강 신화를 만듦으로써 자신의 판단이 옳았음을 입증했다. 기초 체력이 중요하다.

우리집 애들은 영유아 때 언어발달이 느렸고, 초등 1~3학년 때도 인지발달과 언어발달이 느렸으며 학교 공부도 잘 못했다. 이과형 아이는 초등 5~6학년이 되자 공부머리가 좀 있나 느껴졌지만, 다른 아이는 중학 때도 여전히 교과서를 읽어도 이해가 잘 안 된다고 하거나, 자신이 이해력과 독해력이 부족하다며 힘들어했다.

이처럼 아이의 읽기 뇌가 미처 초등 5학년, 중학 2학년의 독해력을 갖추지 못했다면, 읽기의 기초 체력 연습을 계속 병행하는 것이 좋다. 그것이 결국 빠른 길이다. 그리고 읽기의 기초 훈련이 바로 소리내어 읽기이다.

자, 이제 우리는 아이들의 읽기와 관련한 열쇠를 하나 찾았다. '소리', 바로 소리내어 읽기다. 다음은 응용편이다.

"아이의 어휘력이 부족해요."

"읽어도 이해가 안 된대요."

"초등 2학년인데 수학 문장제 문제를 잘 틀려요."

"공부가 재미없대요. 집중력이 약해요."

"시험 때 문제를 잘못 읽어서 틀릴 때가 많아요."

이것을 어떻게 빠르고 효율적으로 튼튼하게 해결할 수 있을까? 핵심 키를 잡으면 길이 보인다. 즉, 소리내어 읽기 지식의 응용편이다. 아, 그전에 이게 더 중요할 것 같다. 바로 우리집 아이들이 소리내어 읽기를 어떻게 '스스로' 계속하고 있었냐이다.

엄마가 너무 바쁘고 습관 젬병이라 다음에서 소개할 방법을 썼다. 일단 그것부터 만나보자. 일명 '맞벌이네 공부법은 단순해야 한다'이다. 이제 이것을 만나러 가보자.

2장

맞벌이네
공부법은
단순해야
한다

부모가 소리내어 읽는다, 간혹 딱 1분이라도

평생 습관 젬병인 엄마에게 그나마 애들에게 도움됐다 싶은 것이 있다면, 그것은 소리내어 읽기 습관이었다.

　습관 젬병이란 말에서 보듯이, 이것도 부모가 매일, 특정 시간에 15~20분씩 읽었다는 것이 아니다. 대신 간혹이지만, 아주 '즐겁게' 읽었다.

엄마가 옆에서 혼자 소리내어 읽었다

당연히 우리집도 부모가 유아 때 그림책을 읽어주었다. 이것 말고, 약간 특이한 것이 있었다면, 엄마가 뭔가를 혼자 소리내어 재미있게 읽고 있었다는 것이다.

　유아 때는 엄마도 주로 그림책을 낭독했다. 아이들이 블록을 만들거나 그림을 그릴 때 등, 집안일을 다 하고 어쩌다 여유가 있으면, 그림책을 꺼내 혼자 재미있게 소리내어 읽었다. 5분, 10분, 어떨 때는 20분 넘게 낭독한 날도 있다.

　이와 관련돼 기억나는 날이 있는데, 7세 때 이과형 아이는 거실 한

컨에서 블록을 쌓고 있었고, 문과형 아이는 식탁에서 그림을 그리고 있었다. 아, 편하긴 한데, 그날따라 좀 무료했다. 나는 그림책 『박타령』을 꺼내 소리내어 읽기 시작했다. "이놈, 놀부야!" 판소리의 어감을 살려 읽으면 낭독이 참 재미있는 책이다. 그림책이지만 글줄이 많아 다 읽으려면 25분쯤 걸린다. 애들에게도 수십 번 읽어준 책이다. 판소리 흥에 취해 혼자 한참 읽고 있었더니, 블록을 만들고 있던 이과형 아이가 물었다.

"엄마, 재미있어?"

"응, 엄청 재미있어."

식탁에서 그림을 그리던 문과형 아이도 고개를 들어 엄마를 봤다.

"이 책은 낭독하면 진짜 입에 착착 붙어. 읽다보면 막 흥이 나."

간혹 의도적으로 애들 옆에서 동시나 노랫말도 혼자 낭독했다. 우리 집 아이들의 소리내어 읽기 습관은 고등 때까지도 간간이 하는 수준으로 유지됐다. 이것은 유아 때부터 엄마가 혼자 뭔가를 즐겁게 소리내어 읽는 모습을 봐왔기 때문이 아닌가 생각한다.

낭독은 즐거울 수밖에 없다, 뇌가 그렇게 생겨 먹어서

나는 소리내어 읽기 습관을 초등 6학년 때 짝꿍에게서 배웠다. 어느 날, 짝꿍이 제안을 했다.

"우리 국어 교과서 외워 볼래?"

너무 오래되어 짝꿍이 왜 하자고 했는지는 잘 기억나지 않는다. 아버지가 한 번 해보라고 했다는 듯하다. 여튼 하기로 했다.

우리는 쉬는 시간 틈틈이 국어 교과서를 펴서 외웠다. 각자 여러 번 반복해 소리내어 읽어 외운 다음, 교과서를 보며 상대가 틀리는지 체크했다. 처음엔 시나 시조, 나중엔 수필도 외우고 긴 글도 외웠다. 짝이 바뀌어 몇 개월 만에 그만뒀지만, 그 경험 때문인지 중고등 때 국어는 공부를 몇 시간밖에 안 해도 성적이 잘 나왔다.

초등 6학년 때의 이런 경험이 있었기에, 머리말에서 소개한 뇌의 세 가지 그림을 봤을 때 "맞다" 하고 바로 문해력 교육을 결심했던 것이다. 그 국어 교과서엔 신사임당이 대관령을 넘는 글이 나왔는데, 가족여행에서 차로 대관령을 넘으면서 애들에게 초6 때 짝꿍이랑 국어 교과서를 외운 얘기를 해줬다. 너무 재미있었다고.

낭독이 재미있다는 것은 과학적으로도 여러 차례 증명됐다. 산책을 나가서 걷다보면 기분이 나아지고 상쾌해진다. 류타 교수에 의하면, 인간이 낭독을 하다보면 마치 산책을 할 때처럼, 뇌가 엄청 활성화되고 행복감을 느끼게 하는 신경전달 물질인 세로토닌이 나온다고 한다.

이는 부모 입장에서 무척 반가운 소리다. 글을 소리내어 읽다보면, 인간의 뇌 자체가 그렇게 생겨 먹어서 자연히 재미가 있어지고 집중력이 살아나게 된다는 소리이기 때문이다. 우리집 애들이 초등 때, 중고등 때도 이것을 공부 '신호'로 사용했는데 5장에서 좀더 살펴보겠다.

초중고 때도 엄마가 혼자 소리내어 읽고 있었다

아이들이 초등 고학년 때도 엄마가 그림책이나 어린이 잡지를 가끔 펴서 혼자 낭독하곤 했다. 짧은 그림책은 10분도 안 걸린다.

아이들이 중고등 때, 엄마가 소리내어 읽은 것은 주로 뉴스 기사였다. 집에서 무료할 때, 또는 가족끼리 차를 타고 가는데 밀리고 수다가 끊기고 지루해질 때쯤이면 운전하는 남편을 위해 기사를 낭독하곤 했다. 주로 경제기사나 문화기사, 트렌드 기사 등이었다. 기사를 하나 읽는데, 짧으면 1~3분도 안 걸리고, 길어봤자 10분 정도이다. 어쨌거나 엄마가 뭔가를 계속 소리내어 읽고 있었다.

참 쉽고 간단하다

부모가 독서하는 모습을 자주 보여주는 것이 좋은 줄 알지만, 맞벌이 엄마로서 쉽지 않았다. 그나마 유아, 초등 때는 책을 읽는 척이라도 했는데, 일이 바쁠 때는 집에 오면 파김치가 되기 일쑤였다. 책 읽는 부모의 모습을 계속 보여주는 것이 쉽지 않았다.

그런데 부모가 소리내어 읽는 모습을 보여주는 것은 쉽고 간단하다. 뭐가 되었든, 좋아하는 것을 읽으면 되고 몇 분 안 걸린다.

시도 좋고 수필도 좋다. 나도 시와 수필을 낭독한 적이 있다. 요즘은 가족끼리 차로 다닐 때 건강이나 다이어트 기사도 더러 읽는다. 가족끼리 대화 중 나온 단어의 뜻이 애매하면, 스마트폰에서 찾아 낭독해주기도 한다. 최근에는 챗GTP의 용어 해설과 기사들을 낭독해줬다. 약 사용서면 어떠랴. 약 사용서도 낭독해준 적이 있다. 아무거나 읽는다. 내키면 가구 조립 설명서도 소리내어 읽고, 오늘의 운세를 읽은 적도 있다.

부모가 매일 일정 시간을 정해 낭독하지 않아도 된다. 엄청 많이 낭독할 필요도 없다. 바빠서 한 달에 한 번도 안 한 적도 있었다. 다만, 아이가 보기에 '무척 재미있나 보다' 느낄 정도면 된다.

아이의 자기 효능감 한 스푼

과제를 쪼개어 단순화하라

자기 효능감은 '내가 해낼 수 있다'는 믿음이다. 아이가 '내가 할 수 있다'고 믿어야 자율학습 습관도 만들어지고, 아이 스스로 오래 유지할 수 있다.

단순한 하나는 계속 지지된다

앞에서 초등 2학년 때, 우리집 문과형 아이가 모르던 수학 문장제 문제를 소리내어 두 번 읽고, 제 힘으로 풀고는 무척 좋아하던 장면을 소개했다. 아이가 특히 기뻐했던 것은 스스로 해냈기 때문이다. '어, 되네?' 고작 초2 수학 문장제 문제 하나에 자기 효능감 한 스푼이다.

자기 효능감은 일단 작은 과제로 키워가기 시작하는 것이 좋다. 그래야 아이가 좀더 쉽게 성취할 수 있고 자기 효능감을 쌓기가 수월하다. 수학 20문제 세트 풀고 95점 맞기보다, 자신이 몰랐던 문장제 문제 하나를 소리내어 읽고 이해하기, 이것이 더 쉬운 과제다.

자기 효능감을 키우는 방법은 많겠지만, 우리집은 그 중심이 '모르는 문제 두 번 소리내어 읽기'였다. 아이들이 커가면서 영어, 사회, 과학, 도덕, 정보 등 과목도 많아지고 어려워지고, 친구 관계가 힘들 때도 있고, 잘 모르겠고 잘 못하겠고 실망하고 자신감이 없어지는 일이 천지다.

그런데 그런 일을 겪더라도, 그래도 아주 작은 하나, 매일 스스로에게 '너는 잘하고 있어, 해낼 수 있어' 용기를 주는 순간이 있으면 좋다. 이것이 자기 효능감의 지지대가 될 수 있다.

우리집 문과형 아이가 초5 때 수업시간에 수행평가 팀을 짜는데, 어떤 애에게 반 친구들이 다 들을 만큼 큰소리로 "○○는 발표를 못해"라는 말을 듣고 왔다. 그래도 어쨌든 그날 집에 돌아와서 모르겠는 문제를 스스로 소리내어 읽다가 한 문제라도 더 알게 되는 경험을 한다. 이 작은 경험이 기분을 전환시키고 아이의 감정을 토닥이고 용기를 준다.

이 단순한 하나가 꼭 공부와 관련될 필요는 없다. 아이가 관심 있는 어떤 것이어도 된다. 다만, 초중고 계속할 수 있는 것, 아이가 스스로에게 자기 효능감을 계속 줄 수 있는 작은 지지대가 필요하다. 이와 관련된 경험이 있다. 10여 년 전, 지인을 따라갔다가 명문대학 인문대의 50대 중반 여교수님을 뵌 적이 있다. 대화 도중 50세에 교수로 임용됐다고 하셨다. 나는 그 길고 힘든 시간을 어떻게 버티며 연구를 계속할 수 있었냐고 물었다. 중2 때 우연히 기타를 배우게 되어 평생 취미로 치고 있는데, 외롭고 힘든 시절을 견딘 버팀목이 됐다고 하셨다.

딱 하나만 배워와라

나는 이것을 10여 년 전쯤 인터넷 서점의 서평을 읽다가 배웠다. 경매책을 사려고 이 책 저 책 눌러보는데 서평 하나가 눈에 들어왔다.

전체 내용은 기억이 안 나고, 앞의 두세 문단이 매우 인상 깊었다. 서평을 쓴 그분은 모르는 분야의 공부를 시작할 때, 일단 책을 열 권쯤 한꺼번에 산다고 했다. 부동산 경매책은 공부를 결심하고 한꺼번에 열세 권을 골라 샀다고 했다.

'와, 한 주제의 책을 열세 권이나 한꺼번에 사는 사람이 있네.'

개중 쉬워 보이는 책부터 골라 읽는데, 첫 번째 책은 통 모르는 분야니 읽기 어렵지만, 두 번째 책은 읽기가 좀더 쉬워지고, 세 번째 책까지 읽으면 그 분야에 대한 감이 좀 잡힌다고 했다. 이제 나머지 책들은 중복되는 설명들이 많으니, 그냥 책장을 슬슬 넘기면서 눈에 띄는 꼭지나 대목만 읽는다고 했다. 그러면서 "책 한 권에서 딱 하나라도 유용한 것을 건지면 만족한다"고 했다.

굉장히 인상 깊었는데, 그가 '딱 하나의 효용'을 무척 높게 쳐주었다는 것이다. 만약 우리집 아이들이 이렇게 생각한다면, 어떤 시도를 부담 없이 더 많이 할 수 있게 될 터였다. 하나만 건지면 되니까 말이다. 또한 아이가 자신이 실행한 행동에 대한 만족감은 더 높아질 것이었다. 하나는 건질 확률이 높으니까 말이다.

나는 이 얘기를 초등학생이던 애들에게 해주었다.

"그분의 서평을 읽으면서 '와, 이렇게 생각할 수도 있구나' 놀랐고, 대단하다는 생각이 들었어."

그리고 책을 읽든, 학교 수업을 듣든, 학원을 가든, 교내 활동을 하든, 놀든, 여행을 가든, 취미를 하든, 뭘 하든 간에 그냥 "딱 하나라도 건지는 게 있으면 된 거다"라고 했다.

'하나'를 건지는 것은 하기 쉽고 성취할 수 있는 작은 과제다. 성공하기 쉽다. 아이의 자기 효능감이 높아지는 데 도움이 된다.

경험해 보니 "딱 하나라도 건지면 된다", 이것은 생각지도 못한 부수효과가 있었다.

중학생쯤 되니 애들이 친구들에게서 뭔가를 배워 오기 시작했다. 친구들을 보며 자기가 감탄한 것, 배운 것을 가족들에게 얘기했다. 그러면 온 가족이 얘기를 들으며 감탄하곤 했다. 중학 고학년 정도가 되자, 아이들이 부모인 우리보다 친구들에게서 배워 오는 것이 더 많구나 싶을 정도였다.

지금도 우리집 애들은 친구들에게서 끊임없이 뭔가를 배워 온다. 대학 입학 후 1학년 6월 즈음, 우리 식구를 감탄케 한 친구는 한 아이의 고등 절친이었다. 고등 때의 아이 말로는 공부는 별로고 수업시간에 산만한 편이지만, 매우 적극적이고 밝고 재미있는 친구라 했었다. 이 친구가 수능시험을 보고 대학이 결정된 후 1월부터 큰 치킨집에서 서빙 알바를 시작했는데, 일을 잘해 두 달 만에 홀과 주방을 연결하는 책임을 맡게 됐고, 불과 7개월 만에 천만 원이나 모았다고 했다. "와, 엄청 성실하고 일머리가 좋은가 보다. 탐나는 인재네. 뭘 해도 잘하겠다." 우리집 아이는 고등 절친의 얘기에 충격을 먹었는지, 자기도 천만 원을 모아보겠다며 1학년 여름방학 때 알바를 네 개나 잡아서 가족들을 놀라게 했다.

'하나라도 건지면 된다', 이것은 과제의 부담을 줄여 성취감을 높이는 방법이지만, 한편 여기에 익숙해지면 아이들이 밖에서 자꾸 뭔가를 배워 오려는 동기부여와 습관이 되어 부모 입장에서 편한 면이 있다.

자잘한 실패를 할 기회를 많이 줘야 한다

우리집 아이들이 자주 하는 말이 있다.

"우리는 뭘 하든 처음엔 꼴찌였어."

그럴 때면 초중고 때 경험을 꺼내 얘기하면서 웃고 난리다. 우리집에서 이와 관련된 레퍼토리는 수십 개가 넘는다. 일단 줄넘기, 피아노, 훌라후프, 수영, 스케이트 등 모두 가장 못하는 그룹이었다. 어릴 때 공부도 그랬다. 초등 때 뭘 하든 어리바리했다. 중학 때도 그랬고, 고등 때도 그런 면이 있었다.

한 번은 이과형 아이가 초등 4학년 때인가, 학교의 방과후 영재수학반에 들어가겠다고 했다.

"뭐, 영재수학반? 영재라니, 그건 수학을 엄청 잘하는 애들이 들어가는 거잖아."

"엄마, 안 그래. 그냥 방과후 수업 이름에 '영재'를 붙였을 뿐이래. 누구나 하고 싶으면 신청할 수 있대. 수학을 엄청 잘하지 않아도 하던데?"

"그래? 그럼, 하고 싶으면 해보던가."

첫날 학교에서 방과후 수업을 하고 오더니, 자기가 제일 못하더라고 했다. '마방진'이라는 것이 있는데, 다른 애들은 다 알던데, 자기는 마방진이라는 말을 처음 들어봤고, 처음 보는 거라고 했다. 아마 초등 저학년을 위한 영재수학 프로그램이나 사고력 수학 문제집이나 경시 문제집 같은 곳에 나오는 모양이라고 했다.

"와, 그런 게 있구나. 엄마도 마방진이란 말을 처음 들어봤다. 신기하다. 그게 대체 뭔데?"

그 방과후 수업을 다녀오면 이런 얘기의 연속이었다. 하지만 한 학년 동안 하는 과정에서 점차 익숙해지고 나아졌다. 학년을 마칠 때쯤엔 중간은 가고, 애 말로는 자기가 잘하는 축에 속한다고 했다. 이처럼 뭔가를 새로 배우거나 시작할 때 꼴찌나 이른바 하위 그룹인 경우가 정말 많았다.

아이들은 어디 가서 잘 못해도 조금 속상해하긴 해도 좌절하거나 그렇지는 않는다. 왜냐하면 어릴 때부터 잘 못해도, 잘 못한다는 소리를 들어도 노력하다 보면 중간이라도 가거나, 최소한 조금씩 나아지긴 한다는 경험을 이미 많이 축적했기에 자기 효능감에 막 상처를 받거나 하지는 않았다.

부모는 한 발 뒤로, 아이의 선택권

자기 효능감은 자잘한 실패들을 통해 자란다. 자잘한 실패들을 많이 해 보고, 그것을 스스로 극복해 본 경험을 축적하면서 쌓인다. 이것은 가능한 어릴 때부터 하는 것이 좋다. 학년이 올라갈수록 선택의 대가가 커지기 때문이다. 그러려면 아이들이 스스로 선택할 기회를 많이 주고, 잘하든 못하든 알아서 하게 지켜봐야 하는데, 이것이 참 쉽지 않다.

중학교 때까지 학원을 많이 안 보내고 영수 정도 했는데, 특히 문과형 아이는 중1부터 학원을 스스로 알아보고 선택하기 시작했다. 그런데 3학년 1학기 초에 갑자기 영어학원을 옮기겠다고 했다. 웬만하면 알아서 하게 두는데, 이 선택은 아무리 생각해봐도 아니었다. 곧 고등학교에 올라가는데, 애한테 이것저것 물어봤더니 고등 대비 학원이 아니라 주로 초중생이 다니는 곳이었다. 왜 이런 판단을 했는지 이해가 안 되었다. 아이는 상담을 해봤는데 맘에 든다며 주장을 굽히지 않았다.

남편이 나와 둘이 있을 때 말했다.

"우리 기다리자."

"중학교 3학년이 얼마나 중요한데."

"중요하지. 근데 몇 달 다녀보면 아이가 스스로 깨닫게 될 거야."

"시간이 아깝잖아."

"그렇지. 근데 대신 아이가 얻는 게 있을 거야. 자신이 한 선택의 무게나 선택법 같은 것 말이야. 긴 인생 놓고 보면 그게 더 중요해."

우리는 기다렸다. 남편은 느긋하게 기다렸고, 나는 시간이 아까워 속상하고 입이 근질근질했지만 남편의 토닥임을 받으며 참고 버텼다. 아이는 4개월 후쯤 스스로 학원을 옮겼다.

부모 입장에서 선택의 자유를 주는 것은 어려운 경우가 많다. 학년이 오를수록 그렇다. 그러니 학년이 더 낮을 때부터 손에서 좀 놓아주고 자잘한 실패를 할 기회를 주는 것이 좋다고 생각한다. 그런 실패 경험이 있어야 자기 효능감도 더 튼튼하게 자라고, 그것을 바탕으로 자율학습 습관으로 더 잘 갈 수 있다.

질문하는 힘

우리집은 애들에게 선택권을 좀 일찍부터 준 편이다. 초등 3~4학년 즈음부터 문제집 등을 스스로 선택하게 했고, 중고등 때는 직접 학원 정보를 알아보고 상담을 해서 결정하기도 했다. 고등학교 선택이나 대입 정보도 그랬다. 그러다 보니 아이들이 학교 선생님이나 친구, 학원 선생님에게 뭘 많이 물어봤고, 자기들도 친구가 물으면 뭐든 잘 얘기해주고 가르쳐줬다. 정시파 애는 좀 무심했지만, 문과형 아이는 학원가나 대입 정보를 직접 발로 뛰며 알아봤기에 나중엔 좀 빠삭해졌고, 고3이 됐을 때 애가 대학 입시제도에 대해 우리 부부에게 브리핑을 해줬다.

아이가 필요한 정보를 찾는 것도 연습이고, 중요한 능력이다. 이것을 넓은 의미의 '질문하는 힘'이라고 생각한다. 나는 이것을 회사에서 배웠다.

25년 전쯤, 십 명 남짓한 작은 회사를 다녔는데, 입사하니 신규 시장들에 진입을 준비 중이었다. 우리는 주로 20대 중후반들이었고, 회사 내에 그 시장 경험자가 없었다. 시장엔 이미 수십억, 수백억 매출을 올리는 회사들이 있었다. 그런데 옆 팀 동료 두 명은 무작정 그 회사들에 전화를 돌려 제품 개발자들에게 사정을 얘기하고 만남을 요청했다. 당연히 거절도 당했지만, 놀랍게도 용기와 노력이 가상한지 만나주는 이들이 있었다. 나는 그 동료들을 보고 감탄했고, 그들을 따라하게 되었다. 우리는 그렇게 닥치는 대로 여기저기 묻고 배우고 다녔고, 결국 여러 세부 시장들의 진입에 성공했다. 그 회사는 지금 업계의 세 손가락 안에 든다.

이런 경험이 있었기에, 애들을 자기가 스스로 알아보고 선택하게 좀 내버려둔 편이다. 우리집은 좀 무모할 정도이긴 했고, 이런 부모의 선택은 단점도 많다. 하지만 좀 사소한 일이라면 아이에게 선택권을 주는 것도 좋다. 아이가 성장하는 기틀이 될 수 있다.

요란하게 공부해야 오래간다

우리집은 되도록 집에 물건을 많이 들여놓지 않는다. 안 그래도 엄마가 습관 젬병인데, 물건이 많아지면 정리정돈, 청소가 더 어려워지기 때문이다. 이런 우리집에서 여느 집에 비해 개수가 많은 것이 있었으니 바로 화이트보드, 즉 칠판이다.

유아 때부터 화이트보드 개수를 늘린 이유

애들이 중학 때 우리집에는 화이트보드가 여섯 개 있었다. 복사지보다 조금 큰 것, 60×120cm 사이즈 두 개, 90×120cm 사이즈 두 개, 그다음 120×180cm의 꽤 큰 것도 한 개 있었다. 쌍둥이다 보니 이렇게 됐다.

유아 때는 세 개가 있었는데, 아이들이 그림을 그릴 때나 엄마가 얘기를 들려주거나 뭔가를 설명할 때 쓰기도 했다. 장차 한글을 배울 아이들을 위해 부모의 쓰기 행위를 보여주는 효과도 있었다. 초등 1~2학년 때는 공부습관을 잡는 데 사용했고, 학년이 올라감에 따라 화이트보드의 개수를 늘렸다.

초4, 요란한 공부법 1단계

초등 4학년 어느 날, 학교에서 중간고사를 친다기에 아이들에게 공부법을 알려줬다. 아주 간단했다.

 1. 교과서를 소리내어 한 번 읽는다.

    (이해가 안 되는 부분은 반복해서 낭독한다.)

 2. 이때 읽은 글에서 '중요한 것'에 밑줄을 친다.

 3. 앞에 인형을 갖다놓고, 네가 선생님이라고 생각하고 화이트보드에 간간히 써가면서 가르쳐준다.

아이들은 각자 교과서를 소리내어 읽으며 공부를 좀 한 다음에, 거실에서 가르치는 시범을 했다. 우리 부부는 첫날은 거실에 앉아 학생 노릇을 하며 충실하게 듣고 질문도 했다. 그다음 날부터는 부모가 시간이 되면 학생 노릇을 해주고, 시간이 없으면 옆에서 빨래를 개거나 방을 닦거나 하다가 반응을 보여줬다. 이 며칠의 과도기 이후에는 알아서 하게 됐다.

하지만 이후로도 부모가 피드백을 할 수 있었다. 요리나 설거지, 청소 같은 집안일을 하느라 왔다갔다해도, 아이가 거실이나 베란다 등에서 무엇을 강의하고 있는지 보고 들리기에 가끔 피드백을 하기가 쉽다.

이 방법은 부모 입장에서 공부법 정착 초기에 엄청 편하지는 않다. 이럴까 봐 분명 '인형'을 앉혀놓고 하라고 했는데, 간혹 부모가 앞에 앉아 있길 원하는 날이 있었다.

그럴 때면 아빠는 진득한 성격이라서 잘 끌려가고, 엄마는 되도록 눈에 안 띄는 곳에 숨어 혼자 시간을 보내곤 했다. 엄마가 눈에 안 띄면 그냥 두는데, 어떨 때는 들키거나 아이가 기어코 찾아내기도 했다. 엄마는 들키면 당당하게 굴면서 공부는 너희들이 하는 것이고, 엄마도 엄마 시간이 필요하다며 막 도망치는 척하거나 앙탈을 부리다 끌려나오며 웃었다. 그러면 애들은 엄마를 잡아끌고 가면서 재미있어 했다.

요란한 공부법 2단계

2개월쯤 후, 기말고사 공부를 할 때 한 단계를 더 추가했다. 시범을 보인 것은 아니고, 이런 과정을 추가하면 좋다고 말해주고, 문구점에 같이 가서 각자 원하는 노트를 사줬다.

1. 교과서를 소리내어 한 번 읽는다.

   (이해가 안 되는 부분은 반복해서 낭독한다.)

2. 이때 읽은 글에서 '중요한 것'에 밑줄을 친다.

3. 노트에 요점을 정리한다. 2번 과정에서 '밑줄을 친 중요한 것'을 쓰면 된다. 이게 힘들면, 처음에는 노트의 한 페이지에 중요한 단어만 죽 적어도 좋다. 요점정리를 하면 강의하기가 더 수월해진다.

4. 이제 앞에 인형을 갖다놓고, 네가 선생님이라고 생각하고 화이트보드에 간간히 쓰면서 가르친다.

이렇게 방법을 가르쳐줬고, 이과형 아이는 그 시절 요점정리를 하고, 문과형 아이는 잘 안 했다. 하지만 시간이 지나자 이런 공부법이 줄기로 정착되었다.

아이들이 공부법을 자기에 맞게 변형하다

시간이 지남에 따라 아이들은 공부법을 자기에게 맞게 변형했다.

이해력이 좋은 편인 이과형 아이는 중학 2학년 2학기가 되자, 교과서 소리내어 읽기를 스스로 줄여갔다. 낭독 과목을 줄이고, 낭독을 안 하는 과목은 공부를 하다가 머리에 잘 안 들어온다 싶은 부분만 낭독했다. 대신 교과서를 읽은 다음에 요점정리 노트는 꼭 했다.

그리고 화이트보드를 이용한 강의식 공부는 중학 2학년 때까지는 많이 했고, 이후는 줄어들었다. '모르는 문제 두 번 소리내어 읽기'는 비교적 일찍인 초등 5~6학년 때 그만두었는데, 오답노트 쓰기로 바꿔 습관화했다.

이해력이 별로인 다른 아이는 중학 때도 스스로 교과서 소리내어 읽기를 많이 했다. 중학 1~3학년 내내 계속했다. 시험공부를 할라치면, 이 아이는 일단 교과서 소리내어 읽기부터 시작했다. 국어, 영어, 사회, 과학, 도덕, 미술, 체육 등 거의 모든 과목의 교과서를 낭독했다. 강의식 공부법도 꾸준히 유지했다. 강의식 공부법을 하려면 필요하니 요점정리도 당연히 했다.

이 아이는 고등학교 때도 이런 습관을 꽤 유지하다가 성적이 확 오르던 2학년 정도가 되어서 화이트보드는 별로 안 쓰고, 강의식 공부법은 말로 설명하는 식으로 자리잡았다. 이 아이는 거실, 베란다, 자기 방에서뿐만 아니라 아파트의 사람 없는 곳, 이를테면 단지 내의 야외 농구장 같은 곳에서 몇 시간씩 걸어다니며 교과서를 낭독하고 강의를 하다가 들어오곤 했다.

3장

학교 공부 +
문해력
동시에 잡기

부모가 공부법을 전달하는 4단계

우리집의 공부법은 크게 다음의 세 가지였다.

1. 소리내어 읽기를 보통보다 더 오랜 기간 한다.

2. 모르는 문제는 두 번 낭독한다.

3. 요란한 공부법, 강의식 공부법으로 공부한다.

원래부터 계획이 있었던 것은 아니고, 대략 얼개를 가지고 있다가 적당한 계기가 있을 때, 지금이 너무 이른 시기가 아닐까를 생각해보고, 아이들에게 알려주었다.

또한 하나의 공부법을 가르쳐줄 때, 아이들에게 한꺼번에 알려주지 않았다. 과정을 쪼개어 순차적으로 실행한 편이다. 아이의 부담을 줄여주기 위해서였다. 보통 네 가지 과정으로 볼 수 있을 것이다.

1. 부모가 미리 판을 깐다.

2. 때가 됐다 싶을 때, 공부법의 1단계를 가르쳐준다.

3. 아이가 하는 게 미진해도 기다린다.

4. 어느 정도 시간이 지난 다음, 그 공부법의 2단계를 추가해 완성한다. 이때 기다리는 시간은 며칠, 몇 주나 몇 달일 수도 있다.

부모가 미리 판을 깐다

우리집의 세 가지 공부법 중에서 '소리내어 읽기 과정'을 늘리기 위해 유아 때부터 엄마가 뭔가를 혼자 낭독하는 모습을 보여줬다. 아이들이 자기도 모르는 사이에 낭독 습관에 노출된 셈이다.

강의식 공부법을 위한 판도 일찍 깔았다. 유아 때 이미 화이트보드가 집에 들어왔고, 엄마가 화이트보드에 글자를 쓰고 그림이나 도식을 그리며 이야기를 해주거나 뭔가를 설명하는 모습을 간간이 보여줬다. 그래서 아이들이 강의식 공부법을 시작할 때, 짧은 대화로 금방 이해하고 받아들이고 실천하기 시작했다. 이미 우리집에서 생활에 녹아 있는 익숙한 풍경이었기 때문이다.

우리집처럼 판을 이렇게 일찍 깔 필요까지는 없다. 다만, 대뜸 공부법을 내밀기보다는, 아이가 낯설지 않도록 부모가 2주 정도라도 미리 하는 모습을 보여주고, 그다음에 대화를 해보는 게 효과적이지 않을까 한다.

이것은 어렵지 않다. 강의식 공부법을 하려면 일단 화이트보드를 사다가 거실에만 놔둬도, 아이가 마커펜을 들고 뭔가 끼적거리는 날이 있을 수 있다. 일단 아이가 어장 안으로 들어온 것이다.

공부법의 1단계를 가르쳐준다

우리집의 세 가지 공부법 중에서 난이도가 가장 높은 것은 강의식 공부법 중 '요점정리' 과정이다. 요점정리는 글자를 쓰는 것이므로 부담이 될 수 있고, 사고력이 꽤 필요하다. 그래서 처음에 그냥 글에서 '중요한 것'에 밑줄만 치라고 한 것이다. 이렇듯 아이 연령대에 좀 복잡하고 어려울 것 같으면 과정을 쪼개 단순화해서 순차적으로 접근하는 것이 좋다.

미진해도 기다린다

공부법의 1단계를 가르쳐준 후에는 잘하든 못하든 일단 기다렸다. 아이가 스스로 교정할 틈을 주는 것이다. 이 기다림은 꽤 중요한 역할을 하는데, 다음 꼭지에서 모아 얘기하겠다.

공부법의 2단계를 추가해 완성한다

대체로 부모가 기다리는 기간에 아이가 스스로 조금이라도 교정이 된다. 이를테면 처음에는 글에서 '엉뚱한 것'에 밑줄을 치는 확률이 60%였다면, 두어 달 하는 동안에 단 10%, 20%라도 오류 확률이 줄어든다. 그리고 하다보면 이제 '중요한 것'을 제대로 찾는 확률이 60~80%로 올라온다. 이때 공부법의 2단계를 가르쳐주어 완성한다.

공부법 끊어주기의
부수 효과

앞에서 소개한 강의식 공부법의 2단계를 떠올려보자.

"2. 글에서 '중요한 것'에 밑줄을 쳐라."

요약은 꽤 높은 사고력이 필요하며, 글에서 '중요한 것 찾기'는 요약으로 가는 출발점이다. 초등 저학년이나 중학년이 글에서 중요한 것을 잘 찾는 것은 쉽지 않다. 하지만 이렇게만 일러주고 '중요한 것'을 찾는 요령을 가르쳐주지는 않았다. 또한 실제로 아이들이 교과서의 글에서 '중요한 것'을 잘 찾아냈는지 체크하지 않고 내버려두었다.

아이의 교정 능력을 믿는다

나는 기본적으로 '아이들은 학습에서 스스로 교정하는 능력'이 있다고 믿는다. 좀 엉뚱한 얘기인데, 예전에 나는 뭔가 새로운 것을 접하면 관련 책을 사는 습벽이 좀 있었다. SBS 방송국이 개국하고 국내 최초로 고정 골프 프로그램이 생겼는데, 보니 재미있어서 바로 골프 책을 샀다. 20대 때 혼자 북한산에 올랐다. 다음주에 바로 등반 책들을 샀다. 30대

초에 회사 회식 후 단체로 볼링장에 갔다. 다음날 바로 볼링 책을 주문했다. 이런 식이었다.

초등 입학이 다가온 7세 겨울, 문득 초등 교사들을 위한 교수서도 있겠구나 하는 생각이 들었다. 『초등 1학년 1학기 국어 교사용 교수법』 책을 샀다. 책 가격이 몇 천 원 정도였는데, 막상 받아보니 책이 크고 페이지도 엄청 많고 글자가 무척 빽빽했다. 다 읽을 생각은 애당초 안 하고 슬슬 책장을 넘겨보고 앞부분을 조금 읽는데, 눈길을 잡는 작은 글자 몇 줄이 있었다.

"이 시기 글자를 읽을 때 '을', '를' 같은 조사를 빼먹는 아이들이 있는데, 이는 시간이 좀 지나면 자연히 교정된다."

사실, 이것은 특별할 것이 없는 얘기일 수 있다. 하지만 마침 우리집 문과형 아이가 조사 등을 자주 빼먹고 읽고 있는 터에, 교사들이 보는 교수법 책에서 이런 얘기를 보니, 막연히 그럴 것 같았던 것이 더 뚜렷하게 다가왔다. 그래서 독서는 '고정된 텍스트' 읽기가 아니라 읽는 이와 저자가 시간과 공간 속에서 만나는 것이라고 생각한다.

원래도 좀 기다리는 편으로 키우긴 했지만, 위의 문장은 우리집 느린 교육의 계기가 됐다. 강의식 공부법을 시작할 당시 아직 초등 4학년이었기에, 교과서에서 중요한 것을 못 찾아 엉뚱한 곳에 밑줄을 치더라도, 하다보면 조금씩 스스로 교정하며 나아지겠지, 편히 생각했다.

아이가 재미가 있어야 습관을 꾸준히 유지할 수 있다. 재미까지는 아니더라도, 아이의 부담을 줄여주어야 계속하는 힘이 생긴다.

'1) 교과서를 소리내어 읽는다→2) 중요한 것에 밑줄을 친다→3)

요약정리를 한다→4) 강의를 한다'는 과정에 익숙해지는 것만도 부담일 텐데, 여기다가 엄마가 중요한 것을 잘 찾았는지 체크하며, 잘했니 못했니 하다보면, 아이가 심적 부담을 느끼고 서로 감정만 상할 수 있다.

맞벌이로 안 그래도 시간이 없는데, 언제 그것까지 체크하고 아이와 실랑이를 해야 하나, 부모에게도 부담이 될 일이었다. 어차피 하다보면 아이 스스로 요령을 조금이라도 습득할 수 있고, 그게 너무 늦어지면 적당한 때 가르쳐주면 될 일이라고 생각했다.

부모의 무리한 요구를 왜 못 느꼈을까?

우리집의 경우, 공부법을 단계를 잘라서 가르쳐주는 것은 부수 효과가 있었다. 우리집 애들은 공부를 자기들 스스로의 힘으로 해왔다고 생각한다. 부모가 그냥 내버려뒀다고 한다. 부모가 특정 과목을 요점정리를 해서 가르치거나 학원이나 입시 정보에 밝지 않았기 때문인 모양이다. 초등 4학년 때부터 이런 말을 하더니, 중학생 때는 아예 확정된 사실로 받아들였다. 대신 초등 고학년 때부터 잘하든 못하든 '스스로 하고 있다'는 것에 대한 자부심이 매우 컸다. 이것이 자기 효능감으로 연결되고 자율학습 습관의 동력이 됐다.

우리집의 공부법을 보면, 단순해 보이지만 에너지가 많이 든다. 교과서를 묵독하고 문제집을 푸는 것보다, 교과서를 소리내어 읽고 요점정리를 하고 강의를 하는 것이 목도 아프고 시간도 걸리고 훨씬 힘이 든다. 그런데 왜 아이들이 부모의 힘든 요구를 못 느꼈을까?

부모가 판을 미리 깔아줘서 익숙한 풍경이었던 것도 이유지만, 공부법를 가르쳐줄 때 단계를 둔 것도 중요한 이유였다. 아이들이 공부법을 쉽게 받아들일 수 있도록 과정을 나눠 알려준 후, 일정 기간 잘하든 못하든 내버려뒀기에 실랑이가 적었다.

그렇게 기다리면서, 교과서 낭독을 독려하기 위해 부모는 옆에서 본인이 좋아하는 뭔가를 틈틈이 낭독하는 모습을 보여줬다. 중학생 때도 강의식 공부법을 독려하기 위해, 부모가 화이트보드에 그림을 그려가며 재미있는 영화 얘기를 해주거나 뭔가를 설명하며 웃고 떠들었다. 일종의 시범을 계속 보이고 있었다. 틈을 두고 기다리고 있었을 뿐, 아이들이 제대로 하고 있는지 고민하며 지켜보고는 있었다.

어렵게 얻어야 가치를 안다

아이들이 쉽게 얻은 것은 가치를 잘 모를 수 있다. 아이가 어렵게 얻어야 가치를 더 크게 느낀다. 엄마가 요령을 너무 일찍 가르쳐주면, 그 요령의 가치를 덜 느낄 수 있다.

아이가 자기 나름대로 해보면서 뭔가 '내가 제대로 하고 있나?' 싶은 느낌이 들 때, 엄마가 요령을 가르쳐주면 귀에 쏙 들어오고 스스로 그렇게 할 가능성도 높아진다. 게다가 엄마가 일러준 요령 중에는 아이가 이미 혼자 터득한 것도 있을 수 있다.

"엄마, 그건 나도 그렇게 했어."

아이가 자신이 얼마나 대견하겠는가. 물론 이러는 동안 학교 시험 점수가 잘 안 나올 수 있다. 하지만 당장의 점수보다 더 중요한 것은 공부의 기초 체력이고, 그보다 더 중요한 것은 아이의 자기 효능감이다.

급할 땐 질러가자, 교과서의 재발견

크레바스(crevasse)는 북극이나 에베레스트산 같은 곳에서 빙하나 눈 골짜기에 깊게 갈라진 보통 1~2미터의 틈인데, 수직으로 절벽처럼 깊게 파여 있다. 탐험대가 눈보라 등으로 시야가 나쁜 날 미처 발견하지 못하면 빠져서 못 나올 수 있다.

아이들의 읽기 발달에서 만나는 크레바스 중 하나가 바로 초등 5학년 즈음이다. 우리나라 아이들의 읽기 발달 양상을 보면 이 구간이 왜 생기는지 감을 잡을 수 있다.

초5에 만나는 읽기의 크레바스

나는 아이들이 학교에 다니기 전에는 막연히 초등학교 교과서는 쉬울 것이라고 생각했다.

초등 1~2학년 교과서는 쉬울 수 있다. 아직 소리와 문자를 연결해 능숙하게 읽지 못하는 아이들을 위한 것이기에, 글줄도 적고 이미 익숙한 어휘들이 주로 등장하며 배경지식도 덜 필요하다. 초등 3~4학년 교과서도 비교적 쉽고 학습 부담이 좀 덜할 수 있다. 아직 본격적인 독해 능력이 필요한 단계로 가는 징검다리 시기이기 때문이다.

하지만 초등 5학년쯤 되면 교과서가 쉽지 않다, 어렵다.

교과서는 민주주의국가의 시민 및 자본주의국가의 산업인력을 길러내기 위해 필요한 각 분야의 지식을 연령대에 맞게 압축적으로 써놓은 책이다. 그 연령대에 꼭 배워야 할 것들을 정해진 기간 안에 '압축적'으로 가르쳐야 하기 때문에, 아무리 전문가 그룹이 모여 쉽게 쓴다고 해도, 배우는 아이 입장에서는 어려울 수밖에 없다.

어휘와 읽기 유창성에 관한 연구에 따르면, 텍스트에서 아는 단어의 비중이 98%가 넘어야 즐기며 읽을 수 있고, 95%가 넘어야 혼자 읽을 수 있다고 한다.[1] 텍스트에서 아는 단어의 비중이 90% 이하로 떨어지면 성인도 읽기 어렵다고 한다.[2]

우리 아이들이 초등 6학년 사회 교과서를 읽는다면 아는 단어가 몇 퍼센트나 될까? 교과서는 교사의 수업을 받기 위한 책이고, 비록 학교에서 수업을 들었더라도 집에 돌아와 혼자 읽으면 과목에 따라 읽기 어려울 수 있다.

초등 5~6학년이 되면, 이제 학습이 본격적으로 속도를 내기 시작한다. 교과서의 글자가 많아지고, 국어, 사회, 수학, 과학, 도덕, 영어, 음악, 미술, 체육 등 과목이 늘어나며, 각 과목 나름의 어휘들이 쏟아져나

---

1 Norbert Schmitt, Xiangying Jiang, William Grabe, "The Percentage of Words Known in a Text and Reading Comprehension", *The Modern Language Journal*, Wiley-Blackwell, 2011.

2 Norbert Schmitt, Xiangying Jiang, William Grabe, 위의 글.

오고, 그 과목 나름의 글 전개와 문체와 형식이 등장하기도 한다.

이때 아이가 다양한 책을 충분히 읽는 다독을 해왔다면, 생소한 개념과 어휘들이 꽤 나오더라도 교과서 읽기가 그리 어렵지 않을 수 있다. 사실 책을 많이 읽은 아이들은 잘 읽고, 잘 읽을 수 있으니 재미가 있어 더 많이 읽고, 더 많이 읽으니 더 잘 읽게 된다.

그런데 그동안 좋아하는 동화책, 쉽게 풀어쓴 어린이용 정보 교양책, 학습만화 정도를 읽어왔다면, 초등 5학년 즈음이 되면 교과서가 어렵고 아이의 어휘력이 부족하다는 말이 나올 수 있다. 또는 중학 1~2학년에 어려움을 겪을 수도 있다. 그렇다면 어떻게 해야 할까?

급할 때 쓰는 방법

아이들이 학교에서 배우는 교과 과정은 나선형으로 되어 있다. 이를테면 초등 경제 관련 단원을 보면, 초등 3학년에 시장과 우리 생활이 나오고, 초등 4학년에 우리 시도의 발전하는 경제와 가정의 경제 생활이 나오고, 5학년에 우리나라의 경제 성장이 나오는 식이다.

초등 저학년 때 그 분야 지식 중에서 가장 쉬운 부분부터 배우고 난 다음, 학년이 오르면 다시 돌아와서 더 높은 수준을 익히고, 또 학년이 오르면 또 다시 돌아와 한 단계 더 올라간다. 경제 분야만 놓고 봐도, 이 과정이 중학교에서도, 고등학교 경제 과목에서도 나선형 선상에서 계속 올라가게 설계되어 있다.

이는 우리집 한 아이처럼 중학 1~2학년까지도 이해력과 독해력이 부족하다 싶을 때, 어떻게 하는 것이 좋을지에 대한 힌트를 줄 수 있다.

수학은 중학 2학년 때 기초가 부족하다고 느껴졌다면, 이전의 어느 학년이나 단원에서 크레바스가 생겼는지 파악하고, 밑으로 내려가서 메워주는 것이 효율적이다. 중학 2학년이라도 초등 6학년 수학 과정이 부족하다면, 교과서와 기초 문제집을 사서 풀어 올라오는 것이 좋다.

하지만 다른 과목들, 즉 국어, 사회, 과학, 도덕 등은 이럴 필요가 없다. 바로 지금 학년의 교과서로 질러 들어가면 된다. 왜냐하면 우리의 교과 과정은 나선형으로 설계되어 있기 때문이다.

물론 아이가 생소한 어휘가 많아 읽어도 뭔 말인지 이해하기 어려울 수 있다. 이런 경우 제 학년의 교과서 소리내어 읽기를 병행하면 된다.

어차피 학교 공부를 따라가야 하고 시험도 쳐야 하는데, 이해력과 독해력이 부족해 보일수록 아이가 할 일의 가짓수를 늘려봤자 따라가기 힘들 수 있다. 이런 경우 교과서를 소리내어 반복해서 읽음으로써 제 학년의 진도를 따라가고, 동시에 생소한 어휘를 익히며 이해력도 높이고 문해력도 다질 수 있다. 우리집의 한 아이가 그랬듯이 말이다.

공부력은 아이가 스스로
여백을 메워가는 힘이다

부모가 사회/과학을 요약해 가르치지 않은 이유

"중간고사였는데 내가 사회와 과학을 가르쳐줬어. 교과서를 보며 요약 노트를 만들었는데 시간 엄청 걸리더라. 이틀이나 새벽 2시까지 했어."

명절에 만난 첫째 동생이 말했다. 동생도 맞벌이 엄마이다. 동생은 일찍 결혼해서 조카가 초등 4학년이었고, 우리집은 애를 늦게 낳아 아직 3세 즈음이었다. 동생의 말을 듣고 깜짝 놀랐다.

"와, 대단하다. 근데 맞벌이 엄마가 뭔 새벽 2시까지 애 공부를 위해 그러냐?"

워낙 친하고 편한 동생이라 편하게 말했다. 엄마표 영어나 엄마표 수학은 해볼 만하다고 생각한다. 그런데 나는 영어를 못하고 수학도 못하는데다가 맞벌이에 습관 젬병이라 엄마표는 생각도 안 해봤다.

우리집 애들이 유아일 때, 지인 중에 자녀를 중2 때까지 학원을 전혀 안 보내고, 엄마는 영어, 이과 출신인 아빠는 수학을 가르치는 경우를 본 적이 있다. 맞벌이고 아빠는 꽤 규모가 큰 중소기업의 경영자였는데, 사교육 없이 키우기 위해 각자 일주일에 두 번씩 시간을 내어 가르치는 것을 보고 감탄한 기억이 있다. 엄마표도 아빠표도 좋다.

그런데 국어, 사회, 과학 같은 과목에 대해서는 좀 다르게 생각한다. 내 동생처럼 부모가 이런 과목의 교과서를 공부해서 요약하여 가르치는 경우를 더러 본 적이 있다. 초등 4~6학년뿐만 아니라 중학 1~2학년의 국어, 사회, 과학, 역사 같은 과목을 부모가 교과서를 보고 유튜브를 찾아 들으며 공부하고 요약해서 가르치기도 한다.

지식보다 학습력 자체가 중요하다

학습력은 모르던 무언가를 습득하는 능력이다. 학교에 가서 뭔가를 배운다는 것은, 물론 그 연령대에 배워야 할 지식을 익히는 것이지만, 한편 새로운 지식을 습득하는 학습력 그 자체를 키우는 과정이다.

교과서에서 배우는 지식을 물고기라고 한다면, 아이의 학습력 그 자체는 '물고기를 잡는 법'이다. 아이한테 물고기 100마리를 주는 것보다, 물고기를 잡는 법을 가르쳐주는 게 장차 더 낫다.

부모가 과목을 요약해서 가르치면 당장의 성적은 더 잘 나올 수 있지만, 만약 아이의 공부하는 힘, 학습력 자체가 커지지 않으면, 결국 학년이 더 올라갔을 때 벽에 부닥치게 된다. 초등 저학년이라면 5학년 때, 초등 5학년이라면 중학 1~2학년 때, 중학생이라면 고등 때 다시 벽 앞에 서게 된다. 그러니 아이가 벽을 스스로 넘는 법을 익혀야 한다. 그리고 그 방법이 바로 교과서를 반복해서 소리내어 읽으며 이해하는 것이다. 교과서 낭독은 힘든 일이긴 하다. 하지만 언덕이 나왔을 때는 질러

넘어야 한다. 그래야 평지가 나온다. 언덕을 넘기가 힘들다고 돌아가면, 결국 더욱 큰 언덕을 만나게 되어 있다.

급하게 판을 깔 때

그런데 초등 5~6학년, 중학생이면 교과서를 소리내어 읽으라고 해도 안 하려고 할 수도 있을 것이다.

미리 부모가 시 등을 낭독하는 모습을 몇 번이라도 보여줘서 판을 깔아주는 것도 방법이다. 우리집 문과형 아이는 부모가 이렇게 판을 깔아주고 으쌰으쌰 하면서 기분을 맞춰주면 해보기는 한다.

하지만 우리집 이과형 아이는 초등 저학년 때도 자기가 납득이 안 가면 단호하게 거절했다. 판을 깔아주면서 적당한 때에 과학적 지식을 들어 근거를 얘기해줘야 효과가 있었다. 이런 유형의 아이는 근거를 얘기해 줘야 한다. 이 책에 과학적 연구결과를 더러 소개한 이유이다.

또는 딱 한 과목, 이를테면 국어 교과서의 시나 짧은 글 낭독을 권해 볼 수 있다. 시작이 반이라고, 다행스럽게도 낭독을 하면 뇌가 활성화되고 산책할 때처럼 기분이 전환되기에 일단 몇 번이라도 하다보면 익숙해질 수 있다.

시험 때 교과서를 소리내어 읽게 되면, 시간이 걸려 문제집을 풀 시간이 줄어들 수 있다. 어차피 초등, 중학 성적은 대입에 별 소용없다. 이 시기에 기초 체력을 차근차근 다지는 것이 나중에 더 멀리 뛸 수 있는 디딤돌을 놓는 것이다. 아이가 평생 가져갈 문해력이라는 통장에 적금을 붓는 것이기도 하고 말이다.

강의식 공부법, 왜
장기기억으로 잘 가나?

장기기억으로 더 많이 보내려면

학습이란 뭔가 새로운 것을 익혀 장기기억으로 보내는 과정이다. 단기기억은 뇌에서 몇 초에서 몇 분 정도 있다가 훅 지나가버리지만, 일단 장기기억으로 넘어가면 뇌에 새로운 신경회로망이 생긴다.[3]

그렇다면 어떻게 해야 장기기억으로 더 많이 보낼까?

첫째, 재미가 있어야 한다. 공룡을 좋아하는 아이가 티라노사우루스, 트리케라톱스, 켄트로사우루스 같은 어려운 공룡 이름을 잘 외우는 이유이다. 공부는 되도록 재미있게 해야 한다. 우리집 문과형 아이가 거실에서 중1 때 강의식으로 공부하면서 선생님 흉내를 내며 "손들어 보세요~", 이러길래 베란다에서 빨래를 널다가 웃은 기억이 있다.

둘째, 기존의 알던 지식과 연결되어야 더 잘 기억된다. 이게 무척 중요하다. 쉬운 예를 들면, 아이가 white board라는 새로운 단어를 만났다

---

3 신동호, "장기기억과 단기기억은 전혀 딴 판", 더사이언스타임스, 2006.1.25.

면 "우리집에 있는 화이트보드가 바로 이거야. 하얀 판자잖아", 이렇게 새로운 단어(지식)를 기존에 알던 지식에다가 연결고리를 걸어주면 장기 기억으로 가기가 더 쉽다.

셋째, 요란하게 공부해야 장기기억으로 잘 간다. 일반적으로 수동적 공부법일수록 뇌가 덜 활성화된다. 아이들이 공부를 요란하게 해야 뇌의 이곳저곳이 더 활성화되고, 그래야 연결고리가 더 많이 생기고 장기 기억으로 더 잘 간다.

자습, 즉 혼자 공부하기와 강의 듣기 중에서 어떤 게 더 능동적인 공부법일까? 자습일 것이다. 연구에 따르면, 대학생들을 대상으로 일주일 동안 뇌 활동을 분석한 결과 강의를 들을 때보다 자습을 할 때 뇌가 더 각성됐다. 심지어 강의를 들을 때는 뇌의 활동이 수면 때보다 덜 활발했다. TV를 시청할 때처럼 말이다.

강의식 공부법은 강의 듣기나 교과서 묵독, 교과서 낭독보다 훨씬 적극적인 공부법이다.

눈으로 읽는다 < 소리내어 읽는다 < 읽고 요점정리를 한다 < 이해한 것을 강의식으로 가르친다
소극적 공부법   적극적 공부법

강의식 공부법의 네 가지 장점

첫째, 아이가 학생(인형이나 부모)에게 어떤 것을 가르쳐주려면 그 내용을 충분히 이해하고 있어야 한다. 그러니 교과서를 소리내어 읽을 때도 더 집중할 수밖에 없고, 이해가 안 되면 그 부분을 반복해 읽게 된다.

둘째, 강의를 하려면 요점정리도 해야 하니, 이때 글의 얼개와 핵심

을 한 번 더 체크하게 된다.

셋째, 아이가 학생에게 가르치는 과정에서 어렴풋하게 알던 것을 '아하' 하고 더 충분하게 이해하게 된다.

넷째, 아이는 강의를 할 때, 학생이 더 쉽게 이해할 수 있도록 '예를 들면' 같은 말을 넣어가면서 기존에 알던 지식을 가져와 자꾸 연결하려고 든다. 그러므로 공부한 것이 장기기억으로 더 많이 갈 수밖에 없다.

요란한 공부법이 꼭 강의식 공부법일 필요는 없다. 우리집 아이들도 요점정리와 오답노트를 하고 다른 친구들에게 가르쳐주기도 했다. 이런 것이 요란한 공부법의 예이다. 하지만 우리집의 경우 강의식 공부법이 핵심이었다. 단순히 학교 시험공부만이 아니라 문해력, 수행평가력까지 한꺼번에 잡을 수 있는 통합적 공부법이기 때문이다.

공부의 정석 + 알파

강의식으로 공부하려면 일단 교과서를 읽고 이해하는 것이 먼저다. 그런데 낭독은 읽는 속도가 느리다. 영미권의 연구에 따르면, 대학 입학생의 경우 묵독으로 읽을 때는 잘하면 1분에 600단어 정도를 읽지만, 낭독을 하면 잘해도 1분당 152~153단어를 넘기지 못한다고 한다.[4]

그럼에도 불구하고, 교과서 자체를 제대로 읽어내는 것이 학교 공부의 정석이다. 만약 아이가 우리집의 한 아이처럼 제 학년 교과서의 텍스트를 이해하는 능력이 부족하다면 어떻게 해야 할까? 힘들더라도 낭독

---

4 조이스박, 『조이스박의 오이스터 영어교육법』 스마트북스, 2023년, 36쪽 참고

을 해서라도, 읽기의 기초 체력을 키우면서 스스로 이해해 보려는 시도를 더 많이 해야 한다.

초등 때부터 문제집 선택을 맡긴 이유

우리집은 문제집 선택을 좀 일찍 애들에게 맡겼다. 초등 3~4학년 즈음부터 서점에 가면 부모는 부모가 볼 책을 고르고, 아이들은 참고서 코너에서 각자 자기 맘에 드는 문제집을 골랐다. 그리고 부모가 있는 코너로 와서 다 골랐다고 하면 가서 계산해줬다.

설혹 아이가 선택한 문제집이 좀 별로라고 해도(엄마가 초등 문제집 시리즈들의 특성을 몰랐다), 너무 아닌 책이 아닌 바에야 어차피 차차 길을 찾아갈 거라 생각했다. 엄마가 이런 식이니, 아이들은 필요한 정보를 스스로 찾아 버릇했다. 이는 메타인지의 성장에도 도움이 된다.

이해와 표현이 더 중요하다

강의식 공부법은 '이해'와 '표현'에 투여되는 시간이 많다. 소리내어 읽기, 요점정리, 강의를 해야 하기 때문이다. 그래서 초등, 중학까지 우리집 아이들이 사는 문제집 권수가 줄어들 수밖에 없었다. 중학 때는 기출 문제를 좀 풀고, 주요 과목만 한 권 정도씩 샀는데, 시험 전까지 그것도 다 못 풀 때도 있는 모양이었다. 이에 따라 성적이 덜 나올 수는 있었겠지만, 어쨌거나 중장기적으로 봤을 때는 차근차근 이해하며 정석을 가는 것이 낫다고 생각했다.

어휘력을
수월하게 빨리 잡는 법

어휘의 장기기억화에 필요한 반복 횟수는?

아이가 유창하게 잘 읽으려면 풍부한 어휘력이 필요하다. 영미권의 연구에 따르면, 보통의 아이들이 어휘를 보고 자동으로 읽고 뜻을 기억하려면 그 어휘를 4~14번을 접해야 한다고 한다.[5] 어떤 연구자들은 아이가 새로운 어휘를 장기기억화를 하려면 17번의 노출이 필요하다고 한다. 아이가 언어감각이 좋고 이미 어휘력과 배경지식이 풍부하다면 네 번 만에도 익힐 수 있지만, 아니라면 열 번 넘게 만나야 한다는 것이다.

기계적 반복이 아니라 다른 방식으로 만나야 한다

우리 때는 영어 단어를 스펠링, 뜻을 적고 기계적 학습방법으로 외웠다. 이런 방식으로 오늘 영어 단어 30개를 외웠다면, 한 달 후에 이 중에서 몇 개나 기억이 날까?

---

5 Shirley Houston, http://phonicshero.com/automaticity-in-reading.

장기기억으로 더 수월하게 보내려면, 앞에서 말했듯이 기존 지식과 연결고리를 걸어줘야 한다. 또한 새로운 어휘를 매번 다른 방식으로 만나는 게 좋다. 25년 전쯤, 성인을 위한 일본어 초급서로 공부한 적이 있는데, 당시 우리나라에서 출판된 일본어 책을 저자가 이렇게 단단하게 집필하는구나 놀랐던 기억이 있다. 그 책은 새로운 어휘(예: せんせい 선생님, 食べる 먹다)를 먼저 회화 듣기에서 제시하고, 키워드에서 한 번 만나게 하고, 기본 문장, 다시 회화, 연습문제, 때로는 작은 코너의 재미있는 얘기로도 만나게 했다. 이렇게 되면 한 어휘를 그 단원에서만 최소 여섯 번 이상 만나게 된다.

여기까지는 뭐 그럴 수 있다고 치자. 그런데 그 과에서 배운 어휘와 다양한 변형 형태를 그다음 단원이나 뒤의 단원에서도 문장이나 회화에 넣어 계속 반복 노출해줬다. 그러면 핵심 어휘들을 열 번도 넘게 접하게 된다. 저자의 노력에 감탄한 기억이 있다.

강의식 공부법이 어휘력에 직빵인 이유

물론 어휘력을 높이는 데는 다독이 중요하다. 그런데 이왕 하는 학교 공부, 강의식 공부법도 아이의 어휘력을 빠르게 늘리는 좋은 방법이다. 교과서를 소리내어 읽고, 요점정리를 하는 과정에서도 어휘를 반복해서 만나게 되지만, 특히 강의를 할 때면 입 밖에 내어 여러 번 말하게 된다. 이 과정에서 열 번 넘게 접하게 되고, 뉘앙스 차이나 용법에 대한 민감성도 높아져서 어휘력을 단단히 다지는 기회가 된다.

발표하기/글쓰기/생각하기를
한 쾌에 잡는다

수용적 지식에서 표현적 지식으로의 빠른 전환

우리가 글로 읽어 아는 상태는 수용적 지식 상태다. 이를테면 글에서 만나 알게 된 새 어휘는 수용적 지식 상태이다. 그런데 그 어휘를 뇌에서 꺼내 말과 글로 표현하게 되면, 이제 표현적 지식이 된다. 내가 언제든 꺼내어 말과 글로 사용할 수 있는 지식이 진짜 지식, 표현적 지식이다.

요란한 공부법도 여러 방법이 있는데, 굳이 강의식 공부법을 권했던 것은 아이가 아는 수용적 지식을 표현적 지식으로 빨리 전환했으면 했기 때문이다. 이게 수행평가력의 기초 체력이 된다.

초중고 수행평가의 기초 체력

우리집은 애들의 수행평가를 대신 해주지 않았다. 초등 3~4학년 정도부터 손을 떼고 거의 도와주지 않았는데, 그래도 대화를 통해 수행평가로 뭐가 나오는지 정도는 알 수 있었고, 집안일을 하느라 거실을 왔다갔다하다보면 보일 때가 있었다.

우리집 이과형 아이는 그야말로 알아서 하는 스타일이었고 간섭을 싫어했다. 그래도 팀으로 하는 설문조사나 실험 수행평가 등은 가족 대화에서 진행과정을 듣게 되고, 고등 때 동영상이나 앱 만들기 수행평가 등은 자랑하느라 보여주기도 했는데, 글쓰기 수행평가는 전혀 안 보여줬다. 중고등을 통틀어 중2 때 쓴 『이기적 유전자』 독후감 하나를 겨우 봤을 정도였다. 그것도 집의 프린터가 고장났다며, 회사에 있는 엄마에게 출력을 부탁하며 파일을 보내서 볼 수 있었다.

다른 아이도 수행평가를 알아서 해갔는데, 그래도 이 아이는 가끔 자기가 뽑은 주제가 괜찮은 것 같냐고 의견을 물어보거나, 어쩌다가 읽어보고 의견을 달라거나 맞춤법을 놓친 곳이 있는지 봐달라고 할 때가 있었다. 어쨌거나 수행평가를 기본적으로 도와주지 않았어도, 아이들이 수행평가로 요즘 무엇을 하고 있는지는 아는 경우가 꽤 있었다.

거의 모든 수행평가는 결국 글쓰기다

내가 보기에, 거의 대부분의 수행평가는 거칠게 말하면 결국 '글쓰기'다. 그리고 글쓰기는 결국 '생각하기'다.

수행평가에 설문조사가 들어가든, 실험을 하든, 문화재 탐방을 하든, 동영상을 만들든, 수행평가는 결국 거의 대부분 글쓰기다.

동영상 만들기 수행평가도 아이디어와 시나리오가 나와야 한다. 고등학교 정보 수업 시간에 파이썬이라는 프로그래밍 언어를 배우고, 팀별로 코딩을 해서 나름의 앱을 만들어 발표하는 수행평가도 마찬가지다. 어떤 앱을 만들지 아이디어가 나와야 하고, 캐릭터 이미지도 그려야 하고, 앱의 시나리오를 짜야 하고, 앱을 소개하는 발표 동영상도 스토리를 만들고 촬영을 하고 대본도 써야 한다. 또한 코딩도 넓게 보면 말(컴퓨터 언어)로 하는 것, 결국 컴퓨터에 일을 시키는 일종의 글쓰기다.

말하기와 글쓰기, 생각하기는 서로 연결되어 있다

아이는 강의식 공부법을 통해 자연스럽게 말하기 기술이 늘어나고, 자신이 아는 지식이나 생각을 설명하는 방법을 익히게 되며, 핵심이 뭔지를 파악하는 능력이 좋아지고, 더 쉽게 설명하기 위해 '예'를 드는 등 표현력도 좋아진다.

그냥 책상에 앉아 혼자 강의식으로 공부해도 되는데, 화이트보드, 그것도 120×180cm의 꽤 큰 사이즈까지 있었던 이유이다. 아이가 정식으로 강의를 하거나 발표를 하는 느낌이 들고, 칠판이 크면 강의 도중에 글자를 더 쓰게 되고 강의도 더 깊어진다.

자신이 아는 것이나 생각을 말로 하면 강의나 발표가 되지만, 말로 한 강의를 글로 옮기면 이것이 글쓰기가 된다. 20세기의 명저『지식인을 위한 변명』도 프랑스 철학자 사르트르가 1965년에 한 세 차례 강연을 글로 옮긴 것이다. 말과 글은 동떨어진 것이 아니라 밀접하게 연결되어 있다. 말하기 능력과 글쓰기 능력도 서로 연결되어 있다.

맞벌이네 공부법은 단순한 대신 '통합적'이어야 한다. 공부법은 심플하되, 대신 하나의 활동으로 여러 능력을 통합적으로 함께 기를 수 있어야 한다. 그래야 아이의 학습 부담이 줄어들고 부모의 관리 부담도 적어진다.

부모의 감정 전이, 자율학습으로 가는 지름길

미국 노스캐롤라이나대학의 심리학자 바버라 프레드릭 교수팀은 긍정적 감정과 부정적 감정이 인간의 인식 능력에 미치는 영향에 대한 흥미로운 연구를 진행했다. 과제를 하기 전에 기분이 좋아지는 활동을 한 그룹이 기분이 나빠지는 활동을 한 그룹보다 과제 수행 시 창의력, 사고력 등이 더 높게 나타났다.

한마디로 아이가 독서나 공부에 부정적 감정을 가지면 좋은 결과를 얻을 수 없다. 20세기에 신경과학계는 인간은 '감정'이 없으면 판단과 선택을 못한다는 것을 증명했다. 감정이 없으면 인간의 이성도 제대로 작동하지 않는다.

우리집은 아이들의 '감정'에 주목했고, 유아 때의 독서교육부터 이점에 신경썼다. 그림책을 많이 읽어주는 것이 매우 중요하지만, 1,000권을 읽어주는 것보다 '책 읽는 행복함의 전이'가 중요하다고 생각했다. 기쁨의 전이는 공부에서도 마찬가지다.

기쁨의 전이

돌이켜보면, 우리집은 운이 좋았다. 아이들이 독서와 공부를 본격적으로 시작하던 때와 엄마의 때가 잘 맞아떨어졌던 것 같다.

2008년 초반, 집을 갈아타기 위해 부동산을 보러 다녔다. 글로벌 금융위기가 오는 줄을 전혀 몰랐다. 그런데 인터넷에서 우연히 경제위기에 관한 글을 여러 번 보게 됐다. '잘못 판단하면 손해가 크고 고생이 심하겠다.'

2008년 2월 즈음부터 닥치는 대로 경제글과 책들을 찾아 읽기 시작했다. 경제지식이 전혀 없으니 모르는 용어투성이에 읽어도 뭔 말인지 통 모르겠고, 읽는 게 고통스러웠다. 그때는 유튜브가 대중화되기 전이었고 경제 관련 동영상도 없었다. 경제 용어들이 지금처럼 순화되지도 않은 때였다. 영미권 어휘 연구자들에 따르면, 텍스트에서 아는 단어가 85%는 되어야 좀 힘들게라도 읽을 수 있다는데, 당시 나는 경제 텍스트에서 아는 단어의 비율이 이보다 적었고, 설혹 아는 단어가 많은 문단도 배경지식이 거의 없으니 읽어도 뭔 뜻인지 제대로 이해가 안 됐다. 그래도 닥치는 대로 읽다보니 조금씩 이해되기 시작했다.

그런데 놀랍게도 1년 반쯤 후, 어느 날 문득 그렇게 힘들었던 경제글 읽기가 '와, 재미있구나'라는 생각이 들었다. 나이 마흔이 넘어서야 처음으로 공부가 이렇게나 재미있다는 것을 알게 됐다. 고등 한문 시간에 배웠던 공자의 '학이시습지면 불역열호아(배우고 때로 익히면 또한 기쁘지 아니한가)'란 말이 새롭게 다가왔다. 와, 이래서 이 말이 2,500여 년이나 살아남은 거구나, 공부가 이렇게나 재미있다는 게 신기했다.

그래서 초등 2학년 애들에게 이런 말을 하게 됐다.

"엄마가 해보니 공부가 진짜 재밌더라."

진심이었다.

"하다 보면 재미있어져."

우리가 얼굴을 보고 의사소통을 할 때, 말의 내용(verbal)은 30% 정도 영향을 주고, 목소리의 톤이나 얼굴 표정 등 비언어적(non-verbal) 요소가 70% 정도를 차지한다. 진심이어야 아이들의 감정에 전달된다.

학창 시절, 어떤 과목 '하나'는 기차게 재미있었을 수 있다. 또는 살면서 뭔가를 배우면서 엄청 몰입하고 즐거웠던 경험이 있을 것이다.

공부를 꼭 학교 공부로 볼 필요 없다. 나는 사람이 살면서 '뭔가를 배우는 것'은 다 공부라고 생각한다. 우리집 애들에게 말할 때도 일부러 뭔가를 배우는 행위를 그냥 '공부'라는 단어로 자주 표현한다. 그것이 학교 공부든, 책이든, 피아노든, 자전거든, 미술이든, 주말농장에서 토마토 키우기든, 뜨개질이든, 배움과 익힘이 들어가는 것은 다 공부이다. 그것을 배우고 익힐 때의 너무나 행복했던 그 순간의 감정, 그 기쁨을 애들에게 전이시키는 것이다.

"오늘 엄마가 ○○를 배웠는데 너무 재밌더라. 역시 공부는 재밌어."

그 말을 할 때 부모가 진심이어야 한다. 그래야 효과가 있다. 우리가 살면서 뭔가를 배울 때 '진심'이었던 순간을 찾으면 된다.

교과서, 수업, 선생님의 전이

"요즘 교과서 어쩜 이리 잘 만드냐."

우리집 애들에게 제법 했던 말이다. 신학기라 교과서를 받아오면 넘겨보며 구경하면서 자주 하던 말이다. 교과서에서 구체적으로 맘에 드는 점을 콕 짚어 말하기도 했다. 전문가들이 보면 어떨지 모르겠지만, 내 눈엔 요즘 교과서 잘 만들고 좋다.

아이들이 초등 3~4학년 즈음부터 문제집을 스스로 고르면, 집에 와서 넘겨보며 이런 말을 하곤 했다.

"색깔 좋다. 난 이런 색이 예쁘더라."

"나도 이렇게 문제가 안 많고 깔끔하면서도 시원시원한 문제집이 좋더라. 완전 내 스타일이야."

그러면 애들이 좋아라 하고, 우리는 각자 자기가 좋아하는 문제집 스타일에 대해 수다를 떨곤 했다.

고등학교 입학 전에는 식탁으로 불러 한 가지를 말했다.

"너희들도 알다시피 엄마가 뭘 잘 모르잖아. 요즘 대입은 학종 관리도 중요하다던데…. 딱 한 가지만 말할게.

수업 시간에 선생님들의 수업을 아주 열심히 들어. 눈을 반짝반짝하면서 말이야. 선생님들도 사람인데, 자기 수업을 언제나 열심히 듣는 애는 눈에 안 들어올 수가 없어. 이것 하나만 잘해도 학종이니 세특이니 반 이상은 먹고 들어갈 거야."

그리고 하나를 덧붙였다. 이것은 중학교 때부터 하던 말이다.

"아, 참, 절대 수업 시간에 딴 공부를 하지 마. 예의 없는 짓이야. 급하다고 음악 이론 시간에 수학 시험공부를 하는 짓 하지 마. 국어, 사회, 경제, 정보, 과학, 도덕, 음악, 미술, 체육 이론 등 모두 교양인의 기본 과목이야. 너희들이 성인이 되어서 교양을 배우려면 비싼 강의료를 내고 바쁜 시간을 쪼개서 배워야 해. 그러니 나라에서 가르쳐줄 때 소중히 생각하고 열심히 들어."

이런 말도 초등 때부터 하던 말이다.

"너희들이 학교에서 듣는 수업에는 다 세금이 들어가. 시골의 가난한 할머니들이 라면을 사시면서 낸 소중한 몇 백 원을 모으고 모아서 너희들을 가르치는 거야. 그러니 이왕 학교에 가서 수업 듣는 것 감사히 생각하고 열심히 들어."

엄마가 교과서가 좋다고 감탄하면, 아이의 맘에 교과서에 대한 긍정적 감정이 생긴다. 아이가 고른 문제집의 색깔이 좋다고 하면, 아이가 으쓱해지고 문제집이 왠지 더 예뻐 보인다. 수업과 선생님에 대한 긍정적 감정도 아이에게 전이된다. 이성 이전에 감정이다.

지루한 구간을 지날 때

내가 대학 1학년 2학기일 때, 필수 교양 체육으로 테니스를 한다고 했다. 운동신경 젬병, 사람들이 보는 앞에서 코트에서 헛팔질을 하며 엉거주춤 공을 따라다닐 생각을 하니 주눅부터 들었다.

그런데 수업은 내 예상과 달리 진행됐다. 두 달을 테니스장들 한 켠에 있는 벽만 쳤다. 틈틈이 혼자 연습했는데 힘들고 지루했다. '왜 맨날 벽만 치라는 거야?' 그래도 계속하니 좀 재미있어지고, 벽을 칠 때 뭔가 리듬이 느껴졌다.

두 달 후, 드디어 네트 앞에 섰다. 그런데 시야가 트이고 테니스장이 눈에 제대로 들어왔다. 수업 첫날, 네트 앞에 잠깐 섰을 때는 테니스장이 커 보이고 암담해 보였는데 말이다. 이제는 공도 보였고 할 만했다. 나는 그때의 경험으로 20대 때부터 일이 너무 힘들고 앞이 안 보일 땐, 테니스 벽치기를 생각하며 버티곤 했다.

우리집 공부법 중에서 '소리내어 읽기'는 테니스 벽 치기에 해당된다. 초등 고학년, 중학 때 성적이 잘 안 나오더라도 우리집은 계속 벽을 치고 있었다. 애들에게도 그날 느꼈던 그 강력한 감정을 전달하려 했다.

"와, 같은 공간이 이렇게 달라 보일 수도 있구나, 놀랐어. 뭔가 재미를 제대로 느끼려면 반드시 지루한 '반복' 기간이 필요한 것 같아. 재미없고 지겹고 힘든 구간을 넘기면 반드시 재미를 느끼는 순간이 확 와. 운동도 취미도 음악도 공부도 일도 다 그래."

이 얘기는 우리집에서 '벽 치기'란 이름으로 불린다.

누구든 삶에서 이런 경험이 있을 것이다. 그 순간에 느낀 부모의 감정을 기억에서 퍼 올려서 애들에게 전달하는 것이다. 자율학습 습관은 아이의 자기 효능감과 공부에 대한 긍정적 감정을 바탕으로 성장한다. 이때 부모의 긍정적 감정을 넣어 전이해주면 습관이 한층 강해진다. 가만히 오래 생각해보면 누구나 삶에서 이런 경험을 찾을 수 있다. 그 진심이었던 순간의 감정을 뽑아내어 전이하면 된다.

영어 문해력에 대한 엄마의 반성문

국어 문해력에 대한 반면교사

돌이켜보면 양육과 관련하여 후회되는 것들이 많다. 이 책은 주로 문해력과 공부력을 다루다보니 우리집이 무난히 해온 것처럼 보일 수 있지만, 그때 이렇게 해야 했는데, 엄마가 애들에게 상처를 많이 줬구나 싶은, 양육에서 후회되는 것들이 참 많다. 그런 것은 각설하고, 여기서는 문해력에 국한해 후회하는 것을 간단히 써보겠다.

이른바 우리집 아이들의 영어 문해력이 왜 이 지경이 되었는지에 대한 반성문을 통해, 국어 문해력에 대한 반면교사가 되었으면 한다. 그전에 짧게 수학 반성문부터 보자.

일단 짧게 수학 반성문

부모가 다른 과목의 교과 과정은 잘 몰라도 괜찮고, 아이들이 알아서 할 일이지만, 수학 정도는 최소한은 아는 것이 좋을 것 같다. 우리집은 부모가 이것을 전혀 모르고 있었다. 결과적으로 쌍둥이 이과형 아이는 수학 선행이 부족해서 고등학교에 입학한 후 고생을 많이 했다. 부모가 너무 모르면 아이가 고생한다.

중학 때까지 영수 학원 정도를 보냈는데, 영어학원은 초등 2학년 때부터 보냈고, 수학학원은 초등 5학년부터 가기 시작했다. 영어는 엄마가 못하고 싫어해 그냥 일찍 보냈고, 문과형 아이가 수학머리와 과학머리가 별로겠구나 싶던 차에, 맞벌이 부모니 애들의 시간을 좀 채워야겠다 싶어 보냈다. 이과형 아이는 초5 때는 굳이 수학학원을 안 가도 됐는데, 둥이 형제가 가게 되니 그냥 같은 학원을 다니게 됐다.

개인적으로 이 판단은 잘한 선택이라고 생각한다.

수학머리가 별로인 아이의 경우 내버려뒀으면 수포자가 됐을 수 있었다고 생각한다. 그래도 이 아이는 자기 효능감이 짱짱해서 그 힘으로 고등 때 문과에서 수학 1등급이 나왔고 내신등급 관리에 도움이 됐다.

내가 전업이었더라도 애들에게 수학을 가르치지는 않았을 것이다. 수학 실력도 없었고, 설혹 엄마표를 위해 따로 공부를 한다손 치더라도, 나는 기본적으로 멘탈을 잘 관리하며 애들에게 공부를 가르칠 그릇 자체가 안 된다. 애들에게 공부를 가르치며 감정 관리를 못해 나도 모르게 답답해하며 한숨을 쉬거나 목소리를 높였을 것 같다. 그래서 전업이었어도 수학학원에 보냈을 것이다.

문제는 이후 수학학원에서 아이들이 무엇을 어떻게 배우는지 신경조차 안 썼다는 것이다. 학원은 작지만 좋은 곳이었고 선생님도 좋았다. 하지만 수학머리가 별로인 아이에게는 잘 맞았지만, 이과형 아이에게는 결과적으로 잘 안 맞았다.

애들이 고등학교에 입학하기 전, 엄마가 수상(수학 상), 수하(수학 하),

수1, 수2, 확통(확률과 통계)… 등 수학 커리큘럼조차 몰랐다. 고등 1학년 겨울방학 전에야 애들에게 물어 알게 됐다. 나중에 알았지만, 이과형 아이는 고등 1학년 수학까지 선행하고 고등학교에 입학했는데, 상위권에는 고등 수학을 끝까지 한 바퀴 이상 돌린 애들도 꽤 있었다. 이 아이는 1학년 때 전교 1등도 해봤지만, 뒤늦게 수학 진도를 빼느라 애를 많이 먹었다. 내신시험이나 모의고사에서 수학 1등급을 계속 받고 후에 수능에서 만점을 받긴 했지만, 고등 2학년 때 수학 진도를 당기느라 다른 과목의 공부 페이스가 흔들렸다. 늦어도 중학 2학년에는 자기에게 맞는 빡센 학원으로 옮겨 선행을 더 했어야 했다.

학교 수학의 교과 과정은 인터넷에서 두세 시간 검색해 읽어보고, 수학 공부 관련 책을 몇 권 사봤으면 됐는데, 부모가 수상, 수하 같은 말도 제대로 몰랐던 게 미안하고 부끄럽게 생각한다. 부모가 너무 공부를 안 하면 아이가 고생을 한다는 것을 절감했다.

결론적으로 우리집 한 아이처럼 수학머리가 별로로 보이는데 맞벌이로 가르칠 자신이 없으면, 초등 5학년 즈음에는 수학학원을 보내는 것을 권하고 싶다. 아니라면 중학 1학년 때라도 말이다. 너무 빡센 곳 말고 제 학년 수학을 다지며 따라갈 수 있을 정도, 6개월에서 많으면 1년 정도 선행하는 곳이 적당하다. 그보다 선행을 더 많이 하면, 수학머리가 별로인 아이가 힘들고 잘 따라가지 못한다. 그냥 두면 우리나라 교육 현실상 수포자가 될 수 있다. 적어도 아이에게 너무 처지지 않을 정도의 기회는 줘봐야 한다. 정히 아이에게 수학이 안 맞으면, 중학 고학년 즈음에 진로 등과 연관해 계속 다닐지, 말지를 다시 판단하면 된다.

만약 아이가 수학을 어느 정도 해낸다면 선행 부분을 좀더 신경쓰는 것이 좋다. 우리나라의 교육 현실이 그렇다. 무엇보다 부모가 수학 교과 과정의 얼개와 특징 정도는 공부를 하는 것이 좋을 것 같다.

드디어 영어 문해력 반성문

돌이켜보면, 우리집에서 영어는 총체적 난국이다.

초등 2학년 때부터 영어학원을 보냈다. 가장 많은 시간과 돈을 투입했음에도 효율은 별로였다. 내신시험이나 모의고사 성적은 잘 나왔지만, 실제 영어 문해력은 약해 보이며, 무엇보다 이과형 아이는 영어 자체를 싫어하게 됐다는 것이 문제다.

최근 아이들 영어 문해력에 대한 『조이스박의 오이스터 영어교육법』책을 읽으면서 내가 무엇을 잘못했는지 느꼈고, 그때 알았더라면 싶은 것이 많았다. 뭘 잘못했는지를 보면, 국어 문해력을 키우는 방법에 대한 반면교사가 될 것이다.

감정 전이의 실패

일단, 우리집은 엄마의 태도 자체가 문제였다. 엄마가 영어를 못하고 학창 시절부터 싫어했다. 우리 때는 단어를 기계적 학습(단순반복 암기학습)으로 외웠는데 지겹고 하기 싫었다. 여기까진 괜찮다. 부모가 학창 시절 공부가 싫었을 수 있다.

문제는 말 조심조차 안 했다는 것이다. 엄마는 학창 시절에 영어 단어 외우기가 너무 싫었다는 둥, 영어가 싫었다는 둥 하는 말을 아무 생각 없이 내뱉었다. 엄마의 이런 태도는 은연중에 아이에게 투사됐다.

우리집 이과형 아이는 영어 공부 자체를 싫어한다. 내신시험이나 모의고사의 영어 성적은 괜찮게 나왔는데, 이것은 국어 문해력이 좋고 독서도 좋아해서, 비록 영어 단어를 외우기 싫어해서 어휘력이 약해도 이른바 맥락이나 눈치로 때려잡는 모양이었다. 하지만 이런 것은 사상누각, 언제든 벽에 부딪힐 수 있는 문해력 수준에 불과하다.

영어 공부를 얼마나 싫어했냐면, 나중에 쌍둥이 다른 아이에게 들었는데, 수능시험 전 1개월 동안 EBS 수능 대비 특강 같은 영어 문제집을 거의 펴보지 조차 않았다고 한다.

문해력은 다독이 중요하고 긴 여정이 필요하기에, 아이가 긍정적 감정을 가지는 것이 더욱 중요하다. 그런데 왜 엄마가 부정적인 말을 아무렇게나 내뱉곤 했는지 후회된다. 엄마가 영어에 대한 긍정적 감정을 표현할 자신이 없었다면, 차라리 그냥 입을 닫는 게 나았다고 반성한다.

부모 공부의 실패

20여 년 전, 우리나라에서 성인용 영어 공부법 책들이 선풍적인 인기를 끈 적이 있다. 몇 권을 사봤고 외국어 학습에서 '소리'가 중요하다는 걸 봤기에, 영유아 때 영미권의 전래동요인 너서리 라임을 들으며 같이 노는 등은 했다. 영어 그림책들도 좀 샀다.

그런데 돌이켜보니, 애들을 키우면서 영어 문해력이나 어린이 영어 공부법에 관한 책은 한 권도 읽지 않았고 공부도 안했다. 그땐 과학적 영어 문해력 대중서가 별로 없었지만, 그래도 찾아보면 있었을 것이다.

우리가 뭔가를 새로 익힐 때, 또는 새로운 상황이 닥쳤을 때는 공부가 필요하다. 그래야 현재 상황이 잘 보이고, 효율적인 길을 알 수 있고, 제대로 된 선택을 할 수 있다. 애들이 초등 4학년 때의 10월, 바로 앞 아파트에 사시며 우리가 돌봐드렸던 아버님이 치매 진단을 받았다. 우리 부부는 진단이 나온 주의 주말 내내 치매 공부에 매달렸다. 원인 및 특징, 진행과정, 치료법, 보살피는 법, 장기요양보험제도, 요양원과 요양병원 등 각종 자료를 찾아 수백 페이지를 출력해서 형광펜을 그으며 공부했다. 일요일 밤, 우리 부부는 앞으로 어떻게 할지 계획을 세우고 바로 동의했다. 이미 관련 지식을 공부했기에 결정과 실행이 빨랐다. 다음 주 바로 우리집으로 모셔왔고 나중에는 요양원에 가시게 되었지만, 같이 사시는 동안 힘들어도 공부한 지식이 있어서 그러려니 하고 견딜 수 있는 힘이 됐다.

그런데 아이들의 영어 문해력에 대해서는 나도 남편도 몇 시간 공부조차 안 했다. 관련 책들을 몇 권 사서 몇 주, 바쁘면 며칠만이라도 공부하고 고민해도 됐을 텐데도 말이다. 결과적으로 10여 년 동안, 아이들이 영어 공부에 들인 시간과 스트레스를 생각하면 미안하고 반성한다.

로드맵의 실패

부모의 공부 부재는 총체적 난국을 가져왔다. 로드맵의 실패가 아니라 로드맵 자체가 없었다.

우리집이 해온 것을 간단히 적어보겠다. 유아 때는 너서리 라임으로 놀고 영어 그림책을 사고 테이프를 좀 틀어주었다. 7~8세에는 1년 반

정도 듣기 테이프가 딸려 오는 유명 영어 학습지 프로그램을 했는데, 파닉스 위주였다. 초등 2학년부터는 원어민 수업이 포함된 유명 프랜차이즈 영어학원을 보냈다. 초등 6학년 중반 즈음, 중학생을 대상으로 한 대형 프랜차이즈 영어학원으로 옮겼다.

한마디로, 학원에 맡겨버리고 사교육비만 쓰고 있었다. 부모가 엄마표 영어가 자신 없으면 학원도 좋다. 하지만 부모가 공부를 전혀 안 하고 제대로 고민도 안 했기에, 로드맵도 없고 순서도 엉망이 됐다.

영어 문해력도 소리에서 출발한다. 짧게 과정을 보면, '소리'에서 출발해서 '소리-문자'의 연결을 하고, 도움 읽기 과정을 통해 '소리-문자-뜻'에 숙달된 다음에는 다독으로 유창성을 높여야 한다.

국어 문해력 과정과 비교하면, 영어는 외국어이므로 듣기에 더 신경 쓰고, 영어는 문자 투명도가 낮으므로(단어의 철자만 보고는 발음을 알기 힘들다) 소리-문자 연결, 즉 파닉스 과정이 더 길어야 하며, 도움 읽기 과정도 길어야 했다.

그런데 이미 7~8세부터 엉켰다. 파닉스는 아이가 영어 소리에 충분히 노출된 후에 시작해야 했다. 엄마가 영어를 못해도, 영어 동화 테이프를 매일 일정 시간 틀어놓는 것이 싫었어도, 미리 공부하고 오래 고민했다면, 뭔가 우리집에 맞는 노출법을 찾을 수 있었을 것이다.

그런데 별 생각 없이 대뜸 파닉스 학습지를 오랜 기간 시키고, 사람들이 많이 보낸다니까 우리집 애들에게 맞는지 고민도 안 해보고 학원을 선택해 보냈다. 영어 듣기가 거의 안 되어 있는데 파닉스 학습의 효과가 컸겠는가. 그보다는 영어 듣기 노출을 많이 늘리고 파닉스는 좀 늦게 초등 2~3학년 때 시작해도 될 일이었다. 이미 앞 단계부터 엉켰으니 뒤가 잘됐을 리가 없다.

아이의 특성에 맞는 적용 실패

엄마의 잘못된 선택은 아이의 뭔가를 갉아먹었다.

우리집 이과형 아이는 초등 저학년 때 공부를 못했지만, 독서를 꽤 좋아하고 많이 읽고 있었다. 스토리를 매우 좋아하고, 맥락이 없는 단순 반복 패턴의 학습을 지루해하고 싫어했다. 어느 정도였냐면, 우리도 여느 집처럼 초등 1학년 때 단순계산 연습책을 사서 하루에 4~6페이지씩 하게 시켰는데, 일주일 정도 하더니 싫어했다. 그냥 하기 싫어하는 정도가 아니라 거부감이 매우 심했다. 그래서 책의 페이지들을 건너뛰며 하루에 1페이지만 하게 했다. 초등 2~3학년에는 학교의 수학 수업을 큰 무리 없이 따라가는 듯해서, 수학 교과서와 문제집만 풀게 하고 단순계산 연습책은 아예 빼버렸다.

이런 아이를 영어 듣기 노출도 충분치 않은 상태에서 1년 이상 지루하게 반복되는 파닉스 학습 과정에 노출시켰으니, 영어를 싫어하게 될 수밖에 없었다. 이런 경우 영어 그림책 노출을 즐겁게 많이 하고, 파닉스는 인지발달이 더 된 초등 2~3학년에 시작해 학습 기간을 짧게 줄이고, 스토리를 워낙 좋아하니 수준에 맞는 재미있는 영어 그림책을 많이 읽게 북돋워줘야 했다. 이 과정에서 부모가 영어를 못해서 아이에게 못해주는 것을 보완할 학원을 찾아야 했다.

또한 어린 아이의 학습 유형에는 청각형, 시각형, 신체활동형이 있느데, 이 아이는 한글을 배울 때 음소 인식을 잘하고, 이후로도 보면 음악의 멜로디와 리듬을 잘 기억했다. 어릴 때 책 읽기를 좋아한 것을 보면 청각형 및 시각형 학습자로 볼 수 있다. 반면 엄마는 학창 시절 영어 테이프를 들어도 억양 등을 잘 인식하지 못했다. 엄마는 시각형 학습자였다. 내가 듣기 싫어서 그냥 영어 테이프를 안 틀었다.

뒤늦게 영어 문해력에 대해 공부하며 더욱 후회됐던 것은, 엄마가 관심을 가지고 공부했더라면, 독서를 좋아하던 이 아이의 관심을 끌 만한, 스토리성이 풍부하되 어휘는 쉬운 영어 동화책이나 만화책 등을 찾으려면 많이 찾을 수 있었다는 것이다. 그랬더라면 지금처럼 영어 공부를 싫어하게 되지는 않았을 것이다.

단순히 영어 학습 효과만 잃은 것이 아니다. 아이의 감정과 뇌를 힘들게 한 것이다. 이런 경우 당장은 눈에 안 보이더라도, 잘못된 선택의 대가로 뭔가 잃는 게 생길 수밖에 없다. 이를테면 창의성의 손실 같은 것 말이다.

인간의 뇌에는 독서를 담당하는 하나의 부위가 없듯이, 창의성을 담당하는 부위도 없다. 창의성은 뇌의 여기저기 흩어진 부위들이 연결되는 과정에서 나온다. 어린 아이의 뇌를 힘들게 하면, 각 뇌 부위도 힘들어하지만 연결이 잘 안 된다.

아이의 공부도 문해력도 부모가 바둑돌을 잘 놓아야 한다. 우리집은 부모가 공부를 안 했기에 영어 문해력의 바둑돌을 잘못 놓음으로써 아이를 고생은 고생대로 시키고 뭔가를 잃게 했다. 이 영어 문해력 반성문이 여러분의 국어 문해력 교육의 반면교사가 되었으면 한다.

4장

아이와 함께하는 행복한 거실 문해력

듣기의
마태효과

아이의 귀는 생각보다 민감하다

아기들은 귀로 언어를 배운다. 청각은 가장 이른 시기에 발달하는 감각이다. 뇌에서 청각을 관장하는 부위는 귀 근처, 그러니까 뇌에서 옆쪽인 측두엽에 있다.

우리는 문자를 고생스럽게 따로 배워야 하지만, 말(모국어)은 그럴 필요가 없다. 아기들은 엄마나 아빠의 목소리 등을 통해 자연스럽게 말을 배운다. 이미 태어날 때부터 인간의 뇌가 그렇게 프로그래밍이 되어 있기 때문이다.

흥미로운 사실은 아기들은 우리가 생각하는 것보다 훨씬 일찍부터 모국어 음절을 인식한다는 것이다. 이와 관련된 영미권의 연구가 있다. 생후 2~3주 아기들이 노리개 젖꼭지를 힘차게 빨면 [ba] 음절을 들려주었다.[1] 몇 분 동안 계속 같은 음절을 들려주면 빠는 속도가 꽤 느려졌는데,

---

1 김영훈, 앞의 책, 59쪽 참고.

[pa] 음절로 소리를 바꿨더니 갑자기 빠는 속도가 빨라졌다. 이는 생후 2~3주 아기들도 소리(음절)의 차이를 인식한다는 것을 보여준다.

아이들의 귀는 우리 생각보다 훨씬 민감하다. 이 사실을 기억해두고, 다음으로 넘어가보자.

읽기의 마태효과

미국의 베티 하트와 토드 리슬리 교수는 1995년 아이들의 어휘력 격차에 대한 흥미로운 논문을 발표했다.

생후 7개월부터 3세까지 매월 1시간씩 부모와 자녀의 대화를 분석한 결과, 전문직 가정의 아이들은 시간당 평균 2,100단어를 들었고, 근로자 가정의 아이들은 1,200단어, 빈곤층 아이들은 600단어를 들었다.[2] 이는 마치 소득계층에 따라 아이들의 어휘력 격차가 생기는 것처럼 보이지만, 이런 결론은 후에 뒤집어진다(116쪽 참고).

어쨌거나 우리는 이 연구를 통해 이미 영유아 때부터 아이들이 듣는 어휘 수에 격차가 생긴다는 것을 알 수 있다. 이는 향후 어휘력의 마태효과를 가져올 수 있다.

마태효과란 성경 마태복음의 한 구절에서 따온 말이다. "있는 자는 더 받아 풍족해지고, 없는 자는 가진 것도 빼앗기리라." 사회학, 경제학에서 부익부, 빈익빈 현상을 일컬을 때 쓰던 말이다.

우리는 아이들의 읽기 능력과 관련해 곳곳에서 이러한 마태효과를

---

2 이성규, "언어발달의 핵심 대화", The Science Times, KOFAC, 2018.9.17 참고.

발견할 수 있다. 초등 입학 때 어휘력이 좋은 그룹과 안 좋은 그룹의 격차는 몇 천 단어에 불과하지만, 이 격차는 학년이 오를수록 더욱 커진다.

또한 초등 저학년 때 잘 읽는 아이와 못 읽는 아이의 격차도 중학, 고등으로 올라갈수록 벌어질 수 있다. 결론적으로 영유아, 초등 때부터 더 많은 어휘와 말에 노출되도록 해야 한다.

사실 문해력에 관심을 가진 것은 20년 전쯤, 애들이 1~2세 때였다. 육아가 처음이니 모르겠는 것 천지였는데, 그때 발견한 것이 인터넷 카페였다. 검색하면 웬만한 질문에 대한 답은 다 있고, 급하게 물어보면 선배 엄마들이 대답을 잘해줬다. 그때 눈을 잡은 질문이 있었다.

"초등 5학년인데 어휘력이 약해요. 어휘력을 길러줄 방법 없나요?"

지금까지도 인터넷에서 자주 등장하는 질문이며, 내가 아이들의 문해력에 관심을 가지게 된 계기가 된 질문이다. 어휘력과 독해력을 어떻게 키울 수 있을까?

우리집은 영유아와 초등 때, 그림책과 친해지기와 함께 국어 밥상머리 교육에 신경썼다. 문해력은 문자 이전에 말에서 출발하고, 말에는 사고력이 중요하다고 생각했기 때문이다. 우선, 이것을 결심한 후 먼저 한 행동부터 소개하겠다.

텔레비전과 스마트폰을 치운 다음 채운 것

초중고 스마트폰 전쟁

초등 고학년, 중학, 고등에 걸쳐 애들과 갈등을 일으킨 것이 있었으니, 여느 집과 마찬가지로 스마트폰이다. 대체로 아이들이 알아서 하게 됐지만, 스마트폰은 꽤 강력하게 통제했다.

맞벌이집 아이들이니 휴대폰이 필요했는데, 사양이 꽤 낮은 그룹에서 사줬다. 초등 4학년 때 사줬는데 전화통화와 문자 정도 됐다. 중고등 때도 사양이 꽤 낮은 휴대폰이나 공신폰을 사용했다.

초등 고학년 때도 불만이 있었지만, 중학생이 되자 특히 한 아이의 불만이 팽배했다. 게다가 우리는 '모바일펜스' 프로그램을 아이들과 합의 하에 설치해 휴대폰 사용 시간과 사용 앱을 꽤 통제했다. PC에도 이 프로그램을 깔았다. 여담이지만, 이 프로그램을 검색해 찾았을 때 사용평 댓글을 읽다가 웃음보가 터졌다. 어떻게 된 게 평점이 극과 극, 5점과 1점이 즐비했다. 그래서 사용평 댓글들을 읽어봤더니 부모들은 좋다며 5점 만점을 준 분들이 많은 반면, 아이들은 안 좋다며 1점을 줄줄이

주고 있었다. 투덜대는 아이들의 평을 읽으며 웃음이 나왔다.

부모의 계속된 설득에 사양이 꽤 낮은 휴대폰이나 공신폰을 쓰고 모바일펜스 설치에 합의했지만, 애들은 사용하다가 보면 속상한지, 친구들은 최신 폰을 쓴다며 좋은 폰, 그게 부담스러우면 사양이 좀 낮아도 좋으니 스마트폰을 사달라고 끈질기게 졸랐다. 그럴 때면 나는 이런 말을 하곤 했다.

"우리는 간섭을 별로 안하고, 웬만하면 너희들의 선택에 따르잖아. 스마트폰은 절대 양보 못해. 부모로서 너희들을 키우는데, 부모가 미성년 자녀에게 한 가지쯤은 고집을 부릴 수 있다고 봐."

고등 때는 아이가 뭐라 하면 웃으며 말하곤 했다.

"딴 건 몰라도, 이건 못 받아들여. 안 되는 것은 안 되는 거야. 얼른 자라서 성인이 되어 최신 스마트폰을 사서 실컷 써라."

사실 스마트폰뿐만 아니라 영유아 때부터 되도록 영상에 노출되지 않도록 했다. 이는 감각의 민감성과 뇌를 지키기 위해서였다.

영상 미디어와의 강력한 결별

아이들이 4세 때 텔레비전을 버렸다. 고등학교를 졸업할 때까지 텔레비전이 없었다. 텔레비전이 집에 있을 때도 아예 거의 틀지 않았다. 3세즈음 어쩌다 '꼬마 펭귄 핑구' 같은 애니메이션을 볼 때도 애들만 텔레비전 앞에 앉혀 놓지 않았다. 부모나 할아버지가 옆에서 같이 보며 대화를 계속했고, 시간도 30분을 넘기지 않았다.

텔레비전만이 아니었다. 당시 네이버 주니어 동화도 어쩌다 한 번 틀어줬지만 애들만 앞에 앉혀 놓지 않았다. 쌍둥이가 양쪽에서 울고불고 하면 힘들었지만 안 틀었다. 영어 동영상 시디나 만화 비디오도 마찬가지였다. 몇 개 사긴 했는데 많이 안 틀었고, 틀 때는 꼭 같이 보며 놀아줬다.

뇌 발달이 미숙한 만 2세 이전의 아이들이 영상매체에 지나치게 노출되면 비디오증후군에 걸릴 수 있다. 비디오 증후군은 유사 발달장애 및 유사 자폐, 언어장애, 사회성 결핍 같은 증상을 보이는데, 만 2세가 넘더라도 뇌 발달에 좋을 것이 없었다.

참고로, 우리집의 IT 기계 통제는 솔직히 유별날 정도였다. 방학 때면 출근할 때 노트북, 아이패드, 갤럭시탭 등을 숨겨두고, PC의 전원 케이블을 뽑아 가방에 넣어 나올 때도 꽤 있었다. 심심하면 나가서 놀고, 차라리 잠을 자라고 했다.

중학 때는 밤늦은 시간의 휴대폰 사용을 통제하기 위해 밤 12시면 와이파이 공유기의 인터넷 송수신 기능이 정지되도록 설정해두었다. 아이들의 휴대폰은 데이터 용량이 꽤 작았기에 집의 와이파이 공유기가 꺼지면 인터넷 사용이 힘들었다.

그렇다고 우리집 아이들이 영상과 완전 떨어져서 자란 것은 아니다. 영유아, 초등 때는 통제가 가능하지만, 중학생만 되어도 모바일펜스나 집의 PC 통제를 우회할 방법을 찾아낸다. 궁하면 방법을 찾기 마련이다. 그래도 아이들이 방법을 찾느라 고민하며 정보를 찾아보는 활동은 했지 싶다.

집의 PC나 노트북도 아빠가 와이파이 공유기에 장벽을 좀 쳐놓았는데, 추리소설을 좋아하는 우리집 이과형 아이는 중학 때 애니메이션 '명

탐정 코난' 등 추리물 수백 편을 봤다고 한다. 남편은 장벽 우회를 눈치 채고 있었지만, 게임도 아니고 추리 애니메이션이 그렇게 좋다는데 어 쩌겠는가. 그냥 두었다. 얘는 스토리와 영화를 좋아해서 고등 때도 코로 나 전에는 가족이나 친구와 함께 한 해에 영화관에 20여 번을 갔다. 영 화를 보러 가는 것은 안 막고 장려한 편이다.

아이들도 취향이 있고, 부모가 다 통제할 수는 없다. 하지만 영유아, 초등 때는 기준을 정해놓는 것이 좋고, 중고등 때도 어느 정도 통제가 필요하다고 생각한다.

부모의 목소리로 채우다: 읽어주기, 다청, 대화

언어발달에서 음절, 음소 인식은 매우 중요하다. 아이들의 귀는 우리 생 각보다 민감하다. 이런 민감한 귀에는 영상매체의 소리보다 사람의 목소 리가 훨씬 좋다. 영상매체와 스마트폰을 치운 자리에 '사람의 목소리'를 채 워 넣었다. 그림책을 읽어주고, 다청(다양한 듣기), 가족 대화로 채우려 했다.

앞에서 소개했듯이, 1995년 미국의 베티 하트 연구팀은 소득계층에 따라 아이들의 어휘력에 격차가 생긴다는 결론을 내렸지만, 최근의 연 구는 이런 결론을 뒤집고 있다.

미국의 심리학자 더글러스 스페리 팀의 연구에 의하면, 중산층 이상 가정의 아이들이 시간당 2,500단어에 노출되는 반면, 앨라배마 주의 흑 인 저소득층 아이들은 시간당 3,200단어에 노출됐다.[3] 왜 이런 차이가

---

3 이성규, 앞의 글.

생겼을까? 앨라배마 주의 흑인 아이들은 형제가 많았고 가까이 사는 친척들도 많았던 것이다. 소득계층이 중요한 것이 아니라 얼마나 많은 대화에 노출되는지가 중요했다.

또한 MIT 등의 공동 연구팀은 4~6세 아동을 대상으로 한 연구에서 단순히 듣는 언어의 양보다 주고받는 대화가 두뇌와 언어능력 발달에 더 도움이 된다고 발표했다.[4] 이로써 가족 간의 대화가 많을수록 아이의 두뇌 및 언어 발달에 좋다는 것을 알 수 있다.

그런데 안타깝게도 우리나라의 부모와 미취학 아동 간의 대화는 하루 평균 48분에 불과하다.[5] 반면 OECD 국가들의 평균은 150분이었다. 우리나라의 부모와 미취학 자녀 간의 대화는 OECD 평균 시간의 겨우 30%에 불과한 것이다. 초중고생 자녀와의 대화는 더욱 부족하다. 안타깝게도 '자녀와 거의 매일 대화를 하는 부모'는 53.7%에 불과했다.[6]

아이들이 어릴수록 영상매체를 멀리하고, 대신 사람의 목소리와 대화를 채워 넣어야 한다. 그 방법으로는 그림책 읽어주기, 다청, 가족 대화가 있는데, 이 중에서 먼저 그림책 읽어주기를 만나보자. 그러려면 책과 친숙해지기가 먼저다. 이제 그 이야기를 하러 가자.

---

4 이성규, 앞의 글.
5 정종훈, "우리 아이의 하루 13분", 2018. 5. 1.
6 초록우산어린이재단, '아동행복생활시간' 보고서.

다독 디딤돌:
책과 행복한 감정 연결하기

아이들의 책 읽기는 행복한 기억과 연결되어야 한다. 나는 초등 4학년 때부터 중학 2학년 정도까지 책 읽기에 빠져 있었다. 방학 때면 아침부터 밤까지 책만 읽으려 들기도 했다. 너무 과하니, 어머니가 걱정을 많이 했다. 밤에 책 좀 그만 읽고 자라는 꾸중에, 이불 안에 스탠드를 켜놓고 숨어서 본 날도 많았다. 재미있으면 스스로 한다, 말려도 한다.

도서관과 행복한 경험 연결하기

우선, 책이 있는 공간인 도서관과 서점을 행복한 감정과 연결시키려 했다. 인간은 어찌 보면 단순하다. 우리집이 선택한 것은 단순하고 실천하기 편한 것, 바로 간식이었다. 평소 단것을 거의 안 사줬는데, 도서관에 갈 때면 핫초코, 레모네이드, 예쁜 조각 케이크, 컵 아이스크림이나 빙수…, 하다못해 돌아오는 길에 하드라도 하나 사서 입에 물렸다. 그리고 아이들의 감정을 즐겁게 유지하려 했고, 엄마도 즐거운 기분이 되려 했다. 도란도란 얘기하며 그림책 보러 가는 날, 그 기억이 평생 독서의 힘이 될 수 있을 거라고 생각했기 때문이다.

6~7세에는 거의 매주 도서관에 갔다. 초등 저학년에는 한 달에 2~4회 갔고, 내가 바쁘면 아빠가 혼자 데리고 갔다. 고학년에는 한 달에 2회 정도 갔다. 중고등 때도 간혹 같이 가기도 했다.

서점에는 한두 달에 한 번 정도는 가려고 노력했다. 책을 보고 산 후에는 외식을 하거나 근처 카페에서 맛있는 디저트나 음료를 사줬다. 평소 음료도 잘 안 사줬기에 아이들은 좋아라 했다. 책이 있는 공간에 대한 행복한 기억을 남기고 싶었다.

그림책 독서 성장판

6세 때는 그림책 독서 성장판을 만들어 현관장 옆쪽, 아이들의 키를 표시하는 곳의 옆에 붙였다. 그냥 줄 노트를 반으로 잘라 죽 이어붙인 것이다. 그림책을 한창 읽어주던 시기였다.

아이들과 의논하여 선물을 정했다. 10권에 캐릭터 스티커, 70권에 36색 색연필, 300권에는 드레스를 선물로 받고 싶다고 했다. 일년에 몇 번 입을까 말까 했지만 사주겠다고 했다. 독서 성장판에는 번호를 쓰고, 그 옆에 책 제목, 저자 이름만 간단히 기록했다.

우리집에서 독서 성장판은 애들에게 책을 얼마나 많이 읽어줬나 하는 것보다는, 습관 젬병인 엄마가 도서관 방문 습관을 가지게 됐다는 점에서 의의가 있었다. 드레스를 꿈꾸는 아이들을 실망시킬 수 없어서 피곤하고 귀찮은 주말에도 으레 가게 됐다. 드디어 드레스가 배달된 날, 애들은 뛸 듯이 기뻐했고, 추억의 사진으로 남아 있다.

보상은 행동심리학적 측면에서 보면 장단점이 있다. 하지만 독서습관을 들일 때 한시적으로 사용해볼 만하다.

독서 권수에 집착하지 말자

도서관이나 서점에서 그림책을 십여 권 쌓아놓고, 아이에게 정신없이 빠르게 읽어주는 분들을 본 적이 있다. 나도 집에서 애들끼리 잘 놀기에, 어느 날 그림책을 십여 권을 옆에 쌓아놓고 혼자 내리 낭독한 적이 있다. 그런데 머리가 멍하고 뭘 읽었는지조차 헷갈렸다. 익히 아는 그림책들이었음에도 말이다.

독서 권수에 집착하지 말았으면 한다. 하루에 한 권이라도 즐겁게 읽어주는 것이 좋다. 그렇게 빨리 많이 읽어줘 버리면 아이의 마음에 닿지 않는다. 아이와 마음으로 공감하며 꾸준히 읽어주는 것이 중요하다.

이런 현상은 박물관이나 미술관에서도 볼 수 있다. 아이와 가끔 대화도 몇 마디 하고 설명도 해주는 것은 괜찮은데, 부모님이 뭔가를 계속 설명하고 아이가 허겁지겁 수첩에 받아 적는 모습을 종종 본다. 만약 수행평가에 필요한 것이라면 아이가 보고 할 몫이다. 또한 우리는 '지식 강박증'이 좀 있는 것 아닌가 싶을 때가 있다. 중요한 것은 부모와 함께 박물관이나 미술관에 갔다는 것 자체이고, 그날이 즐거우면 된다. 그 행복한 기억이 나중에 다시 아이를 그런 공간으로 이끌 것이다.

무엇을 읽어줄 것인가?

2년마다 2~3일, 아이 책에 대한 집중 공부

임신 때 대략 6세 정도까지의 그림책들을 살펴보았다. 덕분에 6년이 편했다. 그림책 및 그림책 읽어주기에 관한 부모용 책도 읽으면 좋다. 좀 오래된 책이지만, 『우리 아이, 책날개를 달아주자』를 권하고 싶다. 그림책에 대한 정서적 이해에 도움이 되는 책이었다.

그리고 6세, 초등 1학년, 3학년, 5학년, 중학 1학년, 3학년…, 아이의 성장에 따라 대략 2년마다 한 번씩 그 연령대의 독서 특성과 인터넷에서 다양한 추천 도서목록들을 긁어모아 인터넷 서점에서 정보를 찾아보고 나름의 구매목록을 만들었다. 바쁘니 2년에 한 번씩 해서 한꺼번에 꽤 많은 책을 구매했다.

이것보다 더 선호한 것은 도서관이나 서점에서 책을 직접 보고 구매하는 것이었다. 이를테면 도서관에서 빌린 책 중에서 좋은 책은 구매했다. 좋은 책은 아이들 손에 가까이 두고 반복해서 보는 게 좋다.

2년마다 공부할 땐 주말이나 연휴, 여름휴가를 이용했다. 그렇게

2~3일을 집중적으로 찾아서 읽어보면 그 연령대의 책 지도가 대략 그려진다. 그러면 2년 정도 독서 지도와 책 구매의 방향을 잡기가 편했다.

연령별 추천 도서목록들도 많은데, 왜 군이 이렇게 불편한 방법을 썼냐 하면, 지식은 어렵게 얻어야 진정한 내 것이 된다고 생각했기 때문이다. 주말에 남편에게 애들 돌봄과 집안일을 다 부탁하고, 2~3일 집중 공부를 하는 시간이 재미있었다. 아이들의 2년 독서를 위한 부모 공부 2~3일이면 시간 대비 효용이 크다고 생각했다.

다양성에 대한 존중

그림책의 방점 중 하나는 말 그대로 '그림'이다. 왜 이 뻔한 말을 하냐면, 좀 쉽게 그린 50~60권, 100권 전집을 덜컥 구매하려는 것을 말려봤기 때문이다. 다양성에 대해서도 신경쓰는 것이 좋다. 우리 옛이야기부터 아프리카 이야기까지, 신화부터 지하철을 탄 아이 이야기까지, 수채화·펜화부터 유화·동양화 그림까지, 매끄러운 종이책부터 보송보송한 책까지, 손바닥 만한 작은 책부터 아주 큰 책까지, 아이들은 낯섦과 다양성을 누려야 한다. 또한 그림책의 글은 소리내어 읽을 때 자연스럽고 입에 착착 붙어야 한다. 구매 전에 몇 페이지라도 직접 작게 소리내어 읽어보는 것도 좋다.

취향에 대한 존중, 5 대 5의 법칙

6~7세에는 아빠가 바빠 주로 엄마가 도서관에 데려갔다. 우리는 도서관에서 시간을 보내며 느긋하게 각자 그림책을 5권씩 골랐다. 엄마 5

권, 쌍둥이 첫째 5권, 둘째 5권, 이렇게 해서 15권을 빌려오곤 했다.

아이들이 고른 책이 마음에 들지 않아도 내색하지 않았다. 간혹 아이들이 책을 더 빌리고 싶어하면, 못 이기는 척 내 몫의 5권에서 2~3권 양보해 주었다. 그러면 애들은 대단한 것을 얻은 양 좋아했다.

나중에 애들이 혼자 읽게 된 후에도 독서 취향을 되도록 존중했다. 엄마가 좋은 책이다 싶어 빌렸는데, 아이가 안 읽으면 한 번 권해보고 그래도 안 읽으면 내버려뒀다. 몇 주 뒤 다시 빌려 잡지꽂이에 꽂아두고, 그때도 손에 잡지 않으면 그냥 반납했다.

아이의 책 구매 연습, 2 대 2의 법칙

서점에 갈 때면, 4세 정도부터 문에 들어서기 전에 "너희들은 딱 두 권씩만 고를 수 있어"라며, 대단한 기회를 주는 양 했다. 그러면 아이들은 자기 몫의 책을 고르느라 즐거워하고 열심이었다.

아이들이 고른 책이 엄마 마음에 안 들어도 그냥 사줬다. 아이는 스스로 고른 책에 더 애정이 가는 법이다. 어떤 책을 빌리든 사든, 아이가 알아서 할 일이었다. 그러다 보면 아이가 집에 와서 자기가 골라 산 책이 별로라며 후회한 적도 있었다. 자잘한 실패를 해봐야 선택법도 알게 되고 자기 효능감도 커진다.

새로 빌리거나 사온 책들은 잡지꽂이에 꽂아두었다. 지금 우리집 잡지꽂이는 17년이 넘었다. 두고두고 쓰이니 하나쯤 구입을 권해본다.

어떻게 읽어줄 것인가?

그림책을 읽어주는 방법은 크게 두 가지로 나눌 수 있다. 하나는 그림책을 보며 그냥 읽어주는 것이고, 다른 하나는 그림책을 읽어주며 아이와 대화를 곁들이는 것이다. 이런 그림책 읽어주기 방법을 '텍스트 톡(Text Talk)'이라고도 한다.

전통적 읽어주기 방법도 매우 좋다

전통적 그림책 읽어주기 방법이란 임의로 붙인 말로, 우리가 흔히 하듯 그림책 자체에 집중하여 그냥 읽어주는 방법을 말한다. 이 방법도 매우 좋다. 아이가 부모의 품에 안겨서 그림책의 그림을 보며 부모의 이야기를 듣는 시간이다. 이때 아이는 눈으로 보이는 그림과 귀로 들리는 이야기를 연결하는 과정에서 이해력이 싹튼다.

부모가 그림책 읽어주기 자체에 집중하면, 아이는 그림과 귀로 들리는 이야기 속의 세계로 빠져들어 생각하게 된다. 부모는 책의 성격에 맞게 때로는 차분한 목소리로, 때로는 즐겁게, 때로는 씩씩하게 읽어주면 된다. 현실적으로 이런 읽어주기 법을 가장 많이 쓴다. 하지만 그림책을 읽어주면서 간혹 텍스트 톡을 하는 것도 좋은 방법이다.

대화를 늘리는 텍스트 톡

텍스트 톡은 그림책을 읽어줄 때, 아이와 대화 등으로 상호작용을 하는 것이다. 유아와 초등 저학년은 성인과의 대화가 어휘력 성장에 큰 영향을 받는데, 텍스트 톡도 그런 기회가 된다. 그림책 텍스트 톡은 표지 읽기, 본문 읽기, 독후활동 등의 3단계로 나눌 수 있다.

2020년 어린이책의 노벨상으로 불리는 아스트리드 린드그렌상을 수상한 백희나 작가의 『구름빵』으로 텍스트 톡 방법을 알아보자. 먼저 간단한 책 소개이다.

비 오는 날 아침, 고양이 남매가 나뭇가지에 걸린 작은 구름을 발견했다. 엄마는 남매가 가져온 작은 구름을 반죽해 오븐에 빵을 구웠다. 구름빵을 먹었더니 몸이 구름처럼 둥실 떠올랐다. 아, 아침밥을 못 먹고 출근한 아빠가 생각났다. 남매는 아빠에게 구름빵을 갖다주려고 둥실 떠서 집을 나서는데…. 상상력과 따뜻한 가족 사랑이 돋보이는 책이다.

표지 읽어주기

먼저, 아이와 함께 표지를 보며 제목과 작가의 이름을 읽어주고, 표지 그림을 보며 텍스트 톡을 한다. 왜 이 과정이 필요할까?[7]

---

7 조이스박, 앞의 책, 143쪽 참고.

첫째, 앞으로 읽을 그림책의 내용에 대한 사전지식을 활성화하는 과정이다. 둘째, 사전지식을 활성화할 때, 아이가 기존에 알던 지식이나 경험과 엮어주어야 효과적이다. 셋째, 표지를 보며 예측하는 질문을 던지는 것도 좋다. 앞으로 나올 내용에 대한 궁금증을 불러일으키고 예측력을 키우는 데 도움이 된다.

1. 먼저 아이와 표지를 본다.

2. 그림책의 제목을 좀 큰 목소리로 읽은 다음 3초 정도 쉰다.

"구름빵"(3초)

이때 부모가 제목의 글자 정도는 손가락으로 한 자씩 짚어도 좋다.

3. 글 작가와 그림 작가의 이름을 읽은 다음 2초 정도 쉬자.

"글 그림 백희나"(2초)

4. 이제 아이와 함께 표지의 그림을 보며 간단한 대화를 한다.

이를테면 『구름빵』 표지의 그림을 보면서 다음과 같은 대화를 할 수 있다. 본문을 읽기 전에 아이의 사전지식을 활성화하는 것이다.

"아, 나뭇가지에 구름이 걸려 있네. 지난번에 공원에 놀러갔을 때 우리 같이 구름 봤지?"

아이의 연령대에 따라 이런 질문을 할 수도 있을 것이다.

"책 제목이 왜 구름빵일까? 구름빵이 뭘까?"

"창문 안에 누가 있네. 어떤 동물을 닮았을까?"

"얘는 무엇을 하고 있었을까?"

"구름이 왜 나뭇가지에 걸려 있을까?"

그림에 대한 관찰력을 높이고, 질문을 통해 예측력을 키워가며, 책에 대한 흥미를 불러일으키는 과정이다.

본문 읽어주기

『구름빵』은 앞 면지에 그림이 있다. 하늘에 하얀 구름들이 뒤덮여 있고 비가 내리고 있다. 가만히 보면 오른쪽에 하얀 작은 구름이 있고, 그 밑에 앙상한 작은 나뭇가지가 보인다.

"어, 비가 오네."

"하늘에 구름이 가득하네."

이때 아이의 사전지식을 활성화하면서 흥미를 더 끌어볼 수도 있다.

"아, 이 구름이 방금 전에 표지에서 봤던 그 구름인가 봐."

한발 더 나아가서 예측하는 질문으로 호기심을 이끌어낼 수도 있다.

"이 하얀 아기 구름은 어떻게 될까?"

이제 책장을 넘기면 다시 책 제목이 나온다. 제목과 작가 이름을 다시 읽어주자.

"구름빵 (3초)

글 그림 백희나 (2초)"

다시 책장을 넘기면, 왼쪽 페이지는 비어 있고, 오른쪽 페이지의 작은 네모 안에 창밖으로 어슴푸레한 풍경이 보이고 비가 내리고 있다.

"어느 날 아침, (1초)

눈을 떠 보니 (1초)

창 밖에 비가 내리고 있었어요. (2초)"

이런 대화를 할 수 있을 것이다. 쉽게 생각하자.

"어, 비 온다."

사실을 묻는 질문을 해보자.

"밖에 뭐가 보이니?"

아이의 사전지식을 활성화하여 개인화를 해주며, 감정을 묻는 질문을 하여 감정표현까지 이끌어낼 수도 있다.

"저번에 우리도 비 오는 거 봤는데, ○○는 비 오면 기분이 어때?"

아이가 어리다면 대화와 질문의 수준을 좀더 낮출 수도 있다. 두 가지 선택지를 주어 대답을 유도하는 것이다.

"○○는 비 오면 좋아? 싫어?"

아이가 좀 자랐다면 추측하거나 다음 페이지에 나올 내용을 예측하는 질문을 던질 수도 있다.

"지금 주인공은 어디에 있는 걸까?"

유튜브에서 그림책을 읽어주는 영상을 보면 참고가 될 것이다. 여기서는 실제 종이책이 등장하고, 본문 페이지가 모두 보이는 영상을 추천하겠다. 유튜브에서 '마음을 읽어주는 엄마'의 '구름빵' 영상은 실제 엄마가 아이에게 읽어주며 상호작용을 하는 모습을 볼 수 있고, '물고기선생님'의 영상은 그림책을 차분하게 읽어주며 주목도와 이해를 높이기 위해 손가락으로 해당 그림을 가볍게 짚어주고 있다.

독후활동

우선 아이의 감정 반응에 주목하자. 어렵게 생각하지 말자. "이 책 어땠어?", "뭐가 좋았어?" 이런 질문이 바로 감정 반응을 이끌어내는 질문이다.

『구름빵』책을 읽고 난 다음에 아이와 함께 밀가루와 버터, 이스트를 사서 빵을 구워보아도 좋다. 고양이 자매의 가면을 만들거나 풍선에 매직펜으로 그려 구름빵처럼 날릴 수도 있다. "너라면 작은 구름으로 뭘 만들고 싶니?" 이런 생각을 나눌 수도 있다. 이렇게 책을 읽은 다음의 반응이 독후활동이다. 어렵게 생각하지 말고 해보자.

지나치게 자꾸 묻지 말자

그림책을 읽어줄 때, 텍스트 톡을 매번 적용할 수는 없다. 느긋한 날, 한두 그림책씩 적용해보는 것이 좋다. 텍스트 톡도 지나치면 아이가 안 좋아한다. 부모가 의도를 가지고 자꾸 질문을 하면, 아이가 그림책이 재미없어질 수 있다. 그림책에 대한 대화는 좋지만 지나치게 체크하듯이 질문을 하지는 말자는 말이다. 독서는 아이가 편하게 느껴야 한다. 그래야 독서습관이 오래간다.

제목을 읽은 후 3초 쉬어야 하는 이유

초등 저학년이 글을 소리내어 읽는 것을 들어보면, 제목을 휙 읽어버리고는 바로 다음 줄을 읽는 경우가 있다. 이렇게 읽으면 안 된다.

제목이나 소제목을 읽은 다음에는 2~3초 정도 쉬어야 한다. 제목과 소제목이 말하고자 하는 바를 한 번 더 생각해보는 것이다. 제목은 앞으로 나올 글이 무엇에 대한 것인지를 알려준다. 또한 소제목은 그 부분이 말하는 바를 압축적으로 보여준다. 사실 제목, 소제목들만 잘 읽어도 글의 구조를 파악하고 이해하기가 쉽다. 그러니 제목을 읽은 다음에는

2~3초 쉬자. 아이가 장차 제목, 중제목, 소제목을 제대로 읽는 습관을 들이는 과정이다.

끊어 읽기에 신경쓰자

쉼표에서는 1초 쉬고, 마침표에서는 2초 정도 쉬자. 또한 의미 단위로 글을 끊어 읽을 때도 1초 쉬자.

"어느 날 아침, (1초)

눈을 떠 보니 (1초)

창 밖에 비가 내리고 있었어요. (2초)"(『구름빵』, 백희나 글 그림, 5쪽)

인간은 글을 묵독할 때 한 자씩 읽지 않고 의미 덩어리 단위로 읽는다. 따라서 의미 덩어리로 끊어 읽기를 잘해야 읽기 유창성이 좋아진다. 부모가 그림책을 읽어줄 때부터 시범을 보이는 것이 좋다.

아울러 느낌표와 물음표 같은 문장부호를 잘 살려 읽어야 한다. 느낌표는 강조하여 읽고, 물음표는 끝을 올려 읽자. 또 한국어는 의성어, 의태어가 다양하므로 느낌을 잘 살려 읽으면, 아이들이 재미있어 하고 문해력에도 도움이 된다.

공감과 치유로서의 낭독법

신생아는 태어나자마자 울지만 슬퍼서 우는 것이 아니다. 또한 배냇 웃음은 일종의 반사적 반응이다. 아이들은 자람에 따라 감정 분화를 겪게 된다.

아이가 자라서도 감정 분화가 잘 안 되면, 현재 느끼는 감정의 정체가 뭔지도 잘 모르거나 착각하고, 자기의 감정을 잘 표현하지 못하게 된다. 사실은 슬프거나 외로운 건데, 자기의 감정을 착각하고 그냥 분노를 터트려 버리기도 한다.

행복한 어른으로 자라려면, 아이가 감정 분화를 잘하고 자기의 감정을 잘 표현하며 다른 사람과 공감할 수 있어야 한다. 그러려면 부모가 자신의 감정에 잘 대처하는 모습을 보여주고 아이와 공감해야 한다. 사실 그림책 읽어주기에서 가장 중요한 것이 바로 부모와 아이의 공감이다. 때로는 이것이 큰 변화를 가져오기도 한다.

발달지체 진단을 받은 이과형 아이

우리집 이과형 아이는 부모의 애간장을 녹인 아이였다. 태어나자마자 신생아 중환자실에 입원했고, 생후 50일 즈음엔 대학병원을 전전했으며, 자라는 동안에도 열경기를 하는데다 자주 아파 입원도 많이 했다. 4세에 다시 대학병원에서 신경발달 검사를 받았다.

발달 전반이 느렸지만, 무엇보다 사회성이 너무 부족했다. 그래도 집에서는 말을 꽤 했는데, 5세 때 경력 15년의 구립어린이집 선생님이 내향성이 강한 애들이 있지만, 얘는 사회성이 너무 부족해 보인다며 걱정하셨다. 신경질이 말도 못하게 심해졌고, 눈을 깜박이는 틱 증상이 2주 정도 나타났다. 그해 여름, 발달이 10개월에서 1년 정도 지체되고 있다는 진단이 내려지고는 놀이치료를 8개월 정도 했다.

6세, 여전히 사회성이 부족해 유치원에서 한구석에서 혼자 놀고 말도 별로 안하고 낯가림이 매우 심했다. 친척들 식사자리에 데려가면 말은커녕 30~40분을 고개조차 별로 들지 않았고, 외갓집에 가족과 함께 며칠 있을 때도 다른 사람과 말도 잘 안 했다. 이러다 보니 주위에서 "바보 아니냐"는 소리도 들었다. 남편과 의논해 당시 우리가 한 조치는 세 가지이다. 혹시 참고가 될까 하여 써본다.

세 가지 시도

첫째, 아이를 긍정적으로 보는 사람들 옆에 두고자 했다. 아이를 이상하게 보는 이들도 있었지만, 자신도 어릴 적 낯가림이 심했다며 따뜻한 이해의 눈길로 보는 이도 있었다. 긍정적인 사람과의 만남은 늘렸고, 부정적인 사람과의 만남은 가까운 친척이라도 과감하게 줄였다. 긍정적인 시선 속에 두어야 긍정적 자아감이 더 잘 길러진다.

둘째, 부모 외의 성인 한 사람이 있으면 도움이 된다. 아이를 긍정적으로 바라보며, 오랫동안 관계를 이어갈 수 있는 성실한 어른 말이다. 가톨릭의 대부나 대모를 연상하면 된다. 아이는 부모 외의 다른 성인과의 지속적인 관계를 통해 자신에 대한 긍정적인 인식이 강화되며 더 다양한 관계와 대화를 나누게 된다. 이 어른은 아이와 같은 성별인 것이 좋기에, 우리는 나의 둘째 동생이 그 역할을 해주었다.

마지막으로 엄마와 둘만 함께하는 시간을 마련했다. 아이가 둘 이상이면, 한 아이와 조용히 함께하는 시간이 적을 수밖에 없다. 동생의 탄생은 큰 아이에게 커다란 상실감을 준다. 더구나 우리는 쌍둥이었기에 처음부터 한 아이와 오롯이 함께하는 시간이 적었다. 각각 일주일에 4시간씩 엄마와 단둘이 하는 데이트 시간을 마련했다. 머리를 확 비우고 한 아이와의 공감에 집중했다. 아이의 변화는 놀라웠다.

책을 통해 아이와 공감한 놀라운 순간

매일 함께하는 아이들이지만, 인간 대 인간으로서의 공감이 오롯이 오가는 순간이 있다. 때로는 책이 그 매개체가 된다.

6세 여름 어느 토요일, 나와 이 아이가 웬일인지 새벽 일찍 깼다. 사방은 조용하고 새벽빛이 들어오고 있었다. 우리는 다른 가족들이 자는 시간에 둘만 깨어 있음에 좀 들떠 있었다. 주말 새벽이라 별로 할 일도 없기에 책을 읽어주겠다고 했다.

도서관에서 빌려온 이오덕 선생님의 『꿩』이었다. 글줄이 꽤 있는 책이다. 작품의 배경은 수십 년 전 시골의 농촌 학교, 주인공 용이의 아버지는 남의 집 머슴살이를 한다. 짓궂은 아이들은 용이를 업신여겨 괴롭히기 일쑤였고, 등하교 길에 책 보퉁이를 들게 했다. 용이는 항상 풀이 죽어 있었다. 그날도 책 보퉁이 여러 개를 들고 가다가 언덕에서 꿩을 보았다. 날개를 쫙 펴고 날아오르는 꿩을 보고, 용이는 힘이 났다. 그리고 들고 가던 책 보퉁이들을 하나씩 던져버렸다.

여름 이른 새벽, 아이 방의 침대에 누워 품에 안고 새벽빛에 의지해 실감나게 읽어주었다. 사방은 조용하고 세상에 우리 둘만 있는 듯했다. 엄마의 목소리가 울려 퍼지고 있었다.

"야, 참 멋지다! (중략) 꿩을 쳐다보는 용이의 온몸에 갑자기 어떤 힘이 마구 솟구쳤습니다."

이윽고 우리는 침대에서 일어나 마주앉았다. 글이 클라이맥스를 향하고 있었다.

"됐다! 용이는 이제 하늘이 탁 틔어지고 가슴이 시원해져서, 저 건너 산을 보고 하하하 웃었습니다."

그런데 아이를 봤더니 얼굴이 환하게 밝아져 있었다. 어깨에 힘이 들어가고 눈빛이 빛났다. 너무나 후련한 표정이었다. 아이의 표정에서 맘속에 뭔가가 전해졌고 강하게 관통하고 있음을 느낄 수 있었다. 몇 십 초 안 되었겠지만, 세상이 조용해지고 시간이 정지한 느낌이었다. 뭔가가 아이의 영혼에 닿았음을, 내면에서 뭔가 변화의 단초가 생겼음을 느꼈다. 아이가 그 순간을 음미할 수 있도록, 나는 그냥 가만히 계속 있었다.

마음의 문을 닫았던 한 소년이 자아를 찾아가는 이야기인 『딥스』를 읽은 부모라면, 아마 양육에서 이런 놀라운 순간을 만날 수 있음을 공감할 것이다. 때로는 책은 우리의 영혼을 관통한다.

변화, 그리고 변화

독서는 아이의 공감 능력을 높여준다. 독서를 통한 공감 능력은 책을 읽어주는 부모의 목소리와 품 안에서 자란다. 그리고 아이는 차츰 독서 독립을 해가면서 책 속에서 스스로 공감 능력을 키워가게 된다.

6세 그날은 아이에게 뭔가 계기가 된 듯했다. 부모가 양육방식에 변화를 주고 있었지만, 그날 그 순간도 하나의 전환점이었다. 성장도 느리고 '바보 아니냐'는 소리를 들었던 아이는 그후 변화하기 시작했다. 신경질이 빠르게 줄어들었고, 여전히 낯을 가리지만 사회성이 조금씩 나아졌으며 인지발달, 언어발달도 빨라졌다.

초등 저학년 때는 여전히 사회성이 많이 부족하고 친구도 한둘이었지만, 고학년이 되자 발표도 곧잘 하고 친구도 늘었다. 중학 때는 여전히 내향성이 강한 아이라는 소리를 들었지만 사회성이 크게 발달했고, 고등 때는 오히려 조용한 리더십을 발휘했다. 5세에 진단을 받고 돌아와서 베란다에서 울던 생각을 하면 격세지감이었다. 아이는 놀라운 존재이고, 어떻게 클지는 가봐야 안다.

우리는 이오덕 선생님의 책 『꿩』이었지만, 여러분들은 다른 그림책에서 그러한 순간을 만날 수 있을 것이다. 부모의 그림책 낭독이 때로는 놀라운 작은 기적을 보여준다. 아이에게 그림책을 읽어줄 때 매번 집중

하여 정성을 들일 수는 없을 것이다. 하지만 때로는 마음을 열어놓고 아이를 안고 소중한 순간을 나눠보자.

기적의 쿠슐라

『쿠슐라와 그림책 이야기』를 추천드린다. 뉴질랜드에서 태어난 쿠슐라는 염색체 이상으로 매우 심한 신체장애와 정신지체를 가진 아기였다. 쿠슐라의 엄마는 하루 종일 아이와 씨름하다가 그림책을 읽어주기 시작했다. 신체장애와 정신지체를 가진 아이를 돌보는 지치고 외로운 시간을 메우기 위해서 시작한 일이었다.

그런데 변화가 시작됐다. 쿠슐라는 4세에는 지능도 좋아지고 성격도 긍정적이 됐다. 25세에는 장애가 있지만 활달하고 따뜻한 성품을 가진 어른으로 자랐다. 글도 잘 읽고 쓰고 컴퓨터도 사용하게 되었다. 다른 장애인들과 살며 지역사회를 돕기도 했다. 쿠슐라의 이야기는 부모들에게 큰 의욕을 준다. 부모가 소리내어 읽자. 그리고 아이들이 소리내어 읽을 수 있는 계기를 만들어주자. 여러분도 작은 기적을 경험할 것이다.

거실에서 시작하는 문해력

작업기억력을 키우는 말놀이

우리가 글을 읽을 때는 기억력, 주의집중력, 실행력 등도 함께 작용한다. 기억력 중에서 작업기억도 중요한데, 작업기억이란 정보를 기억하고 관리할 수 있는 능력이다. 쉽게 말하면, 우리가 한 문장을 읽고 있다면 앞에 읽은 단어와 흐름을 기억해야 하는데, 이것이 작업기억이다.

사람마다 작업기억 용량이 다르다. 작업기억은 언어뿐 아니라 우리의 감각기관으로 들어오는 시각, 청각, 후각 등의 감각정보가 모두 포함되는 개념이다. 그래서 아이의 작업기억을 높이는 데는 전자책보다는 종이책이 좋다. 종이의 질, 크기, 색깔, 인쇄의 느낌, 책장을 넘길 때의 느낌 등이 아이의 오감을 더 자극하기 때문이다. 아이가 작업기억이 뛰어나면 자극에 더 빨리 반응하게 되고, 작업기억이 별로이면 반응도 느리고 집중력도 별로일 가능성이 있다.

작업기억력을 키우는 방법은 매우 다양한데, 아이들의 놀이와 운동에는 이런 요소가 많이 들어 있다. 말놀이도 작업기억력을 키우는 예이다. 이 중에서 단어 거꾸로 말하기가 집에서 하기 수월하다. 이를테면 부모가 '감자'라고 하면 아이가 '자감'이라고 하면 된다. 아이가 능숙해지면 음절의 수를 서너 개, 너댓 개로 늘리면 된다. 끝말잇기, 첫 음절이 같은 단어 말하기도 좋은 말놀이다.

배경지식을 키우는 대화와 바깥 활동

아이가 글을 읽게 되면 다독을 통해 스스로 배경지식을 쌓아가게 되지만, 어릴 때는 그림책 읽어주기와 아울러 부모가 대화와 바깥 활동으로 어휘와 배경지식을 늘려줄수록 좋다.

　아이들의 모든 발달은 연결되어 있다. 운동 또한 뇌 발달과 문해력 향상, 나아가 공부에까지 큰 영향을 미친다. 캐나다의 한 학교에서 수업 전에 매일 실내운동을 20분 했더니, 몇 개월 후 아이들의 독해력 등이 향상됐다는 연구도 있다.

　아이들의 배경지식을 넓히려면 밖으로 나가는 것도 좋다. 도시를 약간만 벗어나도 들판과 산, 내가 많다. 날씨가 좋은 날에는 사람이 없는 들에 풀어놓아도 좋다. 공원, 마트, 고궁, 박물관, 미술관, 과학관 등도 좋다. 맞벌이라 피곤하긴 했지만 되도록 많이 다니려고 했다. 휴일 근무를 할 때는 남편이 데려갔고, 둘 다 바쁠 때는 우리집 애들에게 부모 외의 또 하나의 어른이었던 동생에게 한두 달에 한 번쯤 부탁했다. 동생은 우리 부부와 성격이나 취향이 달랐기에 아이들과의 대화도 달랐다.

부모가 아이들의 유치원에서 배운 것

6세 초에 이사를 하면서 유치원을 알아봤다. 보통 '우리 유치원은 무얼 가르친다'는 말씀을 하는 경우가 많았다. 일단 한글을 가르치는 프로그램이 있거나 강조하는 경우 제외했다. 그러니 선택의 폭이 넓지 않았고, 집과 가까운 곳부터 시작해 찾다보니 마음에 드는 유치원은 차로 15분 거리에 있었다. 한글을 가르치지 않고 쓰기 활동이 없으며, 매월 주제별 프로젝트 수업을 한다고 했다. 보통의 일반 유치원이었다.

나중에 애들에게 들어보니 교수법이 흥미로웠다. 기본 유치원 과정을 따라가기는 하지만 다른 게 있었다. 매달 하나의 주제를 정해 수업을 진행했다. 5월의 주제가 '자동차'라면 한 달 동안 자동차와 관련된 다양한 활동을 했다. 자동차 그림책들을 읽어주고, 동시도 읽어주고, 자동차 그림을 그리고, 실제 탈 수 있는 자동차 모형을 만들고, 엔진·핸들·바퀴 등 구성을 배우고, 자동차 노래와 놀이를 하고, 도로와 신호등도 배우고, 교통안전공단으로 현장학습을 갔다.

하나의 주제(자동차)를 중심으로 다양한 측면과 활동들을 연결하고 있었다. 아이들의 학습을 조각내어 기계적 학습이 되지 않도록 했으며, 흩어진 정보와 활동들을 융합하여 종합하고 놀이 속에 녹여냈다.

우리집도 유치원의 그 달 주제에 따라 자동차 그림책들을 찾아 읽어주고, 자동차 조립장난감 책을 사서 만들고, 교통 관련 박물관에 갔다. 그리고 유치원의 영향을 받아 그동안 문해력을 위해 간간이 해오던 놀이도 바꿨다. 개중 하나가 이야기 방식의 변화였다.

문해력은 이야기에서 시작된다

"이야기해 주세요." 애들이 어릴 때 매우 자주 하던 말이다. 어릴 때 안방에서 같이 잤는데, 간혹 자리를 일찍 깔고 불을 끄고 이야기를 들려주곤 했다. 주로 전래 이야기나 아빠엄마의 어릴 적 얘기였다. 문해력은 대화와 이야기에서 시작된다.

유치원 교육을 보면서 이야기의 방식을 좀 바꿨다. 어차피 얘기를 계속 해주다 보니 전래나 명작, 애니메이션 같은 얘깃거리도 떨어진 판이었다. 온 가족이 불을 끄고 누우면 아무 주제나 화두를 던졌다. 이를테면 "오늘은 감자다." 아이들이 안 자면 이야기가 길어지고, 그러다 보면 아궁이에 감자를 구워 먹은 얘기, 주말농장에서 키웠던 감자 얘기 같은 추억담뿐 아니라 감자로 만드는 음식, 역사 얘기로 이어졌다.

단순히 옛이야기 하나만이 아니라 그것에서 시작해 일상과 역사, 과학 등으로 이야기를 확장해가면, 부모가 어휘를 다양하게 쓰게 된다. 아이의 사고 폭이 넓어지고, 장차 분야의 경계를 넘어 융합하고 창조하는 능력을 키우는 데 도움이 된다.

서사 능력을 키우는
거실 활동

서사 능력(native skills)이란 아이가 '도깨비 방망이' 같은 전래동화나 명작 동화 등의 이야기를 들었을 때, 사건의 시작과 전개과정, 결말 등의 흐름을 이해하고, 그것을 말로 표현할 수 있는 능력이다.

이 서사 능력이 부족할 경우, 아이가 책을 읽어도 이야기와 내용의 전개를 따라가기가 힘들기 때문에, 글자를 읽어도 뭔 얘기인지 파악하고 이해하기 힘들다. 서사 능력은 아이가 자신이 경험한 일을 순서에 따라 말하는 데에도 작동한다.

6세 즈음, 아이들과 집 앞의 공원에 다녀온 후 이야기를 해보라고 했더니, 한 아이의 말이 너무 두서가 없었다. 이 아이는 당시 경음(ㄲ, ㄸ 등)이 좀 서툴렀고 ㄹ과 ㅅ 발음이 어눌했다(7세에도 ㄹ, ㅅ 발음이 서툴렀다). 아 참, 우리집 애들이 어릴 때 거의 모든 발달이 느렸다고 했는데, 이를 테면 돌 사진을 14개월에 찍었다. 12개월에 둘 다 서지를 못했는데 사진관에서 두 달쯤 있다가 오라고 했었다. 5세에 어린이집에서 선생님이 사람을 그려보라고 했을 때 팔다리가 안 나왔다. 그림을 못 그릴 수는 있는데, 사람을 그릴 때 얼굴과 몸통, 그리고 양팔과 양 다리는 나와야 한다. 인지발달이 느림을 알 수 있다. 7세에도 된장을 간장이라고 하고, 마늘을 파라고 하고, 양파를 파라고 하고, 개나리를 진달래라고 하는 식이었다. 100까지 세지 못했고 20까지 셀 수 있었다.

암튼 시간이 지나면 나아질 것으로 보였으나, 어쩌면 발음이 좀 어눌한 아이는 장차 국어력이 좀 부족할 수도 있겠구나 하는 생각이 들었다. 음소, 음절 인식이 좋은 아이들이 장차 독해력이 좋을 가능성이 높다는 연구도 있다.

그날 집 앞 공원에 다녀오며 기억할 만한 사건은 네 개 정도였는데, 순서가 틀리고 대화로 이끌어 봤지만 핵심 사건이 나오지 않았다. 그래서 시작한 것이 '글자를 모를 때, 부모와 함께하는 그림일기 놀이'다.

아이들이 겪은 일을 그림으로 남기는 것도 재미있겠다 싶었다. 비정기적으로 기억할 만한 이벤트가 있을 때에 했다. 글자를 배우기 전에 사전 문해성, 즉 서사 능력과 음운 인식, 문자에 대한 지식, 어휘력을 동시에 키울 수 있는 거실 놀이다.

부모와 함께 쓰는 그림일기

핵심 포인트는 아이가 '글자를 모르거나, 글자를 읽긴 하지만 쓰지 못하는 상태'에서 진행된다는 것이다.

초등 1학년이 쓰는 네모 칸이 그려진 그림일기장을 준비한다. 이때 그림일기장은 하루당 1페이지가 아니라 2페이지인 것이 좋고, 그림을 그릴 공간이 큰 것이 적당하다. 일기장의 네모 칸들은 아이가 한국어 음절을 인식하는 데 도움이 된다.

첫째, 아이가 그림일기장에 그날 겪은 인상 깊은 일을 그린다.

우리는 공원 산책, 고궁이나 박물관 등 방문, 시장 구경, 기차 타기, 생일, 쌍둥이끼리 싸운 날 등 특정 이벤트가 있을 때 주로 했다. 사실, 그냥 엄마가 시간이 되는 날 했다는 게 더 맞을 것 같다.

둘째, 아이가 일기장에 쓸 말을 하고, 부모는 아이가 하는 말을 메모지에 받아쓴다. 이때 가능한 아이의 말을 '그대로' 받아쓰는 것이 포인트이다.

셋째, 처음에는 아이가 머뭇거리며 이야기를 시작조차 못할 수 있다. 그럴 때는 부모가 "오늘 나는~"이라고 큰 목소리로 말한 다음 기다려준다. 그러면 아이가 말문을 연다.

"오늘 나는 월드컵공원에 갔다왔어요."

그림일기 놀이를 몇 번 하다보면, 아이가 스스로 "오늘 나는 ○○와 싸웠어요" 식으로 말문을 곧잘 열게 된다.

넷째, 아이가 일기장에 쓸 이야기를 불러주다가 도중에 생각이 안 나서 머뭇거릴 수 있다. 이런 경우 부모는 조금 기다렸다가, 지금까지 메모지에 받아쓴 아이의 말을 처음부터 소리내어 읽어준다. 그런 다음에 아이의 기억을 상기시키는 질문을 한다.

"월드컵공원에 가서 처음에 무엇을 했더라?" 그러면 아이가 겪은 일을 복기하고, 다음 이야기를 곧잘 이어가게 된다. "아빠와 엄마와 ○○와 하늘공원에 올라갔죠."

다섯째, 아이가 생각이 안 나서 한참 머뭇거릴 때는 앞에서 소개한 것처럼 기억을 되새길 수 있게 질문을 하는 게 좋지만, 그 외에는 아이의 말을 끊지 않는 것이 좋다. 간혹 아이가 중요한 사건의 순서를 틀리거나 빠뜨리기도 한다. 그래도 개입하지 않고 그대로 받아쓴다. 부모가 자꾸 끼어들면 아이가 의기소침해질 수 있다. 어떤 활동이든 아이가 재미있어야 한다.

여섯째, 아이의 말을 다 받아썼으면, 부모가 전체를 한 번 소리내어 읽어준다. 만약 사건의 순서가 잘못됐다면 질문을 해서 기억을 되살려 바로잡을 수 있다. "네발자전거를 타기 전에 무엇을 했더라?" 그러면 아이가 기억을 되살려 바로잡아 말을 한다. 엄마는 아이와 의논하여 메모를 고친다. 너무 세세한 것은 두고, 순서가 완전 틀린 것만 고치면 된다.

일곱째, 이제 부모가 완성된 아이의 말 일기를 그림일기장에 옮겨쓴다. 이때 부모는 글자를 쓰면서 입으로 소리내어 읽어주는 것도 좋다. 우리집 애들은 엄마가 자기의 그림일기장에 글자를 써줄 때면, 옹기종기 앉아 엄마가 글씨를 쓰는 것을 들여다보며 뿌듯해했다.

여덟째, 부모가 그림일기장을 들고, 다시 아이에게 소리내어 한 번 더 읽어준다. 이제 그날의 이벤트가 하나의 글로 완성되었다. 아이들의 입말이 글이 된 것이다.

6~7세에 시작해서 학교에서 그림일기 쓰기를 배우는 초등 1학년 1학기 전까지 하면 좋다. 우리집은 6~7세에 했다. 매일 했던 것은 아니고, 약 3년 동안 아이마다 40편 정도씩을 했다. 개월 단위로 환산하면, 약 1개월에 한 편을 쓴 셈이다. 맞벌이라 시간이 많지 않고 엄마와 애들이 기분 내킬 때 했기에 편수가 많지는 않았다. 7세 10월부터는 엄마가

너무 바빠져서 중단했지만 큰 효과가 있었다고 생각한다.

부모가 바쁘더라도 2~3년에 30~40편 정도는 할 수 있을 것이다. 우리집의 경우, 지금도 이 그림일기장들을 모두 보관하고 있는데 좋은 추억이 되고 있다.

이 책의 원고를 쓴 후, 사진을 찍기 위해 베란다에서 박스를 꺼내와 그림일기장들을 읽어보았다. 초기에는 글이 두서가 없는 경우가 많았다. 엄마가 아이의 말을 그대로 받아쓴 것이다. 부모가 자꾸 끼어들고 가르치려고 들면 아이들이 하기 싫어한다. 그러니 미흡하더라도 편하게 받아쓰자. 아이는 스스로 발전해가는 존재이기 때문이다.

서사 능력, 어느 정도 발전했을까?

다음은 말이 두서가 없던 아이가 7세 8월 16일에 이야기를 하고, 엄마가 받아쓴 실제 그림일기장이다. 시작한 지 1년 좀 넘었을 때이다. 유치원 방학 3주를 마치고 첫 등원일인 모양이다.

아이의 이야기가 여름방학 후 첫 등원일의 느낌, 머리에 커다란 리본을 달고 온 친구, 죽은 매미 얘기로 이어지고 있다. 오랜만에 유치원에 간 아이의 느낌이 살아 있는 이야기이다.

처음에는 엄마가 한 칸에 한 자씩 받아쓰다가, 아이의 말이 길어지자 이곳저곳에 작은 글씨로 막 쓰고 있다. 이때는 따로 메모를 해서 이야기의 순서를 바로잡지 않고, 아이의 말을 바로 받아쓰고 있었음을 짐작할 수 있다.

오늘 선생님을 처음 만난 것 같았지요. 왜냐하면 그동안 방학이어서 선생님을 오랫동안 못 봤거든요.

유치원 가방도 처음인 것 같았어요. 오랫동안 매지 않았거든요.

그리고 유치원에 들어갈 때, 너무 오래간 만이어서 조금 창피했죠.

그런데 이게 어찌된 일이죠? ○○이 미니마우스처럼 머리에 리본을 달고 왔지 뭐예요? 목걸이도 하고 스타킹도 신고 머리도 땋았는데, 조금 촌스러웠어요. 리본의 보석은 할머니가 만들어주신 거래요. 그리고 진짜 보석이래요. ○○이가 그랬어요.

선생님이 자유시간이라고 해서 우리는 무척 많이 어질렀죠. 그리고 논 다음에는 예쁘게 정리정돈을 하였지요. 동화도 들었어요.

집에 갈 시간이 되어 나왔는데, △△가 땅에 매미가 죽어 있다고 소리쳤어요. 우리들이 깜짝 놀라 달려가 보자 진짜 매미가 죽어 있었어요.

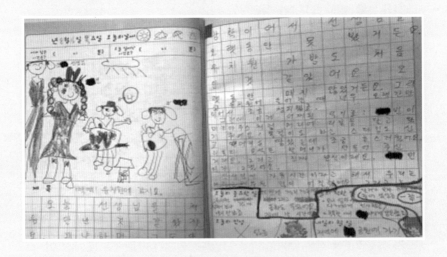

말이 두서가 꽤 없던 아이였는데, 약 1년 넘는 동안 20여 편 정도를 하면서 이야기의 전개가 좋아진 것을 볼 수 있다.

또 하나 흥미로운 것이 있다. 아이의 말 일기를 부모가 받아쓴 것을 보면 표현력이 좀 있어 보인다. 이후를 보면, 이 아이는 동시와 수필을 잘 쓰는 편이고 학교에서 관련 상도 곧잘 받아왔다. 하지만 이해력과 독해력이 느리게 성장했고, 설명문과 주장글의 성장도 느렸다. 읽기와 쓰기, 문해력의 균형적 성장은 꽤 시간이 걸리는 일임을 알 수 있다. 이 부분에 대해서는 메타인지와 함께 158쪽에서 좀더 자세히 살펴보겠다.

거실 문해력 활동의 효과

첫째, 아이의 말이 조리가 있어진다. 처음에는 아이의 얘기가 중구난방이고 말문이 막힐 때도 많았지만 하다 보니 나아졌다. 나중에는 부모가 메모를 하지 않고, 바로 아이의 말을 그림일기장에 받아써도 될 정도가 됐다.

둘째, 서사 능력을 키울 수 있다. 서사 능력은 글을 읽고 파악하는 이해력뿐만 아니라 자신의 생각을 조리 있게 표현하는 능력에도 영향을 준다. 글자를 모를 때에 하는 그림일기 놀이는 이러한 서사 능력을 키우는 밑바탕이 된다.

셋째, 말하기/글쓰기 훈련이 된다. 그림일기를 완성할 때까지 엄마가 글을 서너 번 소리내어 읽어주게 된다(이것도 낭독이다). 이 과정에서 아이는 자신의 말(글)이 차츰 다듬어지고 풍성해지는 것을 느끼게 된다. 자신의 생각과 말이 글이 되는 것이다. 이는 일종의 글쓰기 훈련이라고 할 수 있다.

넷째, 음소와 음절을 인식하는 능력이 좋아지고, 문자에 대한 지식이 준비된다. 아이들은 자신의 말을 그림일기장에 받아쓰는 엄마의 모습을 유심히 본다. 그 과정에서 자기도 글자를 쓰고 싶은 욕구가 생긴다. 그림일기장의 네모 칸은 음절 인식에 도움이 된다. 이는 장차 한글 깨치기, 글자 쓰기 등을 할 때 아이가 쉽게 접근할 수 있는 바탕이 된다.

다섯째, 문해력과 관련된 통합적 활동이다. 이 활동은 어휘력도 키워준다. 아이가 겪은 일과 느낌을 말하고, 그것을 부모가 받아쓰고, 때로는 상의를 통해 수정해가는 과정에서 성인인 부모와 끊임없이 대화를 하게 되기 때문이다.

아이들의 문해력 교육은 맥락 없이 한 단어, 한 줄, 한 문단, 한 지문식으로 구성된 파편화된 문제집 풀이 형태보다는 놀이로 만들어 통합적으로 접근하는 것이 좋다.

수행평가력을 키우는 디딤돌이다

아이들이 초등 1학년 1학기 말 즈음, 학교에서 그림일기 쓰기를 배웠고, 숙제로 그림일기 쓰기가 나왔다. 우리집의 경우 거실 놀이를 통해 이미 익숙한 활동이라, 부모가 따로 그림일기 쓰기 숙제를 가르칠 필요가 없었다. 일기 쓰기를 봐주지 않아도 꼭꼭 채워 써갔다. 이제는 아이가 스스로 글자를 쓴다는 점이 차이가 있었을 뿐이다. 처음 한 달 정도 틀린 글자만 체크해 주었다.

아울러 이 거실 놀이는 이후 아이들이 각종 작문, 수행평가를 도와주지 않아도 알아서 해가는 밑바탕이 됐다. 이미 그림일기 놀이를 통해 자신이 겪은 일, 느낌을 조리 있게 표현하는 능력, 사건이나 생각의 순서를 표현하는 능력, 이를 글로 표현하는 능력의 기초를 쌓았기 때문이다.

서사 능력
더 쉽게 키우기

서사 능력이 부족할 경우는 아이가 책을 읽어도 줄거리와 내용을 따라가기가 힘들다. 여기서는 앞에서 소개한 방법보다 시간이 덜 걸리고 수월한 방법을 알아보겠다.

뉴스 타임 만들기

우리집 아이들이 다니던 유치원은 매주 월요일에 주말에 한 일을 발표하는 시간이 있었다. 발표할 아이는 사진 등을 가져오면 된다고 했다. 미국에서는 이를 뉴스타임(news time)이라고도 한다. 우리집은 유치원 교육을 집에 가져와서 활용하기 시작했다. 이를테면 서대문자연사박물관에 갔다왔다면 보통 이렇게 진행했다.

첫째, 아이들이 사진을 고르고 프린터로 인쇄한 사진을 가위로 오린다.

둘째, 커다란 종이에 제목을 쓴다. A2 사이즈 종이는 큰 문구점에 가면 다양한 색깔과 재질로 구할 수 있다. 아이가 글자를 모르면 부모가 받아쓰면 된다. 이를테면 "서대문자연사박물관"이라고 써준다.

셋째, 아이가 종이에 사진들을 순서대로 붙인다.

넷째, 아이가 각 사진 밑에 쓸 간단한 설명을 불러주면, 부모가 받아 쓴다. 이를테면 아이가 "3층 야외의 공룡 모형 스테고사우루스"라고 하면 부모가 받아쓴다. 처음에는 아이가 "스테고사우루스"라고만 할 수 있는데, 시간이 되면 부모가 야외, 테라스, 모형 같은 어휘를 가르쳐주고 표현을 늘려 쓰면 된다.

서사 능력과 표현력 등을 키울 수 있고, 아이가 다양한 어휘를 습득하는 기회가 된다. 또한 사진을 고르고 붙이는 과정에서 이미지를 선택하는 요령과 소근육 운동까지 통합적으로 키울 수 있다. 기본 원리는 글자를 모르는 상태에서 부모와 함께 쓰는 그림일기와 크게 다르지 않으나, 그보다 시간이 적게 걸리고 쉽다는 게 장점이다.

일요일 저녁, 집안일을 일찌감치 마치고, 텔레비전도 없으니 좀 심심할 때 한 적이 많았다. 보통 사진을 고르고 출력하고 오려 붙이고, 제목을 뽑고, 사진 밑에 달 설명을 서로 말하며 수다를 떨다보면 1시간쯤 걸렸다. 우리집은 6~7세에 50~60회를 했다. 사진을 오리고 몇 줄 쓰면 되니 부담 없고 재미도 있었다. 또 간혹 이것을 아이가 유치원에 가져가서 뉴스 타임 시간에 발표했다.

절차력과 양 개념을 익히는 거실 국어 놀이

서사 능력, 절차력과 표현력을 키울 수 있는 또 다른 방법은 요리다. 요리는 목표가 뚜렷하고 재료가 있으며 순서에 따라 만드는 활동이다. 아이들이 좋아하는 활동이기도 하다. 간단한 요리, 이를테면 식빵 피자 같은 것이 적당하다. 계량저울, 계량컵, 계량스푼, 과자 만들기 틀, 아이용 앙증맞은 도마도 샀다.

우리는 하얀 전지 위에 오늘 했던 요리 레시피와 아울러 간단한 이야기를 쓰곤 했다.

첫째, 아이와 식빵 피자를 만들고, 맛있게 먹은 다음에 한다.

둘째, 아이가 제목을 말하면, 부모가 커다란 전지에 받아쓴다.

셋째, 부모가 "만든 날, 2023년 9월 10일, 토요일" 식으로 말하고, 제목 밑에 날짜를 쓴다.

넷째, 이제 부모가 "재료"라고 말하고 전지에 글씨를 쓴 다음, "재료가 뭐였더라" 하고 기다린다.

다섯째, 아이가 기억을 되살려 재료를 말하면 부모가 받아쓴다.

여섯째, 이제 아이가 요리 만드는 법을 순서대로 말하면, 부모가 메모지에 받아쓴다.

일곱째, 부모가 받아쓴 메모지를 처음부터 한 번 소리내어 읽어준다. 이때 아이와 의논해 표현을 좀 바꾸기도 한다.

여덟째, 부모가 완성된 메모지의 내용을 전지에 옮겨 쓰면서 한 자 한 자 소리내어 읽어준다.

아홉째, 아이들이 전지에 사진을 붙이거나 그림을 그려 꾸민다.

열째, 부모가 완성된 식빵 레시피를 소리내어 다시 읽어준다.

아 참, 먹기 전에 사진 몇 장을 찍어두자. 우리집은 사진을 찍어두지 않았는데 후회된다.

요리 레시피는 아이들이 경험한 사건을 순서대로 말하는 능력을 높여준다. 국어뿐 아니라 수학, 과학, 사회 등 여러 학습에 도움이 된다.

또한 1·2·3, 첫째·둘째·셋째, 하나·둘·셋, 첫 번째·두 번째·세 번째 등 순서와 양과 관련된 어휘도 다양하게 접할 수 있다. 이를테면 아이가 "양파를 썰었어요"라고 한다면, "양파를 얼마만큼 썰었더라?"라고 물으며 "양파 반 개"라는 표현을 이끌어낼 수 있다. 아울러 요리는 3분, 10분 등 부모가 시간 관련 어휘를 자주 쓰게 되는 놀이다. 아이들과 함께 간식이나 요리를 만든 적이 있을 것이다. 거기에서 한발만 더 나아가 아이와 같이 기록을 하면 된다.

거실에서 하는 실험 국어 놀이

실험이라고 하여 특별할 것은 없다. 이를테면 인터넷에서 '비눗방울 만들기'라고 검색하면 실험방법이 나오고 재료를 구하기도 쉽다. 그후 요리 레시피처럼 활동을 해보고 그것을 전지에 다양한 방법으로 남기면 된다. 또한 아이들이 어릴 때는 식물이나 곤충 등을 키우는 경우가 있다. 우리는 강화도에 놀러갔다가 작은 곤충박물관을 구경하고 장수풍뎅이 애벌레를 사왔는데, 인터넷에서도 쉽게 구할 수 있다. 매일 관찰하여 성장에 따른 변화를 전지에 간단히 기록했다.

초중고 수행평가의 기초 다지기

우리집의 경우 초등 1학년 때부터 엄마가 너무 바빠져서 중단됐지만, 초등 1~6학년도 간간이 해보면 좋을 것 같다. 가족 일기든 요리든 실험이든 관람이든 여행이든 한 가지를 골라 부모와 함께 기록을 계속 축적하는 것이다. 사진들을 죽 붙이고 제목을 달고 사진마다 설명을 한 줄씩 쓰기부터 시작해도 된다. 제목과 이 한 줄씩을 이어붙이면 글 한 편이 되니 글쓰기 연습도 되는 셈이다. 또한 이렇게 만든 것을 잘 보관해두면 소중한 '가족 추억 그림일기장'이 된다.

순서가 있는 무언가를 기록하는 활동은 매우 중요하다. 이것이 글쓰기 훈련의 가장 기초이다. 만약 부모가 같이 하기 어렵다면, 초등 아이의 활동과 기록이 결합된 프로그램을 찾는 것도 방법이다. 이를테면 간단한 과학 실험 후 기록, 숲 체험 후 기록, 유적지 탐방 후 기록 등을 정기적으로 하는 프로그램을 찾아서 뚝심 있게 지속하는 것이다.

이런 활동은 장차 초등뿐만 아니라 중고등 때도 수행평가에 도움이 된다. 우리집은 초등 3~4학년 정도부터 수행평가를 거의 안 도와줬다고 했는데, 어릴 때 했던 이런 활동이 밑바탕이 됐다.

잘하려고 하는 것보다 부모와 아이가 함께 '해본다'는 것, 기록을 축적한다는 것에 의의가 있다. 횟수가 많지 않아도 된다. 아이가 나중에 커서도 두고두고 추억거리가 될 수 있다. 또한 어휘력, 독해력, 글쓰기, 문제해결 능력 등을 통합적으로 키워주는 기회가 될 수 있다.

우리집에서 이런 활동이 가능했던 것은 집에 텔레비전이 없었기 때문이다. 애들이 중2 때까지는 부모도 집에서 스마트폰을 아예 손에 들지 않았다. 중3 정도부터 애들이 스터디센터 등에 있다가 집에 늦게 들어오니 엄마가 스마트폰에 빠졌지만, 이전에는 아예 손에 잡지 않고 멀리 뒀다. 그러니 심심해서 그림책도 자꾸 읽어주고, 엄마 혼자 낭독도 하고, 애들 데리고 이것저것 놀게 됐던 것 같다.

주양육자 외의
대화와 읽어주기

부모가 아닌 또 한 사람의 성인

영국의 국립아동발달연구소는 1958년생 아이들 1만 7천 명을 대상으로 현재까지 흥미로운 추적 연구를 진행해오고 있다.[8] 양육이 아동발달과 이후 삶에 어떤 영향을 미치는지를 아이들이 60대가 될 때까지 장기시계열로 추적해오고 있는 것이다.

옥스포드대학의 로스 파크 교수팀은 이 데이터를 분석해 흥미로운 연구결과를 발표했다. 이른바 '아빠 효과'이다. 연구결과, 아빠가 아이의 발달과 교육에 적극적일수록 학업 성취도와 사회성이 높았다. 아빠 효과는 아이의 읽기 교육에도 영향을 미친다. 호주 머독아동연구소는 2세 때 아빠가 그림책을 읽어준 아이들이 그렇지 않은 아이들보다 4세 때 언어능력이 더 뛰어났다고 밝혔다.[9]

---

8 "아빠 효과", 여성가족부, 2018.5.10.

9 민혜영, "아빠가 책 읽어주면 아이 언어능력이 더 발달한다", 2018.1.28.

더욱 놀랍게도 아빠 효과는 부모의 소득이나 외벌이/맞벌이, 교육 수준보다 영향력이 컸다. 한마디로 중산층이든 서민층이든, 외벌이든 맞벌이든, 부모가 중졸이든 박사 학위자이든 간에, 아빠가 어릴 때 그림책을 많이 읽어준 아이들이 언어발달이 빨랐다는 것이다.

우리집은 아빠가 매일 밤 자기 전에 그림책을 읽어주었다. 엄마는 규칙적인 것을 싫어하고, 아빠는 규칙적인 것에 강하며 안정적인 성격이라 이렇게 했다. 대신 엄마는 하루 중 아무 때나 시간이 날 때 읽어주었다. 주로 저녁식사를 마친 다음이나 주말에 읽어주었다. 가정마다 상황과 성격, 스타일이 있을 것이다. 그에 맞게 하되, 중요한 것은 성인이 꾸준히 읽어주어야 한다는 것이다.

가정에 따라서는 주양육자가 아빠일 수도, 엄마일 수도 있고, 조부모님이 주양육자인 경우도 있다. 어떤 경우든 부모 외의 또 다른 성인이 그림책을 읽어주게 부탁드리면 좋을 것 같다.

맞벌이 가정의 현실적 문해력 이야기

문해력은 말에서 시작되며, 아이들은 부모 외에 양육을 지지해줄 다른 한 사람의 성인이 필요하다. 맞벌이 가정에서는 현실적으로 그게 조부모님이나 시터분이 될 가능성이 있다. 맞벌이 가정의 현실적인 문해력 얘기이다.

맞벌이 부부는 시터의 도움을 받는 경우가 있다. 쌍둥이 맞벌이 부부였던 우리도 그러했다. 갓난쟁이 때도 쓰고, 21개월부터 어린이집을 다녀서 중단했다가 유치원 하교 후 시터를 쓰기도 하고, 초등 1학년과 2

학년 1학기 때는 하교 후 오후 1시부터 1년 반 정도 오셨다. 쌍둥이 엄마의 경험으로는 본인의 아이들을 잘 키우신 분이 시터 일도 잘하셨다. 만나면 주로 자녀 얘기를 물어봤는데, 자녀 얘기를 할 때 얼굴 표정이 밝고 긍정적인 느낌을 주는 분들이 남의 애들도 잘 봐주셨다.

부수적 효과도 있었다. 부모 외에 아이들을 둘러싼 양육자의 선택은 매우 중요하다. 초등 1학년 때의 시터분은 전업주부셨는데, 아이들 학원비를 벌려고 일을 시작한다고 하셨다. 미혼 때는 경리일을 하셨다는데, 대화를 나누는 과정에서 존경스러운 면이 있었다. 자기 공부를 계속해오고 계셨다. 아이들의 공부에 도움이 될까 싶어 문화센터와 독학으로 영어 공부를 5년째 계속 해왔고, 한자 공부, 아이클레이, 퀼트, 서예, 그림책 만들기 등 계속 뭔가를 배워왔다. 대체로 뭔가 성장하기 위해 노력하는 분들이 남의 아이들도 잘 본다. 이렇게 말할 수 있는 이유는 여기에 쓰지 않은, 잘못 선택한 경험도 있기 때문이다.

갓난쟁이 때의 시터분은 50대 후반이셨는데, 한 집의 아이들을 6년간 보셨고, 자녀들은 알 만한 직장을 다니고 있었다. 노후자금을 모으기 위해 몇 년 전부터 시터 일을 한다고 하셨다. 20년 전쯤인 그 시절에는 자녀들을 고생해서 키웠으니 나중에 노후자금이 좀 부족하면 좀 보태주겠지 생각할 수 있던 때였는데 존경스러운 마음이 들었다. 역시나 아이들을 잘봐주셨다.

나는 출산 후 40일 만에 일을 시작했다. 한 아이가 계속 아파 산후조리고 뭐고 병원을 전전하다 보니 산후우울증이 올 지경이었다. 차라리 집에서 6시간씩 일하고, 애들을 맡기는 게 낫겠다 싶었다. 일에 열중하면 그때라도 육아에서 벗어나고 산후우울증으로 안 갈 것 같았다. 급하게 동네에 수소문했는데, 삼대가 사는 가정이었고, 동네 미장원에서 슬쩍 물어보니 가족의 평판이 좋았다. 우리 애들은 그 댁의 귀염둥이가 됐다. 오랜만에 갓난쟁이를 보니 너무 귀엽다며 업고 다니셨고, 초등학생 손자들은 학교에서 돌아오면 놀아주었다. 이사로 10개월 만에 그 댁의 양육이 끝났지만, 그동안 우리 애들은 삼대 가정에서 말과 대화를 흠뻑 받은 셈이다.

부수 효과를 얘기하다가 말이 샜는데, 초등 1학년 때 시터분은 차분하고 안정된 성격이셔서 애들에게 정서적 보완이 됐다. 우리는 서로 의논해 스케줄을 짰다. 하교 후 2시간쯤 놀이터에서 놀고, 피아노학원에 데려다주고 데려오고, 애들이 책을 읽거나 자기들끼리 놀거들랑 시터분은 원래 하시던 영어 공부나 한자 쓰기 공부를 하셨으면 좋겠다고 말씀드렸다.

우리 부부는 동작성 지능이 매우 약하고 손재주가 없는데, 이분은 동작성 지능이 좋고 만들기를 좋아하셨고 손재주가 좋은 분이셨다. 한 2주 하시더니, 아이들에게 그림책을 읽어주기 시작하셨고, 아이클레이, 색종이 등으로 함께 만들기를 시작하셨다. 퇴근하면 애들이 만든 것을 보여주며 자랑하곤 했다. 그 과정에서 아이들은 부모 외의 양육자, 다른 성인과의 대화에 다양하게 노출될 수 있었다.

두 아이의 초중고 글쓰기 발달, 어떻게 달랐을까?

앞에서 아이들이 초등 때 일기는 둘 다 알아서 써갔고 수행평가도 알아서 곧잘 해갔다고 했는데, 글쓰기는 좀 다른 양상을 보였다.

이과형 아이의 초중고 글쓰기

독서를 좋아하던 이과형 아이의 경우 그야말로 수행평가를 알아서 해갔고, 중고등 때는 글을 보여주지 조차 않으려 해서 중2 때 쓴 『이기적 유전자』의 독후감을 본 게 거의 유일하다. 중2가 읽기에는 쉽지 않은 책인데, 글의 전개가 괜찮고 느낀 점과 의견을 잘 담아냈으며 문장도 어색한 곳이 없었다. 독해력과 쓰기력이 꽤 올라와 있음을 알 수 있었다.

이처럼 국어머리가 좀 있는 경우, 독서와 공부법이 결합되면 효과가 있음을 알 수 있다. 선생님이 대입을 위한 자기소개서와 인상 깊었던 책 세 권에 대한 얘기를 보고 여태껏 본 것 중에 제일 잘 썼다고 하셨다고 했다. 우리 부부에게 안 보여줬는데, 아빠는 대학 합격 후 궁금하다고 졸라서 겨우 봤고, 엄마는 잘 썼더라는 말만 전해들었다.

문과형 아이의 고등 글쓰기, 뭐가 문제였을까?

문과형 아이는 초등 때 일기 쓰기는 잘했고, 동시를 잘 썼고, 글쓰기로 상도 여럿 받았다. 중학 때도 수행평가 글을 무난하게 써갔다. 그런데 문제는 고등학교 때였다.

얘가 다니던 내신이 엄청 빡센 고등학교는 수행평가 과제도 난이도가 꽤 높았다. 1학년 1학기 초에 아이가 부르기에 가봤더니, 수행평가 문제가 자기가 이해한 게 맞는지 한 번 자기 말을 들어보라고 했다. 그런데 성인인 엄마가 읽어봐도 문제 자체가 잘 이해가 안 되어 이런 뜻이 아니겠냐고 어물거리다가, 이것은 지문 중에서 비슷해 보이는 두 어휘의 뜻을 명확히 알아야 할 것 같은데, 엄마도 모르겠으니 찾아보라고 했다. 그러고도 모르겠거든 내일 친구들에게 물어보라고 했다. 결국 애한테 역시 엄마는 도움이 별로 안 된다는 말을 듣고 웃고 나왔다.

1학년 때 아이가 수행평가를 힘들어해 과제를 더러 듣곤 했는데, 수행평가 과제의 질은 좋아보였으나, 그 정도를 하려면 다독을 통해 문해력이 4등급 이상은 되어야 가능한 수준으로 보였다. 참고로, OECD 기준 우리나라 성인의 평균 문해력은 2등급이다. OECD 문해력 등급은 1등급 이하, 1~5등급으로 숫자가 올라갈수록 문해력이 높다는 의미다.

이 아이는 책을 좀 읽긴 했지만 독서의 폭이 넓지 않았다. 시나 수필, 독후감, 중학 수준의 수행평가 글은 무난히 썼지만, 수행평가의 난이도가 꽤 높아지자 인터넷에서 자료를 조사하여 읽고 소화해서 쓰기가 힘들었던 모양이다.

고등 1학년 1학기 때 수행평가 글을 한 번 본 적이 있다. 글의 중간에 빅뱅 우주론, 우주 팽창론에 대한 세 단락이 있었다. 그런데 자료를 찾아 읽어도 소화를 못한 듯했다. 이과 지망생이 아니더라도 쉬운 자료를 찾아 읽으면 대략 감은 잡을 수 있었을 텐데, 자료를 제대로 이해조차 못하고 그 단락들을 쓴 듯했다. 그러다 보니 글의 전개도 내용도 문장도 엉망이었다. 고등학생이 된 후 글쓰기의 자기 페이스를 잃고, 자기만의 장점도 잃은 느낌이었다.

나는 도대체 수행평가의 주제가 뭐길래, 문과 성향의 아이가 우주 팽창론씩이나 되는 단락을 동원하는가 의아해서 주제를 물었다. 그리고 글을 쓸 때는 네가 읽어서 이해하고 소화할 수 있는 소재를 쓰라고, 빅뱅 우주론, 우주 팽창론처럼 조금만 더 들어가면 너무 어려워지는 예는 쓰지 말라고, 그럴싸해 보이려는 욕심에 휘둘려 버거운 소재나 예를 끌고 와서 쓰면 안 좋다고, 가깝고 쉬운 예를 찾으라고 조언했다.

아울러 네가 꼭 빅뱅 우주론이나 우주 팽창론에 대한 단락을 넣고 싶거들랑, 쉬운 글부터 찾아 읽어야 한다고 했다. 구글에서 핵심 검색어를 쌍따옴표에 넣고 "빅뱅 우주론' 쉬운 설명'이라고 입력해 찾으면 쉽고 사람들이 많이 눌러본 글이 먼저 검색되어 나온다며, 그런 글을 통해 대략적인 개념을 쉽게 이해한 후 조금씩 더 어려운 설명을 찾아 읽어야 한다고 일러주었다(2023년 3월 현재 구글 검색 기능이 퇴보한 느낌이 뚜렷하다).

이후 아이가 글을 완전히 새로 써갔는지, 아니면 기존 글에서 그 단락들만 수정해 갔는지는 체크를 안 했기에 모르겠다. 나중에 다른 글도 한 번 본 적이 있는데, 이 글보다는 나았지만 여전히 겉도는 느낌이었다.

그런데 고등 1학년 1학기에 꽤 고생을 하는 듯하더니, 2학기 때부터 독해력이 계단식으로 좋아진다는 느낌이 들고 성적도 빠르게 올랐다. 2학년 어느 날, 아이의 책상 위에서 수행평가 글을 본 적이 있는데 주장 글도 좋아지고 자리를 잡았다는 느낌이 들었다. 수행평가 주제의 난이도나 겉멋에 휩쓸리지 않고, 자기가 이해한 만큼 자기의 생각을 무난하게 쓸 수는 있게 됐구나 생각이 들었다.

이런 변화가 어떻게 가능했을까? 하나는 아이가 욕심을 버리고 아는 만큼 편하게 쓰게 됐다는 것, 자기 중심을 잡았기 때문이다. 다른 하나는 뭘까?

반복의 힘과 국어력 양질전환의 법칙

반복의 힘과 아이 스스로 여백을 채워가는 힘은 우리의 생각보다 강하다.

애들이 중2 때 이런 일이 있었다. 우리집 이과형 아이가 문과형 아이가 거실에서 과학 교과서를 소리내어 읽는 것을 듣다가 말했다.

"과학 교과서를 그렇게 샅샅이 읽지 않아도 돼. 그림 밑의 그런 글자는 그냥 캡션이야. 중요한 것 위주로 읽으면 돼."

그러자 이 아이가 대답했다.

"너는 과학머리가 좋고 국어도 잘하니까 중요한 게 보이지. 나는 중요한 것이 뭔지 잘 모르겠어. 그러니까 힘들어도 다 읽어버리는 거야."

나는 베란다에서 빨래를 널다가 애들의 대화를 듣고 잠시 고민했다. 과학 교과서를 사소한 아주 작은 글자까지 반복해 낭독하는 아이가 안쓰러웠다.

엄마가 과학을 모르지만, 교과서를 한 번 읽어보고, 교과서의 구성으로 봤을 때 이런 부분이 중요한 줄기이고, 요런 부분은 사소한 것이니 안 읽어도 된다고 말해줄까 하는 생각이 들었다. 또는 이과형 아이더러 이 아이에게 중요한 부분과 아닌 부분을 가려내는 요령을 가르쳐주거나, 아예 잘 모르겠다는 과를 가르쳐주라고 해볼까 순간적으로 고민했다.

하지만 이내 그런 생각을 그만두고, 애들의 대화를 못 들은 척하고 베란다에서 그냥 빨래를 계속 널었다.

아이가 안쓰럽고 마음이 좀 아팠지만, 계속 반복해 읽다 보면 차차 중요한 것과 중요하지 않은 것을 가려내는 눈이 생길 거라 생각하고 참았다. 부모로서 아이가 그 순간까지 잘 버틸 수 있게 북돋워 줘야겠다고 생각했다.

이 아이는 중2 때 과학을 몹시 어려워했다. 생각해 보니 생소한 어휘가 많이 나오는 사회도 역사도 어려워했다. 그러다 보니 잘 이해가 안 되는 단락은 두어 번 반복해 읽어야 했고, 특히 과학 교과서는 여러 번 반복해서 읽어야 하니 힘들 수밖에 없었다.

그런데 중3이 되자 여전히 과학을 자신 없어 했지만, 예전처럼 과학 교과서를 어려워하지는 않았다.

'반복 읽기'는 힘이 세다. 연구에서도 반복 읽기가 독해력을 키우는 데 매우 효과적임이 밝혀진 바 있다. 그리고 일정한 양이 쌓이면, 어느 순간 질적인 비약이 일어난다. 이 아이의 질적 비약은 어떻게 가능했을까?

우리집 아이들은 중학 때까지 영수 학원을 다녔고, 고등 때 이과형 아이는 선행학습이 부족해 진도를 빼느라 수학학원을 다녔다. 그리고 문과형인 이 아이는 고등학생이 되자 자기 학교 애들이 다니는 학원이 있는데, 그 학원에서 국영수 세 과목을 한다고 보내달라고 했다. 내 기억에 세 과목 합쳐서 백만 원 남짓이었다. 학원이 변화의 단초였을까? 성적의 뚜렷한 변화는 고등 1학년 2학기부터 시작되어 굉장히 빠르게 올라갔다. 흔히 국어는 성적이 참 안 오르는 과목이라고 한다. 그런데 고등 때 과목당 사십만 원이 안 되는 학원을 몇 달 다니면서 성적이 왜 그렇게 빨리 올랐을까?

두 아이를 다독으로 이끌기 위해 꽤 노력해 왔지만, 이 아이는 책을 그리 많이 읽은 편이 아니었다. 그래도 교과서 낭독과 강의식 공부는 열심히 해왔다. 그동안 교과서라도 반복해 소리내어 읽으면서 쌓아왔던 양적 변화가 시너지를 일으키며, 드디어 질적 전환에 이르렀던 것이다. 이 아이는 중학 때부터 본격적으로 거의 대부분 과목의 교과서를 소리내어 읽어왔다. 양이 쌓이면 질적 변화를 일으킨다.

국어 과목이 성적이 참 안 오르는 것은 읽기의 양적 축적이 부족하기 때문이다. 사회 과목 등은 지식 자체가 중요하지만, 국어 과목은 반드시 읽기의 양적 축적이 필요하며, 어느 정도의 양적 축적이 있어야만 선생님들이 가르쳐주는 요령이 빛을 발하며 질적 비약을 이루게 된다. 왜냐하면 사실 수능 국어 영역은 독해력뿐만 아니라 사고력 자체를 필요로 하기 때문이다.

그렇다면 양을 얼마나 많이 축적해야 질적 변화를 가져올 수 있을까? 그것은 아이마다 다르다. 국어머리가 좋은 편이고 독서를 많이 한 아이는 우리집 이과형 아이처럼 읽으면 웬만하면 이해되고 조금만 반복해도 되고, 어떤 아이는 우리집 문과형 아이처럼 더 많이 더 오래 축적해야 한다.

하지만 분명한 것은 물을 끓일 때 99도까지 끓여봤자 수증기가 안된다는 것이다. 힘들더라도 100도가 될 때까지 버텨야 수증기가 된다. 그래서 공부에서 중요한 것은 아이의 '감정'이다. 버티는 힘이다. 공부도 독서도 행복한 감정과 자기 효능감과 연결시켜야 아이가 버틸 수가 있다.

혹자는 대입에서 중요한 것은 재능이라고 한다. 나는 생각이 좀 다르다. 우리집의 부지런한 문과형 아이가 친구들에게 입시 상담 전문학원을 알아와서 가보자고 해서 한 번 간 적이 있다. 이 아이는 선생님과 친구들에게 부지런하게 조언을 들어서 생기부를 꽤 채웠는데, 우리집 이과형 아이는 생기부 장수가 적은 편이었다.

나는 몰랐는데, 이른바 입결이 높은 대학을 가기에는 좀 부족한 생기부 장수라고 했다. 수업을 열심히 듣고 학교생활을 열심히 하고 교내 대회 몇 개 나간 정도였다. 좀 다른 점은 이과형이면 이과형 대회를 주로 나가는데, 얘는 이과형 대회도 나가고 자기가 관심 있는 문과형 대회에도 나가 상을 받기도 했다. 내신보다 모의고사를 항상 꽤 잘 봤다.

어쨌든 생기부 장수가 적다고 해서 정시만 바라보다가, 진로대로 낸 서울대 수시 1차 서류에서 합격했을 때 가족들이 모두 놀랐다.

대입에서 가장 중요한 것은 누구나 말하듯이, 일단 전공 적합성이다. 교수님들 입장에서 기껏 뽑아놨더니 재수한다고 나가면 곤란하다. 그러니 전공 적합성이 가장 중요하다. 또한 교수님들 입장에서 재능 있는 학생이 한 학번에 몇 명이나 되겠는가. 이미 그 전공에서 승부를 본 교수님들의 눈으로 봤을 때, 재능이 있는 학생은 한 학번에 정말 많이 쳐줘 봤자 정원의 10%, 보통 5% 정도가 아닐까 싶다. 아울러 아무리 공부머리가 좋고 재능이 있어도, 작은 어려움이 생겼을 때 제 풀에 나가떨어지면 결과를 볼 수 없다.

그러니 대입에서 중요한 것은 전공 적합성과 내신성적, 버티는 힘, 아이가 성장형인가 하는 것이다. 성적이 별로였는데 계속 오르거나, 성적이 좋았다가 떨어지는 일을 겪었는데 다시 회복하는 힘이 있는가, 즉 회복 탄력성과 성장형인지가 중요하다. 사실 이것은 기업에서 사람을 뽑을 때도 마찬가지다. 회사의 미래를 바꿀 큰 재능을 가진 사람은 드물다. 그래서 이 일에 적합성을 가지고 버틸 수 있는가, 그리고 성장형인가가 중요하다. 그래야 자기 일에서 버티며 결과를 가져올 수 있다. 때로는 이 버티는 힘과 성장성이 결합하여 미처 예상치 못한 훌륭한 아웃풋을 내는 경우도 꽤 많다.

다시 문해력 얘기로 돌아와서, 어릴 때 그림책을 많이 읽어주고 문해력 활동을 했다고 해서, 아이의 문해력이 높고 글쓰기가 능숙하게 성장한다는 보장은 없다. 하지만 이런 활동 하나하나가 쌓여서 언젠가는 나아지는 것 같다. 문해력도 양이 쌓이면, 결국 언젠가는 질적 변화를 할 수도 있다는 것을 배우는 계기였다. 하지만 질적 개선을 원한다고 해서 무턱대고 어휘력이나 쓰기 프로그램을 시키는 것에 대해서는 조심스럽다. 반드시 양적 축적이 함께해야 한다. 또한 궁극적으로 이 부분은 다독으로 해결되기 때문이다.

서울대 글쓰기 수업과
메타인지의 힘

아이들이 대학에 입학한 후 흥미로웠던 것은 글쓰기 수업이었다. 필수 교양 수업으로 '대학 글쓰기 1'과 '대학 글쓰기 2'의 두 과목을 들어야 한다. 이 중에서 '대학 글쓰기 1'은 모든 학생들의 교양 필수 과목이고, '대학 글쓰기 2'는 전공에 따라 '인문학 글쓰기'나 '과학기술 글쓰기' 중 하나를 교양 필수 과목으로 들어야 한다.

수업은 한 과목에 일주일 2시간 30분쯤 되며 학점은 2학점이다. 교양 필수 글쓰기 두 과목에 4학점이 배정된 셈이다. 우리 때보다 글쓰기 수업이 훨씬 강화된 느낌이다. 이런 수업 구성보다 흥미로웠던 것은 수업 방식과 두 아이의 양상이었다.

서울대 글쓰기 수업과 두 아이의 양상

우리집 이과형 아이는 교수님으로부터 너는 글을 수월하게 빨리 쓰는 것 같은데 잘 쓴다는 얘기를 들었다고 했다. 이것 빼고는 이 수업과 관련한 별 얘기가 없었다.

다른 아이는 이야기가 학기 내내 화려했다. 수업에 독특한 점이 있는데, 학생들이 각자 쓴 글을 공유 게시판에 올리면, 다른 학생들이 그 글에 대한 의견을 댓글로 달아야 한다고 했다. 이 아이는 다른 학생들이 쓴 글들에 감탄하며 글을 잘 쓰는 사람들이 많아서 놀랐다고 말하곤 했다. 어떤 점이 인상 깊었다는 둥, 책을 많이 읽은 것 같다는 둥, 문체가 좋았다는 둥, 일상을 다르게 보는 눈이 있는 것 같다는 둥 얘기가 많았다. 글을 읽고 글쓴이에게 감동받은 얘기를 들려주기도 했다.

그리고 자기가 잘 쓸 수 있을까 스트레스를 받았다. 특히 다른 학생들의 글에 대해 의견을 다는 것이 스트레스라고 했다. 글을 꼼꼼히 읽어야 하고 생각을 많이 해야 한다고 했다.

결과적으로 나중에 학점을 물어봤더니 이과형 아이는 A0, 이 아이는 A+를 받았다. 이과형 아이에게 교수님에게 글을 잘 쓴다는 소리를 들었다면서 왜 A0였을까를 물어봤더니, 다른 사람의 글에 대해 의견 댓글을 달지 않았다고 했다. 왜 그랬냐고 물었더니, 글은 다 자기 나름의 스타일이 있는 것인데, 자기는 다른 사람의 글에 왈가불가하기 싫었다고 했다. 온 가족이 차를 타고 이동 중이었다. 학점을 떠나, 과연 너의 생각이 올바른 선택이었는지 격론이 벌어지려던 차에, 다른 가족 세 명이 각자 뭐라고 말을 좀 꺼내던 차에, 본인이 나는 그러고 싶었던 거니 왈가불가하지 말래서 그만뒀다(나는 나중에 언젠가 이과형 아이와 이 문제에 대해 진지하게 토론해 봐야겠다고 생각했다. 보통 그냥 내버려두는데, 중요하다고 생각되는 이런 건은 기억해두었다가 아이에게 어떻게 얘기를 할지 여러 번 고민하고, 나중에 기회를 봐서 이야기를 꺼내는 편이다. 얘기를 꺼내는 시기는 일주일 후일 수도, 몇 개월 후가 될 수도 있다. 이 책을 쓰는 지금도 여러모로 고민중이다).

A+를 받은 아이에게 물었더니 의견 댓글을 150개도 넘게 달았다고 했다. 다른 사람의 글에 의견을 다는 것이 힘들었지만 열심히 생각해서 달았다고 했다. 쌍둥이인데 역시 참 다르다.

글쓰기 수업 후 이 아이의 다른 수업 리포트를 읽어보라고 강요해서 좀 넘겨봤는데, 확실히 글쓰기가 늘었다는 생각이 들었다.

다시, 중2 아이가 이해가 안 된다고 울던 그날

이 아이는 중2 때 과학 교과서 두 페이지를 일곱 번을 반복해 읽어도 이해가 안 된다며, 낮에 친구들에게 물어 설명을 들었는데도 집에 와서 교과서를 보니 이해가 안 된다며, 자기 반에서 자기만큼 이해력이 없는 애는 없을 거라며, 자기는 똥 머리라며 울었던 애였다.

아이러니하게도, 나는 그날 대화를 하다가 '어쩌면 이 아이가 나중에 공부를 좀 잘하게 될 수도 있겠구나'라는 생각이 들었다. 아이는 대화 도중 지금까지 자기가 공부법을 세 번 바꿔봤다고 했다.

나는 아이의 얘기를 듣고 깜짝 놀랐다. 그래서 공부법을 왜 바꿔볼 생각을 했냐고 물었다.

아이의 말인즉슨, 사실 자기가 초5 때 수학학원에서 공부가 하기 싫어 답지를 두 달 가까이 베껴간 적이 있는데, 어느 날 문득 답지를 베껴 쓰고 있는 자신이 한심하다는 생각이 들었다고 한다. 그래서 작은 학원이라 원장님이 직강을 하셨는데, 원장님께 찾아가서 사실대로 말씀드리고, 자기가 어떻게든 따라갈 테니 공부를 안 하고 답지를 베껴 쓴 진도는 따로 숙제로 매일 내주시면 열심히 하겠다고 말씀드렸다고 한다. 두세 달 동안 원장님께 따로 숙제를 더 받아 기를 쓰고 해서 진도를 따라갔다고 한다.

그런데 중학교에 와서 보니 성적이 생각보다 안 나와서 친구들에게 "너는 공부를 어떻게 하니?" 물어서 얘기를 듣고 이래저래 바꿔봤다고 했다.

나는 아이의 얘기를 듣고 진심으로 감탄했다. 용기 있는 행동이라고 말해줬고, 원장 선생님께서 고생하셨을 것 같고 고마운 분이라고 했다. 그리고 아이에게 "너는 메타인지가 뛰어나구나"라고 했다.

아울러 메타인지가 무엇인지 설명해주고, 학습에서도 일에서도 매우 중요한 능력인데, 공부 면에서는 상위권의 특성 중 하나라고 얘기를 해주었다.

메타인지의 가소성

메타인지는 자기의 생각을 판단하는 능력이다. 이것이 학습과 관련될 때는 자기가 아는 것과 모르는 것을 알고, 아이 스스로 공부에서 부족한 점이나 공부법을 돌아보며 개선해가는 능력이다. 일에서는 자기, 또는 자기 회사의 능력과 부족한 점까지 알고, 현재 할 수 있는 것과 할 수 없는 것을 구분하며, 주어진 상황 안에서 문제를 제대로 해결해내는 능력이다.

메타인지는 5~7세부터 발달하기 시작하는데, 우리의 뇌가 가소성이 있듯이, 아이의 메타인지 또한 변화하고 발전한다.

메타인지가 발달하려면 1: 표현적 지식으로의 빠른 전환

학습 면에서 메타인지가 발달하려면 거칠게 말해 두 가지가 필요하다.

일단, 현재 아이가 자신이 아는지 모르는지를 알아야 한다. 우리는 안다고 착각하는 경우가 생각보다 많다.

나의 경우에도 경제 강의를 듣는 도중에는 다 이해되는 것 같았는데, 나중에 요점과 그 강의자가 그렇게 판단한 논리를 되새겨보다 보면, 내가 잘 모르는 상태라는 것을 깨닫게 되는 경우가 많았다. 사실 자신이 제대로 아는 상태인지 알려면, 글로든 말로든 표현을 해봐야 한다. 이런 점에서 강의식 공부법은 메타인지를 기르는 좋은 방법이다.

우리집 아이들이 초등, 중등 때, 거실에서 화이트보드 앞에서 강의를 하다가 머뭇머뭇하면서 다시 교과서를 읽어보고 이어가는 것을, 베란다에서 빨래를 널다가 본 적이 많았다. 교과서를 읽거나 보며 요점정리를 할 때는 안다고 착각했지만, 실제로 강의를 해보니 제대로 아는 것이 아닌 상태였던 것이다. 이런 경험을 계속하다 보면 메타인지가 성장한다.

메타인지가 발달하려면 2: 기준을 만드는 힘

또한 메타인지가 발달하려면 기준(준거, 답)이 있어야 한다. 학교 학습 면에서는 이 기준이 비교적 쉽다. 문제에는 답이 있으니까 말이다. 그런데 아이가 자신의 공부법을 개선할 때, 그리고 비즈니스맨이 일에서 자신의 약점을 파악하는 등은 기준이 애매모호한 경우가 많다.

하나의 방법은 많은 시도를 해보는 것이다. 아이 스스로 일찍부터 문제집을 선택하고 책을 골라 사봐야 자신이 어떤 학습 상태이며, 어떤 것을 선호하는 사람인지를 더 잘 알 수 있다. 시도를 자꾸 하고 실패를 해보고 개선하려고 노력해봐야 메타인지가 발달한다.

또 하나의 방법은 높은 수준을 접해보는 것이다. 예를 들어 회사에서 사수가 뛰어난 인재이면, 높은 수준의 일처리를 볼 수 있으므로, 자연히 일의 수준을 평가하는 눈이 높아지며, 일에 대한 메타인지가 발달하게 된다.

하지만 우리집 같은 평범한 맞벌이 집에서 아이에게 이런 사람을 접할 기회를 주기가 쉽지 않다. 우리집도 이 부분에 대해 고민했는데, 책이 하나의 수단이 될 수 있다. 다행스럽게도 뇌는 직접경험과 책을 통한 간접경험을 잘 구별을 못한다. 내 아이가 높은 수준을 접할 수 있는 책이 있을지 고민해봐야 한다. 이 부분에 대해서는 6장의 '엄마의 독서 편식 반성문'을 참고하기 바란다.

서울대의 독특한 글쓰기 수업 방식

아이들 대학의 글쓰기 수업 방식은 대단히 흥미로웠다. 우리집 문과형 아이는 다른 사람들의 글을 접하는 과정에서 수준 높은 글도 보게 되고, 다른 사람들의 평가를 통해 자신의 글에 대한 좀더 객관적인 눈을 갖게 되었다. 이는 글쓰기의 메타인지를 높이는 것이다.

또한 모든 것은 연결되어 있기에, 멀리 보면 이런 글쓰기 수업 방식은 단순히 글쓰기뿐만 아니라 학문하는 방법, 일하는 방법에 대한 메타인지의 성장도 이끌어내는 셈이 된다.

나는 교육 종사자가 아니고 전공자도 아니다. 하지만 직장인 엄마로서 말하면, 우리의 교육은 이러해야 한다. 단순히 글쓰기 기술이나 요령을 전달하는 것이 아니라, 글쓰기 교육방식에 대한 고민과 벤치마킹을 통해 하나의 수업 안에서 통합적 능력을 길러낼 수 있게 했다. 아울러 학생들이 서로 상호작용을 하며 융합하면서 발전하도록 했다.

아이는 무엇으로 성장하는가?

나는 어쩌다 보니 아주 작은 회사가 매해 이사를 해야 할 정도로 빠르게 성장하는 것을 겪었다. 덧붙여 자회사의 명판을 달고 매출을 0원부터 쌓기 시작해 빠르게 성장하는 것을 세 번 겪었다. 28세부터 면접에 들어갔다. 처음에는 겨우 일곱 명밖에 안 되는 회사다 보니 그렇게 되었다. 이후 20여 년 동안 사람들의 성장을 보면서 많은 것을 느끼곤 했다. 예상치 못한 성장을 보여준 분들이 많았다.

사람은 아롱이다롱이이고, 누가 얼마만큼 가는지는 살아봐야 안다. 대입도 그저 하나의 과정일 뿐이다. 누가 얼마나 성장할지는 수십 년 살아봐야 안다.

우리집 이란성 쌍둥이가 그러하듯이, 아이들도 다 아롱이다롱이고 장점도 다 다르다. 이해력이 좋은 게 장점일 수도 있고, 메타인지가 장점일 수도, 자기 효능감이 장점일 수도, 경청하는 자세가 장점일 수도, 회복 탄력성이 장점일 수도, 끈기가 장점일 수도, 긍정적인 게 장점일 수도, 밝은 성격이 장점일 수도, 사회성이 장점일 수도 있다. 사회성도 공부에 장점이 될 수 있다. 우리집 문과형 아이는 선생님들과 친구들에게 모르는 것을 끊임없이 배우고 벤치마킹을 해가며 성장했다.

장점이 없는 사람은 없다. 뭐가 장점이든, 아이가 지치지 않고 끊임없이 변화하며 성장해가면 된다. 문제는 부모 입장에서 아이의 여러 장단점 중에서 핵심 장점을 발견하기가 쉽지 않다는 것이다. 우리집의 경우 엄마는 문과형 아이가 중학 2학년이 됐을 때에야 겨우 핵심 장점을 발견했다.

이름 지음의 힘

사실, 아이가 스스로 공부법을 좀 바꿔보는 것은 왕왕 있는 일이다. 공부법을 어떻게 바꿨는지도 그렇게 중요하지는 않다. 어차피 아이가 변화하며 계속 바꿔갈 것이기 때문이다.

중요한 것은 공부법을 바꾼 행위를 아이에게 '메타인지'라고 이름을 붙여주었다는 것이다. 그날부터 이 아이는 스스로를 메타인지가 좋은 사람으로 규정짓게 되었다.

인간은 언어로 사고하며, 인간은 언어만큼의 세상을 본다. 나는 종교가 없지만, 성경에 이르기를 "태초에 말씀이 있었으니…", 아이에게 핵심 장점을 이름 지음을 해줄 수 있는 순간을 찾아야 한다.

무엇이 내 아이의 핵심 장점인지, 무엇이 내 아이를 추동하는 핵심적인 힘이 될지는 오랜 고민이 필요하다. 부모는 그것을 발견하기 위해 공부하고 끊임없이 고민해야 한다.

5장

유창한 읽기를 위하여

한글 교육,
때를 기다려야 하는 이유

한글은 언제쯤 가르치는 게 좋을까? 이는 아이들마다 다를 것이다. 하지만 너무 조급하게 생각할 필요가 없다. 오히려 너무 일찍 시작하면 안좋을 수도 있다.

영국 독서학자의 연구가 가르쳐주는 것

영국의 인지발달신경과학과 교수인 우샤 고스와미는 아이들의 문자 교육과 관련된 흥미로운 연구를 진행했다. 5세에 읽기 교육을 시작한 아이들과 7세에 시작한 아이들을 10년 가까이 장기 추적 연구를 했다.

우리의 상식으로는 5세에 읽기 교육을 시작한 아이들의 학업 성취도가 더 나을 것으로 생각하기 쉽다. 읽기의 마태효과를 생각하면, 아이가 일찍부터 책을 읽으면 더 많은 어휘를 알게 되고, 이후 격차가 더 커질 것이라고 생각할 수 있다. 하지만 고스와미 팀의 연구결과는 우리의 예상과는 달랐다. 오히려 7세에 시작한 아이들의 학업 성취도와 독해력이 더 높게 나왔다. 왜 이런 연구결과가 나왔을까?

뇌의 읽기 발달 스케줄이 다르다

아이들이 글을 읽게 되려면, 뇌의 여러 부위들이 활성화되고 빠르게 연결되어야 한다. 이것이 원활하게 작동하려면 뇌에서 관련 부위의 신경세포들이 성숙되어야 한다. 다른 말로 '수초화'가 돼야 한다.

수초는 지질이 풍부한 물질로서, 신경세포에서 길게 뻗어나온 축삭돌기를 수초가 마디를 이루며 감싸는 것을 '수초화'라고 한다. 축삭돌기는 흥분을 전달하는 역할을 하는데, 수초화가 되면 신경전달 속도가 무려 100배 이상 빨라진다고 한다.[1] 따라서 읽기와 관련된 뇌 부위의 신경세포들이 수초화가 된 다음에 읽기 교육을 시작하는 것이 좋다.

그런데 뇌 부위마다 발달속도가 다르다. 앞에서 말했듯이, 인간의 청각은 태아 6개월부터 발달한다. 즉, 청각신경은 태아 6개월부터 수초화된다. 시각은 어떨까? 시신경은 생후 6개월이 되어야 수초화가 된다. 또한 언어의 이해를 담당하는 베르니케 영역은 대부분 24개월 전후에 수초화되지만, 말하기와 문법을 담당하는 브로카 영역은 4세부터 시작해 6세가 돼야 완성된다.[2] 그리고 이 두 영역을 연결하는 궁상속은 6~7세에 수초화가 진행된다. 아울러 언어처리 시스템 사이를 연결하는 역할을 하는 각회는 5~7세에도 수초화가 충분히 이루어지지 않는다고 알려져 있다.[3]

이제 우리는 5세에 읽기 교육을 시작한 아이들이 나중에 학업 성취

---

1 http://namu.wiki/w/미엘린.
2 김영훈, 앞의 책, 61쪽 참고.
3 김영훈, 앞의 책, 261쪽 참고.

도가 왜 약했는지 짐작할 수 있다. 뇌 발달이 성숙되지 않은 상태에서 읽기 교육을 시작했기 때문이다.

조기 한글 교육, 아이의 뇌 성장을 방해한다

읽기 교육을 너무 이른 나이에 시작하면, 아이가 글자와 소리(음절, 음소)를 연결해 읽는 것이 아니라 그냥 글자의 이미지를 통째로 외워서 읽게 된다. 또한 글자를 읽는 데 급급해 그림 등 다른 정보가 잘 안 들어온다. 이런 경우 아이의 인지기능이 폭넓게 발달하기가 어렵다.

아이들은 읽기 교육을 시작하기 전에 충분히 들어야 하고, 충분히 봐야 하며, 충분히 대화를 해야 하고, 충분히 놀아야 한다. 그래야 인지기능이 폭넓게 발달하고, 그래야 나중에 문해력이 빠르게 성장할 수 있다.

무엇보다 아이가 한글을 너무 이른 나이에 배우다 보면 감정을 다칠 수 있다. 부모가 가르치는 과정에서 실망하는 표정을 짓거나, 때로는 답답한 마음을 표출하며 화를 낼 수도 있다. 이런 과정에서 글자와 공부에 대한 부정적 감정이 생기면 자기 효능감이 떨어지고, 나중에 자율학습 습관이 생기기 어렵게 된다.

그림책 읽어주기가 훨씬 효과적이다

2015년 좋은교사운동의 조사에 따르면, 우리 아이들은 한글 교육을 너무 일찍 받고 있음을 알 수 있다. 3세에 한글 공부를 시작하는 아이가

84.5%에 달했고, 4세에 한글 공부를 하고 있는 경우가 89.7%였다.[4] 한글은 부모가 가르치는 경우가 많은데, 이것은 가정에서의 교육과 사교육을 합한 수치이다. 생각보다 3~4세에 한글을 가르치는 경우가 많다는 것이 눈길을 끈다.

2016년 육아정책연구소의 영유아 사교육 실태 조사결과는 더욱 안타깝다. 두 돌이 갓 넘은 2세 아이의 35.5%가 주당 2.6회의 사교육을 받으며, 개중 국어 사교육이 26.8%에 달했다.[5] 또한 5세 아동의 83.6%가 주당 5.2회의 사교육을 받고 있으며, 국어 사교육은 24.5%였다.[6]

해외에서는 문자 교육을 5세에 시작하는 게 좋으니, 7세에 시작하는 게 좋으니를 두고 논란을 벌이고 있는데, 우리나라는 5세는커녕 두 돌밖에 안 된 아이들이 이미 한글, 독서, 논술 등 사교육을 받고 있었다.

물론 부모가 일부러 가르치지 않아도 한글을 자연스럽게 익히는 아이들이 있다. 언어감각이 좋은 아이들에게서 이런 예를 볼 수 있다. 아이가 나이가 적더라도 스스로 그림책의 글자를 궁금해하고 한글을 배우고 싶어한다면 굳이 안 가르칠 필요는 없다. 하지만 보통의 경우 3~5세 한글 조기교육은 얻는 것보다 잃는 게 많을 수 있다. 다음에 소개할 연구는 이런 점에 많은 생각할 거리를 준다.

---

4 정재석, "교사를 위한 난독증 이야기, 한글 공부 몇 살에 시작해야 할까?", 마음연구소, https://mindhub.kr/blog/1037.

5 김용택, "5세 유아 84% 사교육, 교육이 아니라 폭력입니다", 김용택의 참교육이야기, https://chamstory.tistory.com/2621.

6 김용택, 위의 글.

가정에서의 읽기/쓰기가
언어발달에 미치는 영향

캐나다 칼턴대학의 발달심리학 교수인 모니크 세네샬은 가정에서의 읽기/쓰기 활동이 아이의 언어발달에 미치는 영향을 연구했다.[7]

연구팀은 유치원 아이들을 부모의 그림책 읽어주기와 쓰기 교육을 기준으로 4개 그룹으로 나눴다.

첫째, 부모가 책을 적게 읽어주고 글자를 안 가르친 아이, 둘째, 책을 많이 읽어주고 글자를 많이 가르친 아이, 셋째, 책을 적게 읽어주고 글자를 많이 가르친 아이, 넷째, 책을 많이 읽어주고 글자를 안 가르친 아이이다.

연구팀은 이 아이들을 장기 추적 연구한 결과를 발표했다. 각 그룹의 문해력은 어떠했을까?

---

7 김영훈, 앞의 책, 315~317쪽 참조.

상식적 결과를 보인 그룹

부모가 유아 때 책을 적게 읽어주고 글자도 안 가르친 그룹의 경우, 초등 1학년 때 국어력이 전반적으로 떨어졌다. 그리고 초등 4학년 때도 평균을 밑돌았다. 이는 상식적으로 이해가 된다.

부모가 유아 때 책을 많이 읽어주고 글자도 많이 가르친 아이들은 유치원, 초등 저학년뿐만 아니라 초등 4학년 때도 국어력이 좋았다. 이 또한 상식적인 결과로 보인다.

그런데 뒤의 두 그룹은 우리 예상과 결과가 달랐다.

초1엔 잘했는데, 초4엔 평균 이하 그룹

부모가 유아 때 책을 적게 읽어주더라도, 문자교육을 빨리 시킨 그룹의 경우 초등 1학년 때는 국어력이 높게 나왔다. 하지만 초등 4학년이 되자 평균 수준을 밑돌았다. 단기효과는 좋으나 중장기 효과는 별로였다.

초1엔 못했는데 갈수록 성장한 그룹

부모가 유아 때 책을 많이 읽어주었지만 글자를 안 가르친 아이들은 초등 1학년 때 어휘력은 웬만한 편이었지만, 글자를 늦게 배웠으니 유창하게 읽지 못하고 독해력도 떨어졌다.

하지만 중장기적 효과는 달랐다. 이 아이들은 초등 4학년이 되자 독해력이 평균 수준까지 올라왔다. 부모가 유아 때 그림책을 많이 읽어주면서 글자 학습에 대한 부담을 안 줬기 때문에, 독서에 대한 긍정적 감정을 가지고 스스로 읽는 과정에서 독해력이 성장한 것이다. 이들의 학습력은 이후로도 계속 성장해서 나중에는 평균 수준을 웃돌았다.

우리집 아이들이 실제로 그러했다. 초등 저학년에서 고학년, 중학교, 고등학교로 갈수록 학업 성취가 좋아졌다. 이것이 특별한 사례가 아니라는 것을 이 연구가 입증하고 있다.

독서의 장기효과

우리는 이 연구에서 두 가지 힌트를 얻을 수 있다.

하나는 그림책 읽어주기의 효과는 당장 나타나는 것이 아니라 시간이 걸린다는 것이다. 유아 때 부모가 그림책을 많이 읽어주었지만 글자를 안 가르친 그룹의 경우, 초등 1학년 때는 독해력이 나빴고, 초등 4학년이 되어서야 평균 수준에 도달했다.

이는 독서의 효과도 마찬가지다. 아이가 독서를 많이 하는데, 중학 때 공부는 그저 그렇다는 얘기를 하는 경우가 있다. 이런 애들은 공부법과 공부 동기가 잘 부여된다면 학업 성취도가 빠르게 올라갈 수 있다.

그렇지 않더라도 독서의 장기효과는 생각보다 힘이 세다. 성인이 된 후 독서를 20년 넘게 꾸준히 해온 사람들 중에 직업적 성취가 달라진 경우를 본 적이 꽤 있다. 그들의 직업은 각각 달랐지만, 독서는 각자의 직업에서 그들을 차별화하고 성취를 키우는 포인트가 됐다.

또한 문자를 일찍 가르치는 게 좋지만은 않다는 것을 알 수 있다. 앞서 언급한 연구결과를 보면, 글자를 일찍 가르친 효과는 초등 4학년 때를 넘지 못했다.

초보 독서가에서
읽기 해독자로

엄마의 한글 교육 반성문

한글 교육은 아이가 충분히 준비됐을 때 시작하는 것이 좋다. 그 신호 중 하나가 간판의 글자에 관심을 가지고 한두 자라도 읽으려고 들 때이다. 아울러 서사 능력이 어느 정도 갖춰졌을 때가 좋다.

우리집의 경우 6세 여름, 7월 정도에 시작했는데, 그림책을 읽어주는 것이 너무 힘들어 글자를 가르쳐야겠다고 생각했다. 쌍둥이다 보니 둘을 앉혀놓고 각자 원하는 만큼 읽어주다 보면 보통 1시간, 어떨 때는 1시간 30분이 넘어가 목이 아플 지경이었다.

결과적으로 우리집 이과형 아이에게는 적기였다. 한글을 가르친 뒤 도움 읽기 과정으로 들어가서 혼자 능숙하게 읽게 되는 과정까지 빨랐고, 국어머리가 좋은 편이었다.

하지만 다른 아이에게는 그때가 적기가 아니었다. 앞의 연구들에서 봤듯이, 글자 교육을 굳이 이른 나이에 시작할 필요가 없다. 우리의 교육환경상 초등 입학 전까지 어느 정도 소리내어 읽는 정도면 된다. 간간이 받침을 잘 모르거나 조사를 빼먹거나 불규칙한 발음의 단어를 능숙하게 읽지 못해도 초등 1학년 교육과정에서 자연히 능숙해진다. 이 아이는 7세 초중반에 가르치는 게 나았다. 쌍둥이 교육은 이런 면에서 어려움이 있다. 목 아프고 힘들다고 글자를 일찍 가르쳤던 걸 반성한다.

한국어 파닉스 과정 길 필요가 없다

개인적인 느낌이지만, 우리의 한글 교육 프로그램들은 과정을 너무 길게 늘여놓은 것 아닌가 싶다. 2년까지 가는 경우도 있다. 한글 교육 책들도 과정이 길어 보이며 서술 형태가 복잡하고 학습지 식인 경우가 많다.

영미권에서는 파닉스 과정이 긴데, 한글은 영어보다 문자-소리의 불규칙성이 적고 한 글자가 한 음절이다. 적기에 과학적 교육법으로 시작하면 영어보다 비교적 짧은 시간에 습득할 수 있다. 종이나 컴퓨터 화면에 갇혀 있는, 같은 패턴의 지루한 반복 학습은 아이의 뇌와 정서에 부담을 주고 사고력과 창의력을 갉아먹을 수 있다.

아이의 음절, 음소 인식에 도움되는 거실 놀이

한글을 익힌 후 그림책을 소리내어 읽으려면 음절이나 음소 인식을 할 줄 알아야 한다. 아이들의 음절, 음소 인식을 도울 방법 중 하나는 우리에게 익숙한 전래동요 부르기이다. "자장자장 우리 아기 / 자장자장 우리 아기" 단어가 반복되며, 두운[8]과 각운이 살아 있다. '자장자장'만 놓고

---

[8] 두운은 행이나 단어의 앞부분에 반복되는 소리를 넣어 운율을 만드는 것이고, 각운은 뒷부분에 운율을 만드는 것이다.

봐도 모음 음소 'ㅏ'가 반복되고 있다. 아기 때 불러주던 전래동요를 같이 부르며, 엄마가 가사를 한 자씩 쓰는 모습을 보여주는 것도 좋다.

또 다른 방법도 이미 우리가 익히 알고 있는 방법인데, 우리 때의 한글 교육과 조금만 달리 접근하면 된다. 영어는 단어에서 자음의 소리값은 대체로 일정하지만, 모음의 소릿값이 다양하다. 한국어는 단어에서 자음의 소릿값은 좀 변하고[굳이→구지], 모음의 소리값은 일정하다. 그래서 한글은 모음부터 익히는 게 좋다.

예전에 우리가 한글을 배울 때는 부모님이 공책에 '가 나 다' 글씨를 써주고, '가'라고 읽고 따라 쓰게 했다. 그런데 대뜸 글자를 쓰라고 하면, 아이가 연필 잡기가 서툴고 쓰기가 힘들어 부담될 수 있다. 그냥 모음에 자음에 붙여 부모가 아이와 함께 노래처럼 부르면 된다. "가 나 다 라 마 바 사…, 갸 냐 댜 랴 먀 뱌 샤…, 각 낙 닥 락 막 박 삭…" 아이들도 재미있어 해서 함께 부르다 보면 웃음보가 터진다. 그 과정에서 음소 민감성이 자연스럽게 커진다.

아이들에게 한글을 가르친다고 대뜸 종이에 쓰기로 데려오면 안 된다. 쓰기는 고난도 활동임을 기억하자. 문제풀이 식으로 빨리 데려와서도 안 된다. 지루한 반복 패턴의 학습 기간은 짧은 게 낫다. 그림책을 충분히 많이 읽어주고 아이와의 대화량을 늘리고 음소 인식 놀이를 간간이 해가면서 때를 기다렸다가, 적기다 싶을 때 짧게 끝내고 그림책 읽기로 넘어가자. 좀 서툴러도 빈 구멍이 있어도 자연스럽게 늘게 되어 있다.

부모의
도움 읽기 방법

처음에는 익숙한 책으로 시작하자

아이가 한글을 어느 정도 익히고 나면, 이제 소리내어 읽기 과정으로 들어간다. 앞에서 말했듯이, 한글을 완벽하게 받침까지 읽을 수 있지 않더라도 그림책 소리내어 읽기 과정으로 들어가면 된다. 최소한 처음 두세 주는 만만하고 익숙한 책으로 시작하는 것이 좋다. 아이는 자기가 그림책을 소리내어 읽을 수 있다는 것만으로도 신이 날 수 있다. 그 기분을 느끼는 것이 좋다. 당장의 지식 학습보다 중요한 것은 책과 읽기에 대한 긍정적 감정이고, 부모와의 공감과 긍정적 관계이다.

부모와 짝 읽기

초보 독서가의 시기를 보통 6~8세로 보는데, 우리나라는 한글 교육이 너무 당겨져서 그렇지 대략 초등 1~2학년 때까지로 보면 된다. 이 시기에는 '부모'가 그림책을 열심히 소리내어 읽어주고, '아이'가 소리내어 읽기를 열심히 하는 것만으로도 훌륭하게 읽기 발달의 3단계, 즉 이해의 단계로 넘어갈 수 있다. 짝 읽기는 부모가 아이와 함께하는 도움 읽기 방법으로, 이미 우리에게 익숙한 풍경이다.

첫째, 아이가 읽을 책은 직접 고르게 하자.

둘째, 부모와 아이가 나란히 앉아 책을 펴놓는다.

셋째, 부모와 아이가 함께 그림책을 소리내어 읽는다. 끊어 읽기에 신경쓰자. 끊어 읽기 습관은 향후 문해력 발달에 매우 중요하다.

넷째, 이때 아이가 소리내어 읽으며 손가락으로 글자를 따라 짚게 한다. 문자와 소리를 연결하는 과정이다. 부모가 아니라 아이가 손가락으로 글자를 짚어야 한다. 아이가 같이 읽다가 톡톡 책을 두드리면(미리 약속해 두자) 혼자 읽게 두면 된다.

아이가 혼자 소리내어 읽기에 어느 정도 익숙해졌다면, 짝 읽기를 계속하지 않아도 된다. 다만, 아이가 읽는 목소리를 들으며 피드백을 할 수 있게 거실에서 낭독하게 하자. 피드백 방법은 195쪽에서 좀더 얘기하겠다.

초3까지 부모의 읽어주기는 계속됐다

아이들이 그림책을 혼자 읽게 된 후에도, 부모가 계속 그림책을 소리내어 읽어주는 것이 좋다. 우리집의 경우 초등 3학년 때도 읽어준 적이 꽤 많았다. 초등 4학년 때도 유지했으면 좋았을 텐데, 이제 학년도 높아지고 앞 아파트에 사시던 할아버지가 아프셔서 모셔오면서 그림책 읽어주기가 끝났다. 혹자는 초6 때까지도 읽어주는 게 좋다고 하는데 이 정도까지는 힘들더라도, 초등 3~4학년까지는 읽어주는 게 좋다.

최소 초4까지 소리내어 읽기를 병행해야 하는 이유

쌍둥이가 대학에 합격한 후, 멀리 사는 막내 남동생이 비결이 뭐냐고 물어봤다. 당시 조카들은 초등 3학년과 중학 1학년이었다.

"소리내어 읽기를 많이 시켜. 중학 1학년 아이도 틈틈이 시키고."

큰누나가 일에나 빠져 사는 줄 알기에 대단한 정보를 얻을 수 있을 거라는 생각은 안 했겠지만, 소리내어 읽기를 꼽는 나의 얘기에 대한 반응은 역시나 심드렁했다.

소리내어 읽기는 누구나 글 읽기를 익히는 과정에서 하는 행동이고 익숙한 것이기에 새삼스러울 것이 없다. 이것은 수능 만점자가 공부법이나 비결을 묻는 질문에 "교과서로 공부했어요"라는 대답만큼이나 식상하다. 그런데 정말 그럴까?

때로는 너무 익숙하기에 그 진가가 덜 보일 수 있다. 과학적 근거 얘기는 앞에서 했으니, 이제 이것을 우리가 접하는 일상으로 가져와 얘기를 풀어보자. 그러면 우리 문해력 교육이나 공부의 어느 지점에서 문제가 발생하는지를 절감할 수 있을 것이다. 바로 피아노 얘기다.

피아노 교육이 문해력 교육에 주는 힌트

피아노 교육과 읽기 교육은 유사한 면이 있다. 귀(소리)에서 시작하고, 문자(글자, 음표)가 있으며, 이 둘을 연결해 오랜 기간에 걸친 숙련이 필요하다는 점에서 그렇다.

두세 살 아이도 엄마가 '나비야' 노래를 불러주면 자연히 노래를 따라 부른다. '솔미미- 파레레-' 음표를 몰라도, 엄마의 노래를 반복해 듣는 것만으로도 노래를 부를 수 있다. 이미 우리 뇌에 노래를 반복해서 들으면 기억하고 따라 부를 수 있게 프로그래밍이 되어 있기 때문이다. 고생스럽게 안 익혀도 된다. 아기들이 말(모국어)에 노출되면 자연히 말을 할 수 있게 되는 것과 같다.

그런데 피아노를 치려면 악보를 보는 법을 배워야 한다. 음표, 쉼표, 악보는 기호화된 상징이며, 음악의 글자이다. 아이들은 글 읽기를 고생스럽게 배워야 하는 것처럼, 음악의 악보를 보는 법을 고생스럽게 익혀야 한다.

이제 악보를 보며 피아노를 치는 과정으로 들어간다. 아이들은 이미 '나비야' 노래의 소리를 들어 알고 있다. 피아노를 치면서 문자(음표)와 귀로 들어 아는 소리를 연결해 음악(뜻)을 만들어낸다.

우리는 한글을 너무 일찍 가르치는 경향이 있는데, 피아노를 놓고 보면 이것이 얼마나 비효율적이며, 애들을 고생시키는 것인지 새삼 느낄 수 있다.

나는 피아노를 8세에 배우기 시작했는데, 우리 때는 실컷 뛰어놀았지만 소근육 활동은 부족했다. 피아노 건반을 칠 때 네 번째 손가락과

새끼손가락에 힘이 없어 손 모양이 삑사리가 났다. 그럴 때마다 주눅이 들었다. 게다가 피아노 음악을 들을 기회도 거의 없었다. 글 읽기 교육으로 치면, 사전 문해성도 안 갖춰진 상태였던 것이다. 힘들고 주눅이 들고 비싼 돈만 쓴 것이지 효율도 떨어졌고 하기 싫었다.

능숙한 읽기에 필요한 시간

그렇다면 피아노를 능숙하게 치려면 시간이 얼마나 걸릴까?

가장 쉬운 기초 단계인 바이엘 과정을 끝내는 데만도 꽤 빨라야 6개월, 아이에 따라서는 1년 6개월이 넘게 걸리는 경우도 있다. 이것은 읽기 발달의 2단계인 소리내어 읽기에 익숙해지는 단계로 볼 수 있다.

아이마다 많이 다르지만, 바이엘을 끝내고 초급인 체르니 100까지 초등 저학년 때 마치고, 중급인 체르니 30을 초등 4~5학년, 고급인 체르니 40을 초등 6학년부터 시작해서 몇 년 한다. 중급까지 가는 데만도 거의 5~6년이 걸리는 것이다.

피아노는 악기이고 악기를 배우는 것은 어렵고, 글 읽기는 학교에서 누구나 배우는 것이니 더 수월한 것 아니냐고 반문할 수 있을 것이다.

그렇지 않다. 글 읽기 훈련이 훨씬 시간이 더 걸린다. 피아노는 보통 일주일에 1~3번, 많아야 5번 가서 1시간 배우고 익힌다. 우리나라 아이들은 초중고 12년을 학교에 가서 글 읽기에 노출된다. 피아노의 연습시간을 이만큼 늘린다면, 피아노 숙련 기간이 훨씬 단축될 것이다.

물론 피아노 연주자의 영역은 다른 문제이다. 음악은 연주자의 해석과 표현에 따라 같은 곡도 귀에 꽤 다르게 들린다. 사라사테가 작곡한

'지고이네르바이젠(집시의 노래)'도 사라 장 등 바이올린 연주자들에 따라 꽤 다른 느낌을 받게 된다. 연주자는 '타고나는 게' 있는 영역이다. 하지만 일반인으로서 악보를 보며 어느 정도 연주하고 즐기는 정도가 목표라면, 독서가 텍스트도 많고(수천 년 축적됐다), 텍스트의 성격도 매우 다채롭기에 읽기 발달의 4~5단계까지 숙달되는 데 시간이 더 걸리고 연습(다양한 읽기, 많이 읽기)이 더 많이 필요하다. 그러니 아이들의 읽기를 단순히 글을 읽을 수 있다는 데만 국한해 보지 말고, 다독으로 이끌 수 있도록 신경을 많이 써주어야 한다.

하농과 소리내어 읽기

결국 나는 8세 때 피아노를 좀 배우다가 그만두고, 초등 5학년 말부터 새로 배우기 시작했다. 바이엘을 떼고 체르니에 들어가니, 피아노 학원에 도착하면 일단 하농부터 친 뒤 체르니나 다른 곡들을 배웠다. 하농은 반복되는 음들을 계속 치는 것인데, 손가락들의 힘찬 터치와 빠른 놀림을 키우는 일종의 몸 풀기 연습곡이다.

소리내어 읽기를 보면, 피아노의 하농이나 테니스의 벽 치기, 농구의 드리블 같은 것이 떠오른다. 일종의 그 분야 기초 훈련이다. 축구 국가 대표팀도 항상 기초 체력 훈련을 한다. 그러니 소리내어 읽기를 되도록 오래, 최소 초등 4학년까지는 시키는 것이 좋다. 읽기 발달 과정에서 건너뛰기란 없다. 기초를 튼튼히 다질수록 이후 성장이 빨라질 수 있다.

소리내어 읽기는
공부습관 신호다

20대 초중반에 서울 중구의 직장에 다니면서 지금은 한옥마을이 된 가회동 한옥에서 자취를 했다. 주인집 부부는 장사를 해서 거의 집에 없었고, 초등 2학년 아들과 유치원생 딸을 둔 가족과 내가 각각 세를 살고 있었다. 집에 있을 때면, 초2 아들에게 공부를 시키는 소리가 들리곤 했다. 자주 같은 레퍼토리로 흘렀다. 그집 엄마의 큰소리가 들리면 나는 깜짝 놀라곤 했는데, 가만히 들어보면 공부를 하니 마니, 이걸 왜 모르니 실랑이였고, 아이가 뭐라는 것 같은데 목소리가 작아 잘 안 들리고, 그러다가 좀 있으면 엄마의 목청이 마구 올라갔다. 때리는 소리가 나고 아이가 엉엉 울면서 끝나기도 했다.

공부 신호로 사용하기 좋은 이유

유명한 파블로프의 개 실험을 보면, 개들에게 먹이를 줄 때마다 종을 쳤더니, 이제 개가 종소리만 들어도 침을 흘리게 됐다고 한다. 이것을 조건반사라고 하는데, 조건반사는 학습된 내용에 따른 반응, 즉 일정한 조건 아래에서 형성되는 반사 반응을 말한다.

부모와의 독서나 공부가 부정적 상황으로 자꾸 흘러가면 아이가 조건반사를 한다. '독서', '공부' 소리만 들어도 싫은 감정이 생겨버린다.

나는 옆방이 공부를 시키는 것 같으면 불안해지고, 큰 목소리가 들리면 좌불안석이 되고, 오늘은 무사히 끝날지, 결국 아이를 때리는 상황까지 갈지 신경을 곤두세우고, 밖으로 나가 인기척을 내며 말려야 하는 상황이 벌어질까 싶어 나도 모르게 방문 쪽으로 붙어 앉곤 했다. 그 집 공부에 '조건반사'를 했다. 그 집이 공부를 시킬까 봐 스트레스를 받을 정도였다. 조건반사는 본류가 아니니, 얼른 습관 얘기로 가보자.

뉴욕타임스 기자이자 논픽션 작가인 찰스 두히그는 매일 오후가 되면 쿠키를 사먹는 습관이 있었다고 한다. 살도 찌고 몸에도 안 좋은 이 습관을 고치려 했지만 잘 안 됐다고 한다. 습관은 왜 이리 강력할까? 그리고 좋은 습관을 만들 방법이 있을까?

기자인 찰스 두히그는 조사와 취재, 연구를 통해 습관에 대한 기념비적 저작인 『습관의 힘』을 썼다. 그는 이 책에서 습관이 만들어지는 과정을 '신호-반복행동-보상'의 3단계로 제시했다. 여기서 우리는 '신호'에 주목해 보자. 이때 신호란 어떤 습관적 행동을 일으키는 트리거를 말한다. 트리거는 총의 방아쇠란 뜻인데, 어떤 사건이나 행동을 불러일으키는 계기나 도화선이다.

자, 이 지식을 가지고 아이들의 공부로 가보자.

머리말에서 소개한 일본 시골 초등학교 교사는 정규 수업 시작 전에 소리내어 읽기와 단순계산연습을 20분 정도 시켰다. 일종의 습관화를 한 것이다. 공부를 시키려면 아이와 하니 마니 실랑이를 하게 될 수 있다. 또한 아이가 놀거나 뒹굴다가 공부할 시간이라고 하면 금방 집중을 하는 것도 아니다. 그런데 소리내어 읽기는 공부 신호로 사용할 수 있는 요소를 내포하고 있었다. 당시 이 점이 매우 매력적으로 다가왔다.

집중력과 기억력이 높아진다

뇌 과학자 류타 교수의 연구에 의하면, 아이들이 글을 소리내어 읽은 후 어휘를 2분 동안 외우게 하고 테스트를 했더니 기억력이 20%나 향상됐고 집중력도 좋아졌다.

또한 습관의 트리거가 되는 신호는 단순해야 하는데, 소리내어 읽기는 그냥 입을 열어 읽기 시작하면 된다. 무엇보다 부모로서 낭독의 참 좋은 점은 아이가 일단 입을 열어 낭독을 시작하면 마치 산책하는 것처럼 기분이 전환된다는 것이다.

따라서 소리내어 읽기는 맞벌이 가정에서 퇴근 후 공부를 시킬 때 신호로 사용하기 좋다. 텍스트를 5~10분 정도 낭독하는 동안, 아이는 공부할 준비운동을 마치는 셈이 된다. 이를테면 매일 저녁 8시에 거실에서 공부를 하기로 했는데 아이가 안하면, 엄마가 근처에서 아무 텍스트나 즐겁게 낭독을 시작하자. 엄마의 낭독 소리가 들리다 보면, 아이도 자연히 시작하게 되는 경우가 많다. 우리집 아이들은 고등 때도 공부가 하기 싫거나 집중이 안 되는 날에는 일단 교과서를 펴서 소리내어 읽었다. 그렇게 10분에서 20분 정도 낭독하다 보면 집중력이 살아나고, 그러면 낭독을 멈추고 본격적인 공부를 시작하곤 했다.

메타인지를 높이는
낭독 피드백 팁

일단 기다려야 한다

아이가 부모와 짝 읽기를 좀 한 후 그림책을 혼자 소리내어 읽기 시작할 때, 글자를 몰라서 머뭇거리거나 단어나 조사를 잘못 읽을 수 있다. 이 경우 일단 잠시 기다려야 한다. 아이가 스스로 교정할 수도 있기 때문이다. 그래도 못 읽으면 부모가 그 부분을 읽어주며 아이가 따라 읽게 한다. 그 후 아이가 혼자 계속 소리내어 읽어가면 된다.

이때 주의할 점이 있다. 아이가 글자를 잘 모르거나 잘못 읽는 것은 너무나 당연한 일이다. 읽기 뇌에 대한 과학적 연구자료들을 들여다볼수록, 아이가 글을 읽는다는 것 자체가 얼마나 대단한 일인지를 느끼게 된다. 부모가 표정 관리를 잘하고 심상하게 모르거나 틀린 부분을 읽어주면 된다. 아이가 감정을 다치지 않도록 주의해야 한다.

읽기 독립 시기

아이가 그림책을 소리내어 읽는 초기에는 부모가 짝 읽기를 당연히 해야 한다. 하지만 바쁜 맞벌이의 경우 짝 읽기를 한두 주, 또는 두세 주 정도 해서 좀 익숙해졌다 싶으면, 아이가 혼자 하게 둬도 된다.

팁 중 하나는 아이가 스스로 그림책을 고르게 하는 것이다. 이 경우 보통 부모가 이미 꽤 읽어준 만만한 그림책을 고르기에, 아이가 외워서 읽는 것이든, 글자를 알아서 읽는 것이든 혼자 소리내어 읽을 수 있다.

또 하나는 아이가 거실에서 소리내어 읽게 해야 한다는 것이다. 맞벌이 가정은 중학 2학년 정도까지는 거실이 공부의 공간이 되는 것이 좋다. 그래야 집안일을 하느라 왔다갔다하면서도 아이의 낭독 수준을 체크할 수 있고, 요즘은 뭘 공부하는가를 알 수 있고, 필요할 때 피드백도 줄 수 있고, 물으면 얼른 대답해줄 수도 있다.

아이마다 다르겠지만, 우리집 아이들은 이런 방식을 좋아했다. 어릴 때부터 습관이 되어 그런지, 자기들이 공부할 때 부모가 옆에 붙어서 지켜보거나 가르쳐주는 것보다 그냥 내버려두고, 자꾸 틀리면 별일 아닌 것처럼 심상하게 그 옆을 지나치며, 또는 싱크대에서 큰 목소리로 한마디씩 피드백을 해주는 것을 선호했다.

잘못 읽었을 때

아이가 거실에서 혼자 소리내어 읽기를 할 때 들어보면, '가', '은' 같은 조사를 빼먹거나 발음을 잘못할 때도 있다. 그래도 당장 개입하지 않고, '아, 조사를 읽는 게 약하구나' 생각하고 그냥 두었다.

비록 "학교은"이라고 읽었더라도, 아이들은 이미 "학교는"이라는 말을 들은 적이 꽤 있으므로, 스스로 뭔가 이상하다고 느끼고 차차 교정을 하는 경우가 많다. 그래서 같은 실수를 계속 반복하거나, 여러 날 반복할 때만 "'학교는'이라고 읽어야 해"라는 식으로 말해주었다.

막혔을 때

아이가 '읽기'처럼 복잡한 받침에서 머뭇거릴 때가 있다. 이 또한 일단 기다렸다. 아이가 비록 '읽' 자를 모르더라도, 문장의 맥락을 통해서 '읽기'라는 말을 유추해 읽어낼 수도 있기 때문이다. "엄마, 이 글자는 어떻게 읽어?"라고 물어볼 때, 그리고 그 글자를 읽지 못해 멈추어 있는 시간이 길어질 때 읽는 법을 알려주면 된다.

양육에서 부모의 피드백은 매우 중요하다. 아이의 정서적 신호나 말에 대해서는 빨리 공감해주고 적절한 반응을 해주는 것이 좋다. 하지만 학습에 관한 피드백은 좀 천천히 해주는 것도 좋다고 생각한다.

메타인지를 키우는 핵심

메타인지는 학습 측면에서는 자기가 아는 것과 모르는 것을 구별하는 능력이다. 그런데 이것을 구별하려면, 적어도 '내가 지금 이걸 모르는구나', '내가 읽은 발음이 뭔가 이상하구나' 느낄 시간이 주어져야 한다. 몇 초라도 말이다. 따라서 부모가 기다리며 틈을 주어야 한다. 이 단순한 기다림은 훗날 메타인지의 성장으로 가는 좋은 디딤돌이 된다.

언어의 뿌리를 키우는
동시 낭독

우리집에서 소리내어 읽기와 관련해 좀 달랐던 점 중의 하나는 텍스트를 '다양화'했다는 것이다.

보통 소리내어 읽기는 그림책으로 하는 경우가 많고, 여기서 더 나아가 챕터북[9], 수학·과학·역사 등의 지식 그림책, 동화책으로 하는 경우가 있다. 우리집의 경우 그뿐만 아니라 동시, 교과서, 어린이 잡지의 글 등 꽤 다양한 것을 소리내어 읽었다.

소리를 잃어버린 국어교육

예전에는 동시, 시, 시조 십수 편 정도는 낭독하다가 암송까지 하는 아이들이 제법 많았다. 하지만 지금의 우리나라 국어 및 독서교육은 '소리'를 잃어버렸다. 우리집에서 그림책으로부터 소리내어 읽기 텍스트의 첫

---

9 챕터북은 읽기 초보자를 위한 얇은 책 시리즈이다. 우리나라에서 '마법의 시간 여행'이란 제목으로 번역된 '매직 트리 하우스'가 대표적 챕터북 시리즈이다. 주인공과 설정 등이 같은 여러 권의 얇은 책으로 되어 있다.

번째 확장은 바로 동시였다. 7~8세에 걸쳐서 시작했다.

운율, 소리내어 읽는 맛이 좋다

동시와 시는 소리내어 읽는 맛이 단연 돋보이는 텍스트이다. 낭독을 하다 보면 운율을 느끼게 되고, 그러면 동시와 시에 젖어 읽는 것이 신이 난다. 동시와 시는 우리 몸과 정서에 스며든다. 아이가 우리말의 운율을 느끼는 계기가 된다.

읽기 초기 단계에 적당하다

소리내어 읽기가 줄어든 이유 중 하나는 에너지를 매우 많이 쓰는 일이기 때문이다. 눈으로만 읽으며 묵독을 하면 편한데, 소리내어 읽으려면 힘이 많이 들고 목도 아프고 시간도 더 걸린다. 그런데 동시와 시는 대체로 짧기에 이런 부담이 적다. 아이들이 소리내어 읽는 습관을 이어가는 데 도움이 된다.

여백과 울림이 많다

동시와 시는 여백이 많은 텍스트이다. 곱씹어 소리내어 읽으면, 처음 읽을 때와 다음에 읽을 때, 며칠 후나 몇 달 후, 몇 년 후에 낭독할 때의 느낌이 또 다르다. 동시와 시는 소리내어 읽을수록 맛이 새롭다.

시에는 여백이 있고, 여백이 있으면 생각하게 된다.

텍스트들을 소리내어 읽어보면 서툰 글이나 운율, 글맛, 여백, 울림이 적은 글은 재미가 영 없다. 이런 글은 반복 낭독이 고역이다. 하지만 동시와 시는 소리내어 읽을수록 맛이 다르고 자꾸 생각하게 된다.

비유 표현과 유추력의 보물창고다

동시에는 다양한 비유 표현들이 등장한다. "꽃잎은 좋겠다, / 세수 안
해도."(서정숙의 동시 「좋겠다」 중에서), "꽃씨는 저쪽에서 / 고개를 빠끔"(김완기
의 동시 「꽃씨」 중에서). 표현들이 얼마나 예쁜지 모른다. 이런 동시는 소리내
어 읽다보면 마치 눈에 보이는 듯하고 맘이 간질거린다.

　비유란 "네 눈은 맑은 호수다"라고 할 때, '눈'이라는 원관념을 '호수'
라는 보조관념으로 빗대어 표현하는 것이다. 비유법은 종류가 열 가지
정도나 된다. 우리에게 익숙한 시의 구절, 예를 들어 내 마음은 호수요
(은유법), 내 누님 같이 생긴 꽃이여(직유법), 초록이 지쳐 단풍 드는데(활유
법) 등이 비유법에 속한다.

　비유 표현은 글에 생각보다 많이 등장한다. 시나 수필뿐만 아니라
설명글, 논설, 기사 등에도 많이 등장한다. '황금 같은 시간, 요람에서
무덤까지, 펜은 칼보다 강하다, 빈 수레가 요란하다' 등, 이러한 비유 표
현을 이해하려면 원관념과 보조관념을 놓고 미루어 추측하는 유추의 과
정이 필요하다. 유추는 매우 중요한 사고력이다. 비유 표현의 보물창고
인 동시와 시를 소리내어 읽으면 이런 표현에 익숙해지고 유추력을 키
울 수 있다.

어떤 시는 아이와 평생을 함께한다

동시나 시, 시조, 한시 등을 반복해서 낭독하다 보면 자연히 암송하게

된다. 그중에서 어떤 시는 평생을 암송하는 시가 된다.

어릴 적에 암송하던 동시나 시조 등이 문득 떠오른 경험이 있을 것이다. 누구나 경험하듯이, 같은 시라도 10대, 20대, 30대, 40대, 그리고 50대에 읽는 맛이 다르다. 나는 아이들에게 그것을 주고 싶었다.

여백을 메우는 과정에서 생각이 자란다

예쁜 동시도 좋고, 운율이 살아 있으며 예스러운 시조도 좋고, 한시도 좋고, 아주 난해한 것이 아니라면 현대 시도 좋다.

어려우면 생각하게 된다. 여백이 있으면 더 생각하게 된다. 신기하게도 인간의 뇌가 그렇게 생겨 먹었다. 그 여백을 메우는 과정에서 사고력이 자라난다. 때로는 시를 자꾸 낭독하는 과정에서 문리를 스스로 깨치기도 한다. 따라서 아주 난해한 것만 아니라면 괜찮다. 오히려 아이들에게 스스로 느끼고 깨칠 수 있는 '여백'도 가끔 주어야 한다. 시는 그것에 제격이다.

아이들이 8세 때 함께 낭독하던 「배추의 마음」이라는 시의 구절을 보자. 이 시는 언제 봐도 예쁘고 맘이 따뜻해진다.

"배추에게도 마음이 있나 보다 / 씨앗 뿌리고 농약 없이 키우려니 / 하도 자라지 않아 /(중략)"(나희덕, 「배추의 마음」 중에서)

우리는 7세부터 초등 1학년 때까지 20여 편 정도를 반복해서 낭독했다. 초등 때 구독하던 어린이 잡지에 실린 동시들도 낭독하곤 했다. 동시 집중 낭독하기는 계속하고 싶었는데, 엄마의 일이 너무 바빠져서 흐지부지된 것이 지금도 무척 아쉽다. 초등 저학년 때 동시나 시 낭독은 꼭 해보셨으면 한다.

문과형 아이는 그 후로도 동시를 가끔 낭독했고, 동시나 느낌을 쓴 글로 학교에서 상을 곧잘 받아왔다. 이과형 아이는 논술 같은 글로 상을 받아왔다. 이 아이는 시를 별로 좋아하지 않는다. 그래도 어릴 때 엄마와 함께 읽은 동시의 추억은 남아 있나 보다. 중고등 때 교과서에 나오는 시를 낭독하거나 외우기도 했다.

중학 2학년 어느 날, 가족끼리 밤에 차를 타고 강변북로를 지나는데, 이과형 아이가 차창을 열고 밖을 바라보다가 문득 윤동주의 「서시」를 낭송했다. 이 아이가 시를 낭송하는 것을 정말 오랜만에 들었기에 꽤 신기했다. 도시의 불빛에 별은 보이지 않았지만, 창밖 밤 풍경과 잘 어울렸다. 행복한 밤이었다. 부모와 함께 동시나 시를 소리내어 읽으며 나누는 공감은 아이들의 몸 속에, 마음속의 어딘가에 남아 있다.

어린이 잡지를 이용한
거실 문해력

인류 최초로 한 명의 양육자가 전담하는 시대

지금은 인류 역사에서 최초로 '한 명의 양육자'가 아이 양육을 전담하는 시대다. 예전에는 형제들이 많았고, 조금 크면 밖에서 하루 종일 동네 큰 아이들의 뒤를 따라다니며 놀았다. 동네가 함께 아이를 키우는 시대였다.

하지만 지금은 합계출산율이 겨우 0.78명(2022년)이며, 대체로 아파트나 연립, 빌라의 닫힌 공간 속에서 주로 엄마가 혼자 키운다. 그러다 보니 아이가 다양한 어휘와 이야기에 노출되기가 힘들다. 그래서 그림책 읽어주기가 예전보다 더욱 중요해졌다. 아울러 아이들의 문해력에서 부모와의 대화의 중요성이 더욱 커졌다. 부모가 더 많은 어휘를 들려주고 더 많은 어휘로 대화를 해야 한다.

연남동 고물상, 3만원에 건진 중고 어린이 잡지 60권

연남동 일대는 지금은 20,30대가 찾는 핫한 장소가 됐지만, 경의선숲길이 생기기 전인 10년 전쯤만 해도 홍대의 힙한 문화와 드라마 「응답하라 1988」 같은 골목 풍경이 공존했다. 홍대 큰 사거리에서 10분 정도만 안으로 걸어 들어오면, 작은 고물상과 계란 도매가게, 차고의 콩나물공장, 골목에 평상들을 내놓고 앉아 수다를 떠는 동네 할머니들을 만날 수 있었다.

2~3세 즈음, 애들을 쌍둥이 유모차에 태우고 동네 산책을 나갔다가 고물상을 지나는데 눈길을 잡는 게 있었다. 초등학생용 어린이 잡지였다. 누군가가 구독하던 과월호를 박스에 담아 버린 모양이었다. 대략 50~60권쯤 됐다. 어린이 잡지는 시의성이 높지 않기에 나중에 읽어도 되고, 뭐에라도 쓸 것 같았다. 고물상 주인 할아버지와 흥정해서 3만원에 사왔다. 이 중고 어린이 잡지들을 틈틈이 잘 가지고 놀았다. 그야말로 우리집 거실 놀이와 문해력의 보물창고였다.

우리집 거실 놀이와 문해력의 보물창고

초등 1학년이 되자 어린이 잡지를 구독하기 시작했다. 초등 때는 『개똥이네 놀이터』와 『위즈키즈』를 구독하거나 샀다. 중학 때는 『내셔널 지오그래픽』을 구독하기 시작했다. 중학 1학년 때도 애들이 원해서 초등용 어린이 잡지 하나는 여전히 구독했다.

단행본은 대체로 하나의 책 제목 아래 커다란 하나의 주제를 다룬다. 간헐적 단식에 대한 책이라면 당연히 간헐적 단식에 대해 다루고, 조선왕조실록에 대한 책이라면 조선왕조실록과 역사 얘기가 나온다. 또한 이른바 그 분야를 처음 접하는 초보자를 위한 종합 입문서라고 하더라도, 장에 따라 소분야가 다를 뿐 텍스트가 전개되는 흐름은 같다. 이를테면 과학 교양 입문서라면 생물, 화학, 우주 등 다양한 소주제를 다루는 경우가 있지만, 책 전체에서 대체로 뚜렷한 하나의 형식과 문체와 이미지로 전개된다.

반면 어린이 잡지는 다양한 주제를 다룰 뿐만 아니라 동시, 수필, 설명글, 주장글, 취재기사, 인터뷰, 또래들이 쓴 글, 뒤쪽의 기자 후기까지, 글의 형식과 구성이 다양하고, 글쓴이도 다양하고, 문체도 다르고, 이미지의 종류도 다르다. 사진도 삽화도 만화도 그래프도 인포그래픽(정보와 그림의 합성어로 데이터를 시각화한 것)도 아이콘도 등장하고, 그림풍도 화가에 따라 꽤 다양하다. 아이들이 다양한 주제와 소재, 글 형식, 문체, 이미지 형식을 한꺼번에 접할 수 있는 기회가 된다. 그 외에도 우리집에서는 다양한 활용도가 있었다.

엄마가 소리내어 읽기 습관을 보여주는 재료

애들이 어릴 때 나는 성인용 책들을 좀 읽긴 했지만, 바쁜 맞벌이 엄마가 집에서 책 읽는 모습을 꾸준히 보여주기 힘들었다. 그런데 어린이 잡지는 만만하니 자주 펼쳐서 읽곤 했다.

어차피 우리집은 텔레비전도 없고, 애들이 중학생 때까지는 부모도 집에서 휴대폰을 손에 잡지 않았기에 집안일을 끝내고 나면 좀 무료하고 달리 할 일도 없었다. 부모가 꼭 두껍고 무거운 책을 읽을 필요는 없다. 어린이 잡지가 재미있었기에 자주 들고 묵독했다.

그리고 그림책도 소리내어 읽었지만, 어린이 잡지에 실린 동시나 짧은 수필 같은 것도 낭독하곤 했다.

아이들이 소리내어 읽는 재료

물론 아이들은 어린이 잡지를 묵독했다. 하지만 저학년 때는 그림책뿐
만 아니라 어린이 잡지에 실린 동시나 짧은 수필 등을 소리내어 읽기도
했다. 엄마가 권해서 과학 글을 낭독하기도 했다. 만화의 말풍선 글들을
흉내내며 소리내어 읽은 적도 있다. 그림책이나 교과서가 아닌 좀더 다
양한 텍스트를 낭독하는 기회가 됐다.

거실과 식탁 대화에서 어휘의 풍성함

어린이 잡지는 부수 효과가 있었다. 식탁이나 거실에서 애들의 학교생
활이나 친구, 관심사, 부모의 생활이나 관심사 등이 화제로 올랐지만,
어린이 잡지는 좀더 폭넓은 화제를 제공했다.

　엄마가 책을 읽는 척하느라 어린이 잡지를 자주 봤기에, 거기서 본
것을 화제로 올리곤 했다. 때로는 애들이 먼저 잡지에서 본 것을 얘기하
기도 했다. 부모와 아이들이 자연스럽게 다양한 어휘를 사용하게 되고
서로 공감을 나누는 데도 도움이 됐다. 어릴 때의 어휘력은 가족 대화
속에서 싹튼다.

거실 문해력, 중고 어린이 잡지의 부수 효과

: 분류·비교·범주화·도식화

고물상에서 업어온 중고 어린이 잡지 50~60권은 우리집 보물창고였다. 주말에 비가 오거나 해서 밖에 안 나갈 때는 텔레비전도 없지, 그림책을 읽어주는 것도 한두 시간이지, 딱히 할 일이 없을 때 꺼내 놀곤 했다. 너덜너덜해질 때까지 가지고 놀았다.

참고로, 우리집은 아이들이 15개월 정도부터 문구를 꽤 다채롭게 사들였다. 종이도 작은 것부터 커다란 A2까지 크기별로 색깔별로, 재질도 매끄러운 것부터 우둘투둘한 한지까지, 색종이도 굉장히 다양한 것들이 있었다. 각종 모양 스티커, 꾸미기에 쓸 장식품들, 단추들, 눈(eye)들, 꼬인 줄 등 많았고, 크레파스·색연필·컬러연필세트·싸인펜·보드마커·파스텔·수채화물감·아크릴물감·석탄·먹부터 아이클레이·찰흙 등과 12개짜리 공구용 가위 세트까지, 나뭇잎 말린 것들, 여행에서 주워온 조개껍데기들, 작은 돌들 등 웬만한 작은 어린이집보다 다양했을 것 같다. 대체로 500원부터 몇 천 원 안 했기에 조금씩 사들였다. 촉감과 색감의 성장도 무척 중요하다. 그래서인지 여러 성장이 느렸음에도 소근육 발달은 빠른 편이었다. 엄마가 정리정돈 젬병이라 치우는 게 일이고 스트레스이긴 했다. 고등 입학 전에 일부 정리해 버리고, 대학 합격 후 나머지를 싹 버렸는데, 화이트보드들을 버릴 때처럼 속이 시원했다.

여기서 소개하는 거실 놀이는 우리집의 경우 유아 때부터 한 놀이지만, 이것은 엄마가 놀아주기 심심해서 그랬던 것이고, 사실 초등 때 더 잘 어울리는 거실 놀이다.

생각의 이미지화 능력이 왜 중요한가?

지금은 누구나 데스크탑, 디렉토리, 폴더, 파일 같은 말을 쉽게 직관적으로 알고 사용하지만, 컴퓨터가 대중화되던 1996~8년 즈음 배경지식이 전혀 없는 초보자들에겐 꽤 어려운 어휘였다. 어휘 설명을 보면 더 오리무중이 되기도 했다. 그런데 이것을 책상(데스크톱) 위의 서류(파일), 그리고 서랍(디렉토리) 안의 노란 서류 폴더(폴더), 그 안의 서류(파일)로 이미지화하면 직관적으로 이해하기가 수월했다.

인터넷 보급 초기도 마찬가지였다. 인터넷이 뭔지 개념 설명만 읽어서는 이 새롭게 등장한 낯선 것을 이해하기 쉽지 않았다. 인터넷, 월드와이드웹, 프록시 서버, DNS 서버, 도메인 네임, IP 주소 등의 어휘가 섞여 들어가면 더욱 혼란스러웠다. 이것을 세계지도 위에 연결된 네트워크 이미지들로 표현하면 텍스트도 쉬워지고 직관적으로 이해됐다.

경제 텍스트도 마찬가지다. 환율 변동은 초보자가 이해하기 어려운데, 환율과 경기, 주가 등의 변동을 회사의 조직도처럼 도식화하면 이해하기 쉽다. 역사 텍스트도 마인드 맵과 연대표를 그리면 이해와 기억이 쉬워진다. 심지어 철학 텍스트도 그런 경우가 꽤 있다.

우리는 글을 읽을 때, 자기도 모르게 어느 정도 이미지화를 한다.

예로 소설의 어떤 부분을 읽으면 "머리에 장면이 그림처럼 떠오른다"고 한다. 아이에게 글자를 너무 이른 나이에 교육하면 안 좋다는 이유 중 하나이다. 한창 귀로 이야기를 들으며, 그림책의 그림을 보며 이해력과 이미지화 능력을 키울 기회를 줄이는 것이기 때문이다.

소설이나 시가 아니라도, 우리는 글을 읽으면서 머리로 글의 구조를 자신도 모르는 사이에 도식화하는 경우가 있다. 특히 배경지식이 없는 분야의 설명글이나 주장글을 읽을 때는 도식화가 꽤 이해를 돕는다.

글을 쓸 때도 마찬가지다. 문해력이 글을 읽고 이해하며 독해하고 그것을 바탕으로 표현하는 능력이라면, 이미지화, 도식화는 문해력을 돕는 굉장히 좋은 장치이다. 여기까지 하고, 이제 거실에서 중고 잡지로 노는 경험을 얘기해 보겠다.

유아 때는 그야말로 가지고 노는 용도

'중고'라는 말을 왜 자꾸 강조하냐면, 워낙 싸게 많이 샀기에 마구 가지고 놀기에 부담이 전혀 없었기 때문이다.

처음 3세 즈음엔 책장을 휙휙 넘기는 놀이를 했다. 책과 가까워지는 행동이다. 또 책장을 휙휙 넘기다가 맘에 드는 그림을 발견하면 아이들과 가위로 오렸다. 소근육 운동이 된다. 아이가 맘에 드는 그림을 발견하면 얘기도 했다. 대화를 하는 거고, 부모가 어휘를 뭐라도 더 쓰게 된다.

좀 자란 뒤에는 엄마가 한숨 돌리는 용도로도 꽤 사용했다. 놀아주기 힘들 때는 중고 잡지를 아무거나 한 권씩 꺼내주고 "꽃 그림을 찾아 봐"라고 하면, 애들이 책장을 넘기면서 꽃 그림이나 사진을 찾기 시작한 다. 엄마가 잠시라도 한숨 돌리는 시간이 됐다. 아이들은 책장을 막 넘 겨 그림을 찾아내면 엄청 좋아했다.

인간은 이항대립적으로 사고한다: 어휘력 쉽게 늘리는 법

문해력은 결국 사고력과 연결되어 있다. 인간은 남자/여자, 하늘/땅, 선/악, 영웅/악당, 현실세계/이데아 식으로 이항대립적으로 사고한다. 이쯤 되면 거실에서 아이의 어휘력을 쉽게 늘리는 방법을 쉽게 눈치챘 을 것이다. 바로 반의어 놀이다. 인간은 원래 이항대립적으로 사고하기 에, 아이들은 반의어 개념을 비교적 수월하게 이해할 수 있다.

아이가 글을 읽게 되면서 어휘가 폭발적으로 늘어나기 시작하는 초 등 저학년 때 하면 좋은 놀이다. 가족끼리 말놀이처럼 반의어 놀이를 해 도 좋다. 유아 때는 어린이 잡지 같은 것으로 재미삼아 해도 된다. 잡지 를 넘기다가 남자 그림이 나오면 "여자 그림을 찾아보자"라고 한다. 유 의어보다 반의어가 직관적으로 이해하기 쉽기 때문에, 유아나 초등 저 학년은 반의어 놀이가 더 어울린다.

분류, 범주화, 도식화

분류와 범주화, 도식화도 어렵지 않다.

첫째, 처음에는 어린이 잡지에서 "사과 그림 찾아봐" 이렇게 말하곤 했는데, 애들이 좀 자라자 "과일 그림을 찾아봐"라고 했다.

둘째, 애들이 중고 어린이 잡지를 여러 권 들쳐보면서 토마토, 사과, 딸기, 포도 같은 그림이나 사진들을 찾아 가위로 오렸다.

셋째, 우리는 커다란 종이의 중간 정도에 토마토, 사과 등 과일 그림들을 옆으로 죽 붙였다.

넷째, 부모가 종이의 윗부분에 '과일'이라고 큼지막하게 써준다.

다섯째, 아이가 '과일' 제목 글자에 네모를 진하게 친 다음 선을 아래로 내려 긋고, 아래에 있는 토마토, 사과 같은 어휘에 각각 네모를 친 다음, 이것들을 옆으로 선을 그어 연결한다.

이제 도식이 완성되었고, 분류를 했고, 그것들을 '과일'이라는 상위 개념으로 범주화를 한 것이다. 아이가 꽤 자랐다면 분류 항목의 난이도를 높일 수 있고 추상어를 사용할 수도 있을 것이다. 이를테면 인간의 감정 종류, 과학의 분야, 세계의 기후 문제 같은 것으로 말이다. 하지만 기본은 쉽게 시작하는 것이 좋다.

사실 이 정도 분류, 범주화는 유아용 학습지에 보면 동물, 과일, 탈 것 등 예쁜 그림들로 엄청 많이 나온다. 하지만 아이들은 몸으로 직접 해보는 것이 중요하다. 문제 열 개 푸는 것보다 직접 한 번 해보는 것이 어린 아이들에게는 더 재미있고 기억에 더 잘 남는다. 놀이로 해본 것은 아이들에게 체화되는 표현적 지식, 살아 있는 지식이 된다.

참고로, 영미권에서는 이렇게 글이나 어떤 현상이나 사고의 구조를 그림으로 표현한 것을 그래픽 오거나이저(Graphic organizer)라고 하는데, 우리말로는 그림 도(圖), 형상(양식) 식(式) 자를 써서 '도식'이라고 하는 것이 좋은 것 같다. 도식은 글의 구조와 관계, 변화 따위를 나타낸 그림이다. 글의 구조나 흐름을 이해하도록 돕고, 글을 쓸 때도 미리 그려보면 도움이 된다.

글 읽기와 관련된 도식에는 위에서 소개한 분류/범주화 외에도, 이야기의 순서(발단-전개-클라이맥스-결말), 원인/결과, 비교/대조, 문제/해결, 5W 차트(who, what, when, where, why), KWL 차트(내가 기존에 알고 있던 것, 읽기 전에 내가 알기를 원한 것, 읽고 배운 것) 등 다양하다.

구글에서 검색하면 이런 양식은 널려 있는데, 우리에게 중요한 것은 종이로 아이들이 빈 칸을 채우게 하는 것이 아니다. 부모가 '아, 맞다. 비교도 인간의 주요한 사고 패턴이지' 하고 아이와 같이 놀 수 있는 것이 없을지 생각해 보는 것이다.

하지만 여기에 너무 얽매일 필요는 없다. 어차피 교과서에 이런 사고력 연습은 다 녹아 있고, 학교의 교육과정에서 다 배운다. 수업에서 선생님의 강의에 집중하고, 교과서를 소리내어 읽으며 복습하면 체화된다. 그러니 편하게 생각하면 된다. 우리집의 경우 어릴 때 분류와 범주화 정도를 가지고 과일, 동물, 탈것, 하늘을 나는 것 등 쉬운 것으로 놀았다.

비가 오고 딱히 할 것도 없는 날에 거실에서 해볼 만한 놀이다. 분류 및 범주화의 소재 수준을 높이면 초등 때까지 할 수 있다. 이 놀이를 하는 동안 부모는 자기도 모르게 다양한 어휘들을 구사하게 된다. 어릴 때 아이의 어휘력은 그림책 읽어주기와 부모와의 대화가 결정적 역할을 한다. 이 놀이의 의의는 아이와 좀 다르게 놀아본다는 것이고, 이 과정에서 부모가 다양한 어휘를 사용하게 된다는 데 있다.

정교한 독해습관을 키우는 문제 낭독법

지문과 문제, 다른 독해법이 필요하다

"모르겠거든 두 번 소리내어 읽어봐. 그래도 모르겠거든 물어봐."

초등 2학년 수학 문장제 문제에 대한 불친절한 엄마의 요구는 좀더 확장됐다. 멍석 깔면 눕고 싶은 법이다.

애들이 유아 때, 수능시험 다음날이었나 보다. 신문에 실린 수능 언어영역 문제 전문을 우연히 보고 놀라서 입이 쩍 벌어졌다. 무엇보다 지문과 문제의 길이에 기가 확 질렸다. 꼬꼬마인 우리 애들이 나중에 이런 것을 봐야 한다는 말인가?

애들을 키우며 그때의 느낌을 떠올리곤 했다. 엄마처럼 기가 질리지 않게 하려면 어떻게 해야 할까?

지문과 문제는 독해법이 다르다. 지문은 빠르게 읽으면서 각 문단의 핵심과 글의 구조를 탁탁 짚어내는 능력이 필요하고, 문제는 정교한 독해법이 필요하다.

연필 들고 낭독하며 세 가지 표기법

초등 2학년 수학 문장제 문제를 풀었던 날, 문제를 낭독할 경우 중요한 것에는 밑줄을 치고, 핵심 질문에는 동그라미, 핵심 질문의 단위에는 세모를 치게 했다. 이를테면 아이가 두 번 소리내어 읽으며 연필로 다음과 같이 표시하는 것이다.

> 동물원에 토끼가 7마리 있습니다. 오늘 몇 마리의 토끼가 더 태어나 동물원에 있는 토끼는 모두 10마리가 되었습니다. 오늘 태어난 토끼의 수는 모두 몇 마리입니까?

이렇게 할 경우 아이가 문제를 스스로 해결할 확률이 더욱 높아졌다. 또한 부모 입장에서는 밑줄이나 동그라미나 세모를 친 곳을 보면, 아이가 문제의 핵심을 제대로 파악했는지, 헛다리를 짚고 있는지를 금방 알 수 있기에 설명하기 편한 면도 있었다.

무엇보다 "아는 문제인데, 문제를 잘못 읽어서 실수로 틀렸어", "수학 문제를 다 잘 풀었는데 단위를 잘못 써서 틀렸어"라는 말도 줄어든다.

수능 국어 문제 독해법과 왜 다른가?

앞에서 지문은 빠르게 읽으면서 각 문단의 핵심과 글의 구조를 탁탁 짚어내는 능력이 필요하고, 문제는 정교한 독해법이 필요하다고 했다. 이 것은 텍스트의 나열 순서대로 읽는 독해법이다. 지문이 나오고, 그에 따른 문제가 몇 개 나오는 순서대로 읽는 것이다.

하지만 수능 국어의 독해법은 다르다. 먼저 문제들부터 후루룩 빨리 훑어보고 그다음에 지문을 봐야 한다. 문제에서 무엇을 묻고 있는지를 알고 지문을 읽고 다시 문제를 보는 것, 즉 '문제 훑기-지문 읽기-문제 정독' 식으로 가는 것이 더 효율적이다.

그런데 왜 아이들에게 지문부터 읽으라고 했을까?

수능 국어 독해법은 일종의 목적성 독해이다. 문제의 답을 맞추기 위한 것이다. 이런 목적성 독해는 일상에서도 우리가 더러 하는 것이다. 만약 최근 한국의 독서 양상, 그중에서도 연령대와 관련된 정보를 알고 싶다면, 2022년 국민 독서실태 조사 보고서를 찾아서 다운로드 받은 다음, 거의 400페이지가 넘기에 일단 연령대에 따른 독서실태 부분만 찾아 살펴보고, 혹시 참고할 만한 다른 조사 항목은 없는지 페이지를 휙휙 넘기며 눈길을 잡는 곳만 읽으면 된다.

고등학교 수능 국어는 이처럼 문제를 더 잘 맞추기 위한 목적성 독해를 해야 한다. 하지만 초등학생, 중학생이라면 당장 문제를 더 맞추는 것보다 독해력 자체가 성장하는 것이 중요하다. 비록 국어시험 점수가 덜 나오더라도, 독해력 자체를 튼튼히 다져야 나중에 성적이 더 오를 수 있다. 그래서 지문을 먼저 읽고 문제를 읽으라고 한 것이다.

요약력을 키우는
세 번 낭독법

시험철이 되면 부모가 요약 노트를 만들어 가르치는 경우가 있다. 초등 고학년도 그런 경우가 있지만, 중학생도 그런 경우가 있다. 하지만 요약 연습을 조금 시키면 나중에 애들이 알아서 하게 된다.

요약은 쉬운 것이 아니다

요약은 그리 쉬운 것이 아니다. 사실 아이들에게는 매우 고난도의 작업이다. 글을 단순히 읽어 이해하는 것에 그치는 것이 아니라 각 문단의 핵심과 글의 구조를 파악해야 하기 때문이다. 그러므로 초기에는 최소한 세 번은 소리내어 읽어야 한다.

요약을 위한 낭독은 아주 어릴 때보다는 초등 4학년 정도부터 시작하는 것이 적당하다. 저학년 때 하지 않았다면 초등 5~6학년, 중학 때라도 한 번은 짚고 넘어가는 것이 좋다.

우리집은 초등 4학년 방학 때 짧고 쉬운 글 몇 편으로 연습했다. 기초 요령 정도만 익숙해지면 된다. 나중에 아이가 필요하다 싶으면 알아서 할 것이다. 사실 이것은 우리집의 경우 아이들을 돌볼 틈이 거의 없었기 때문이고, 학년이 올라가면 쉬운 논설문, 설명문으로도 해보면 좋다.

텍스트는 국어, 사회, 과학, 도덕 등 교과서의 것을 이용하는 것도 매우 좋은 방법이다. 일거리를 늘리지 않는 게 애도 부모도 편하다.

낭독할수록 좋은 명문

다음은 김구 선생님의 「나의 소원」이라는 글의 일부이다. 이 글은 낭독하면 울림이 좋은 글이다. 낭독할수록 의미가 깊게 다가오는 글이다. 낭독할수록 좋은 글이 명문이다.

나의 소원

김구

(중략)

나는 우리나라가 세계에서 가장 아름다운 나라가 되기를 원한다. 가장 부강한 나라가 되기를 원하는 것은 아니다. 내가 남의 침략에 가슴이 아팠으니 내 나라가 남을 침략하는 것을 원치 아니한다. 우리의 부력(富力)은 우리의 생활을 풍족히 할 만하고 우리의 강력(强力)은 남의 침략을 막을 만하면 족하다.

오직 한없이 가지고 싶은 것은 높은 문화의 힘이다. 문화의 힘은 우리 자신을 행복하게 하고 나아가서 남에게 행복을 주겠기 때문이다.

(중략)

아이들이 낭독할 텍스트를 고르는 것은 꽤 고민이 필요하다. 눈높이를 고려하면서도, 아이의 독해력 수준보다 조금 높은 지점을 찾아야 하기

때문이다.

연구에 의하면 뇌는 현재 자신이 알고 있는 것보다 좀더 어려운 것을 좋아한다. 지금의 수준에서 쉬운 것은 심드렁해 한다. 이 글은 어려운 어휘도 등장하는데, 글 자체가 워낙 좋아 그런지 읽을수록 느끼는 바가 있다. 전편을 다 싣지 않아 전체의 진면목을 보는 데는 아쉬움이 있겠지만, 대략 방법을 참고하는 데 도움이 될 것이다.

요약정리 6단계

낭독을 통해 요약정리를 하는 방법은 다음과 같다. 세 번 소리내어 읽으면서 한다는 것을 잊지 말고 시작해보자.

첫째, 제목을 소리내어 읽으면서 밑줄을 세 번 긋는다.

제목을 제대로 읽으면, 우리의 뇌가 그 텍스트를 읽을 '준비'를 한다. 그 주제와 관련된 사전지식을 활성화하고, 어떤 글이 전개될지 예측한다. 이것은 독해에 매우 도움이 된다.

아이들이 혼자 소리내어 읽는 것을 들어보면 의외로 제목의 중요성을 간과하고 그냥 막 읽어버린다. 제목과 소제목만 제대로 읽어도 글을 파악하는 데 도움이 되는데도 말이다. 그래서 제목을 소리내어 읽으며 밑줄을 세 번 긋게 했다. 제목에서 잠깐이라도 멈추고 '그 텍스트에 대한 읽기를 준비하라'는 것이다.

둘째, 저자의 이름은 밑줄을 한 번 긋는다.

독해란 글쓴이가 어떤 생각을 하고 있는지를 파악하고 평가하며 그에 대한 나의 의견을 갖는 것이다. 그러므로 어떤 사람이 썼는지도 중요하다. 독서가 계속되면 그 저자의 다른 글들도 읽게 되고, 차츰 그 저자만의 생각과 스타일도 파악하게 된다. 독서란 그렇게 내 마음에 작가들의 방을 하나씩 늘려가는 것이기도 하다.

셋째, 문단 나누기에는 슬래시(/)를 두 번 긋는다.

문단은 요약을 하는 데 기초적이고 중요한 신호이다. 좋은 글은 문장이 좋을 뿐만 아니라 글의 구조도 뛰어난 글이고, 글의 구조는 문단들의 배치를 통해서 표현된다. 그런데 아이들은 의외로 문단의 개념을 쉽게 익히지 못하는 편이다.

나는 예전에 우리집 아이들이 어릴 때 엄마와 함께하는 그림일기 쓰기 놀이 등을 했기에 글쓰기의 기초가 좀 되어 있다고 생각했었다. 실제로 초등 때 일기나 숙제를 위해 쓴 글을 보면, 전체적으로 문장 등을 손볼 곳은 별로 없었다. 틀린 글자를 잡아주는 정도였다.

하지만 문단 나누기는 유독 잘 안 됐다. 문단을 거의 나누지 않고 죽 연결해 쓰거나, 문단을 나누더라도 적절하지가 않았다. 그래서 문단의 중요성을 설명한 다음에, 요약 낭독 연습을 할 때 소리내어 읽으면서 한 문단의 끝에는 연필로 슬래시를 두 번 긋게 했다. '잠시 멈추어 숨을 돌리라'는 것이다.

넷째, 각 문단에서 요점은 밑줄을 긋고, 번호를 붙인다.

이를테면 앞의 글에서 앞 문단의 요점은 '우리나라가 세계에서 가장 아름다운 나라가 되기를 원한다'는 것인데, 연필로 밑줄을 그은 다음에 번호를 단다. 뒷 문단의 요점은 '오직 한없이 가지고 싶은 것은 높은 문화의 힘이다'이다. 이것이 앞 문단의 요점보다 훨씬 더 중요한 요점이다. 매우 중요한 요점이므로 밑줄을 두 개 긋고, 그 뒤에 따라 나오는 글쓴이가 높은 문화의 힘을 가지고 싶은 이유에 〈 〉로 표시한다.

나의 소원

김구

(중략)

① 나는 우리나라가 세계에서 가장 아름다운 나라가 되기를 원한다. 가장 부강한 나라가 되기를 원하는 것은 아니다. 내가 남의 침략에 가슴이 아팠으니 내 나라가 남을 침략하는 것을 원치 아니한다. 우리의 부력(富力)은 우리의 생활을 풍족히 할 만하고 우리의 강력(强力)은 남의 침략을 막을 만하면 족하다. //

② 오직 한없이 가지고 싶은 것은 높은 문화의 힘이다. 〈문화의 힘은 우리 자신을 행복하게 하고 나아가서 남에게 행복을 주겠기 때문이다.〉

(중략)

다섯째, 결론에는 연이은 번호를 달게 하고, 밑줄을 두 번 긋는다.

여섯째, 이제 번호를 달며 밑줄을 그은 요점과 결론을 따로 메모에 정리하면 요점정리가 완성된 것이다.

목수의 그림

사실 아이들에게 초등 4학년 즈음 요약력을 가르치기 위해 소리내어 읽은 수필은 신영복 선생님의 「목수의 그림」이었다.

이 글은 언제 봐도 간명하고 비교적 쉬우면서도 낭독할수록 의미가 깊게 다가오는 글이다. 특히 기초부터 쌓는 것의 중요성을 다시 느끼게 한다. 우리집은 평소 뭐든 기초가 중요하다고 역설했기에 이 글을 골라 아이들과 같이 낭독했다. "지붕부터 그리는 우리들의 순서와는 거꾸로였습니다. // 먼저 주춧돌을 그린 다음 기둥·도리·들보·서까래·지붕의 순서로 그렸습니다. 그가 집을 그리는 순서는 집을 짓는 순서였습니다."

명문을 가지고 애들에게 요약하는 법을 가르치겠다고 든 것이 좀 그렇긴 하지만, 우리는 이 글을 소리내어 읽고 난 뒤 보림에서 출간한 『집 짓기』 그림책을 꺼내 참고하며 한옥을 같이 그렸다. 글에 나온 것처럼 주춧돌부터 그리고 기둥·도리·들보·서까래·지붕 순서로 그려보았다.

주의할 점

아이들이 실제로 핵심 문장에 밑줄을 제대로 그었는지에 대해서는 뭐라지 않았다. 그냥 다음날 다시 낭독하면서 밑줄을 다시 긋게 했다. 아이들은 스스로 길을 찾을 수 있다고 생각했기에 다음 번까지 기다린 셈이다. 그때도 틀리면 핵심 문장을 짚어주고, 왜 그것이 핵심 문장인지에 대해 서로 얘기했다.

낭독과 요약정리는 몇 번 해보면 아이들이 요령에 조금씩 익숙해진다. 금방 되는 것이 아니다. 또한 글의 난이도에 따라서도 성취도가 달라진다. 아울러 교과서에도 요약력을 기르는 과정이 나선 식으로 계속 나오고, 학교에서 배운다. 시험을 칠 때는 국어 문제집에서도 가르친다. 그러므로 조급하게 생각할 필요가 없다. 기초 요령을 일러주고 익숙해지면, 나머지는 아이들이 성장하면서 차차 메워간다.

모든 과목으로 확장

정리하면, 아이들이 초등 때 엄마의 공부법 코칭은 간단했다. '묻기 전에 두 번 낭독하며 가만히 생각해보라', '문제에 약속된 표기를 하라', '요약정리가 필요하면 세 번 읽고 밑줄을 그어라', '밑줄을 그은 것을 모아 요약정리 노트에 써라', '강의식으로 공부하라.' 아이들은 자라면서 이러한 방법을 국어, 사회, 과학 등 거의 모든 과목에서 필요할 때 활용했고, 나중에는 낭독하지 않고 그냥 묵독하며 요약정리를 하기도 했다.

독해력에서 기본은 글의 흐름을 파악하고 핵심을 짚어내는 능력이다. 요약 연습을 해놓으면 나중에 시험공부를 하면서 요약정리가 필요할 때 알아서 하게 된다. 아울러 과학탐구 보고서 등 수행평가를 할 때도 핵심을 잘 정리해 쓸 수 있게 된다.

한자 어휘력 확장을 위한
세 가지 팁

국립국어연구원의 2002년 조사에 따르면, 우리말에서 한자어 사용 비율은 약 35%나 된다(토박이 말은 54%, 외래어는 2%이다). 그런데 우리의 일상 대화는 고작 2,000개 정도의 어휘로 이루어지다 보니 한자어 어휘력을 키우기가 쉽지 않다.

엄마의 한자 공부 반성문

우리집의 경우 한자 공부를 따로 시키지 않았다. 이것은 순전히 엄마의 주관 때문인데, 나는 아이들이 해야 할 공부의 가짓수를 늘리고 싶지 않았고, 아이들을 이른 나이에 학습지 형태에 넣어 반복 학습을 시키고 싶지 않았다. 물론 한자 공부를 하면 한국어 어휘를 늘리는 데 도움이 된다. 하지만 아이들이 책을 많이 읽다보면 한자어 어휘도 자연스럽게 늘어날 것이라고 생각했다. 대신 아이들과의 대화에서 한자어 어휘를 풀어 설명해주려고 노력한 편이다. 결과적으로 보면, 아이들은 학교 교육에서 중학교의 한문 수업, 제2외국어인 중국어 수업 등을 통해 한자어 어휘와 한자에 어느 정도 노출됐고 좀 알게 됐다.

지금으로서 보면, 대학생인 아이들의 어휘력에 아쉬운 점이 있긴 하다. 하지만 이런 현상의 가장 주된 이유는 책 읽기의 부족함 때문이다. 실제로 우리집에서 책을 더 많이 읽은 이과형 아이는 모르는 한자어 어휘를 만났을 때 뜻을 유추해내는 능력이 확실히 더 높다.

만약 다시 아이들이 어릴 때로 돌아간다면 어떤 선택을 할까? 이 부분을 꽤 고민해 봤는데, 여전히 한자 공부를 본격적으로 시키지는 않았을 것 같다. 이것도 공부하면 좋고, 저것도 공부하면 좋고 식으로 생각하다 보면, 애들이 해야 할 것이 자꾸 늘어날 것이기 때문이고, 종이 형태의 반복 학습에 일찍 노출시키지 않겠다는 생각은 지금도 변함이 없기 때문이다.

하지만 시간이 된다면 아이들에게 한자를 공부시키는 것도 독해력을 위한 좋은 선택이다. 다만, 너무 어릴 때보다는 초등 4~5학년이 적당하다. 읽기 발달이 꽤 진행된 상태라야 한자 공부를 통한 어휘 확장이 더 쉽기 때문이다.

한자어 풀기

낭독은 피드백의 힘이 있는 학습법이다. 아이가 소리내어 읽다가 가끔 어휘를 묻곤 했다. 묵독을 하다가도 물을 때도 있었다.

"엄마, 목기가 뭐야?" 그러면 이런 식으로 알려주었다.

"목기는 나무 그릇이라는 뜻이야. 나무 목, 그릇 기."

부담을 가질 필요는 없고, 한자가 생각나면 뜻을 풀어 설명해주는 정도면 된다. 나는 한자를 잘 모르기에 어쩌다가 이렇게 알려주는 정도였다.

같은 한자의 어휘 확장

아이가 어휘를 물었을 때, 같은 한자를 쓰는 다른 어휘들을 덧붙여주는 것도 방법이다.

"목기의 목은 나무 목이야."

"목발, 목마, 목수, 모두 나무 목이지."

실제 그 한자 모양을 모르더라도(쓸 줄 몰라도), 이렇게 같은 한자가 들어가는 한자어 어휘를 귀에 자꾸 노출시켜 주는 것이 도움이 된다. 어릴 적에는 별로 귀담아듣지 않아도, 나중에 아이가 같은 한자가 들어가는 어휘를 떠올리거나, 새로운 한자어 어휘를 만났을 때 뜻을 유추해내는 빈도가 높아진다.

한시, 판소리 쉬운 텍스트

어릴 때 쉬운 한시, 판소리 등을 낭독해 주는 것도 방법이다. 어릴 때 수십 번 낭독해 준 책 중 하나가 그림책 『박타령』이다. 텍스트 양이 많아서 한 번 읽는 데 거의 25분이 넘게 걸렸다. 한자어 어휘가 많이 등장하고 판소리 맛을 최대한 살렸기에 낭독하는 맛이 좋았다.

우리가 대화를 할 때, 강의를 들을 때, 책을 읽을 때, 어휘 하나하나, 글자 하나하나를 또박또박 인식하는 것이 아니다. 인간의 뇌는 그렇게 생겨 먹지 않았다. 의미 덩어리로 듣거나 읽고 인식한다. 설혹 모르는 어휘가 있어도 대체로 문맥 속에서 감을 잡아 이해할 수 있다.

어휘력을 늘리는
여섯 가지 대화 팁

아이가 어휘의 뜻을 물었을 때 조금 길게 설명할 수 있는 상황이면, 부모가 대화를 좀더 확장하는 것도 좋다. 주로 반의어이나 유의어(비슷한 말), 포괄어/종속어로 말이다.

반의어/유의어, 포괄어/종속어 확장의 효과

반의어는 뜻이 서로 정반대 관계에 있는 말이다. 위/아래, 생물/무생물 등이 예이다. 아예 반의어가 없는 어휘가 훨씬 더 많긴 하다. 그릇, 개나리, 운전기사, 가슴 같은 말은 반의어가 없다.

유의어는 뜻이 비슷한 말이다. 이를테면 얼굴/낯, 결심/각오, 기아/기근, 수단/방법 같은 것이다.

포괄어는 어휘 무리를 대표하는 어휘이고, 종속어는 그 무리 안에 속하는 어휘이다. 예를 들면 가족은 포괄어이고, 아버지, 어머니, 오빠, 형, 동생 등은 종속어이다.

아이가 어휘의 뜻을 물었을 때, 가끔 이처럼 관련된 어휘를 함께 알려주는 것은 다음과 같은 효과가 있다.

첫째, 아이가 궁금해했던 어휘의 의미를 좀더 명확하게 이해할 수 있다. 이를테면 '각오'라는 어휘의 뜻을 물었을 때 비슷한 말이 '결심'이라고 하면, 아이가 금방 무슨 뜻인지 알아챌 수 있다.

둘째, 어휘력을 좀더 풍부하게 확장할 수 있다. 이를테면 '생물'이 무슨 뜻인지 물어보았을 때 무생물이라는 어휘도 함께 알려준다.

셋째, 반의어, 유의어, 포괄어/종속어 관계에는 인간의 사고법이 녹아 있다.

인간은 낯선 무엇인가를 만나면, 그것을 이해하기 위해 뚜렷하게 '구별'되는 요소가 무엇인지, 또는 그것과 '유사'한 것이 무엇인지, 그리고 그것을 어떻게 '위치' 지을 수 있는지를 고민한다. 부모가 아이와 나누는 대화 속에서 사용하는 어휘를 좀더 확장해 주는 것만으로도 이런 사고력을 키우는 데 도움이 된다.

대화 속 사자성어, 속담

아이와 대화중에 속담 등도 살짝 넣어주면 좀더 다채로워진다. 아이가 속담의 뜻을 모르더라도, 대화의 흐름 속에서 얼추 의미와 쓰임새를 느끼게 된다. 아이들이 옆에 있을 때 부부끼리의 대화에서도 사용하면 노출을 늘릴 수 있다. 너무 의식해서 말하기보다는, 부모가 사자성어나 속담을 조금이라도 사용하려고 시도해 보는 정도면 된다.

조심조심 예문 활용법

아이가 모르는 어휘의 뜻을 물었을 때, 뜻을 설명해주고 예문을 들어주는 것도 좋은 방법이다. 물론 급하게 물을 때는 얼른 뜻만 말해주지만, 좀 느긋한 분위기일 때는 대화를 좀더 길게 이어갈 수도 있다.

"엄마, 낭독이 뭐야?"

"낭독은 소리내어 읽는다는 뜻이야. 소리 맑을 낭, 읽을 독 자를 써" (한자어 노출)

"낭독의 반의어는 묵독이야. 말 없을 묵, 읽을 독, 소리내지 않고 마음속으로 읽는 거지." (반의어 노출)

"너도 그림책을 낭독할 때도 있고, 묵독할 때도 있잖아." (예문 노출)

단 5%만 욕심내자

그런데 위에서 말한 것을 모두 적용하려고 들면 아이가 싫어할 수 있다. 그러니 욕심을 부리지 말자. 그냥 아이가 물은 어휘의 뜻만 얼른 알려주어도 된다. 하지만 때로는 상황에 따라 한두 개 정도 더 활용할 수 있다. 이를테면 반의어 하나만, 예문만, 유의어 하나만 덧붙여주는 식이다.

부모가 아이와의 대화에서 어휘를 단 5% 정도만 더 풍부하게 사용해주어도, 그것이 쌓이면 미래 아이의 어휘력이 크게 달라질 수 있다. 그러므로 부모가 어휘를 단 5%만 더 다양하게 쓰도록 노력해보자.

종이 사전 찾기의 효과, 정보의 구조와 위치감

앞에서 '낭독'이라는 어휘를 사용한 한자어 노출의 예를 들었지만, 나의 한자 실력으로는 '낭(朗)' 자의 뜻이 읽는 것과 연관되어 있나 보다 유추하는 정도지, '소리 맑을 낭' 자인 것은 몰랐다. 시간 여유가 있는 날이라 애들과 함께 종이 사전을 찾아본 것이다.

부모가 학창 시절에 쓰던 국어사전이 있는 집이 많을 것이다. 아이가 초등학생인데 집에 국어사전이 없다면, 중고서점에서라도 하나 구하면 좋다. 아이들용 사전으로 『보리 국어사전』도 괜찮다.

우리집의 경우 국어사전들, 백과사전류, 1990년대에 나온 30권 정도 되는 개정판 『두산세계대백과사전』도 있었다. 애들이 유아 때, 지인이 버린다고 하길래 책의 크기가 커서 집의 공간을 많이 차지하겠지만 일단 얻어왔다.

아이들이 어휘를 물었을 때 시간이 있으면 같이 종이 사전을 찾아보기도 했다. 또한 초등 때 수행평가를 위해 자료를 찾을 거라고 하면, 먼저 국어사전이나 『두산세계대백과사전』부터 찾아 읽어보고, 그다음에 인터넷에서 정보를 검색하라고 했다. 구글에서 검색하면 금방 찾을 수 있는데, 사실 『두산세계대백과사전』에서는 찾기도 힘들 뿐더러 성인용이라 읽기도 어려울 것이기에 기대는 안 했다.

그런데도 왜 군이 종이 사전이나 종이 백과사전부터 권했을까?

인간은 어휘를 기억할 때 박제화된 글자로 기억하는 것이 아니다. 인간의 기억의 오감은 분리되어 있지 않고, 뇌의 이곳저곳은 연결되어 있다.

만약 아이가 A라는 책을 읽다가 '기함'이라는 생소한 어휘를 봤는데, 문장의 맥락에 따라 '몹시 놀라서 소리를 지르며 넋을 잃었나 보다' 정도로 뜻을 유추해 이해하고 기억했다고 하자. 나중에 아이가 다른 텍스트에서 '기함'이라는 단어를 만나면 뇌의 기억상자에서 이 단어를 찾으려고 할 것이다. 이때 뇌는 이 단어가 어디에서 나왔었는지 위치를 추적하는 경향이 있다.

그런데 종이책이 컴퓨터나 스마트폰 화면보다 이런 위치감을 더 뚜렷하게 준다. 책은 손에 들고 펼치면 시작 부분인지 중간 부분인지 금방 알 수 있다. 책장을 휘리릭 넘기면서 차례의 구성도 더 잘 느낄 수 있고, 텍스트의 흐름도 더 뚜렷하게 보인다. 아울러 종이의 질감이나 책의 크기 등도 우리의 기억에 덧붙여진다. 장기기억으로 가려면 사전지식을 활성화하면 좋다고 했는데, 이러한 감각기억도 어휘를 더 잘 기억할 수 있도록 도와준다.

아울러 국어사전에서 단어를 찾는 법은 ㄱ, ㄴ, ㄷ 순으로 비교적 간단하지만, 이는 정보 찾기의 기초이며, 아이가 정보가 나열되는 다양한 방식 중 하나의 예를 체험하는 기회이기도 하다. 이런 정보구조의 체험도 컴퓨터나 스마트폰 화면보다 종이책이 더 선명하게 인식된다.

문해력 연구자료를 보면, 우리 청소년들의 정보 찾기 능력이 다른 문해력 선진국에 비해 약한 것을 볼 수 있다. 이는 궁극적으로 책을 많이 안 읽기 때문이긴 하다. 하지만 부모와 함께 어휘를 종이 사전에서 찾는 활동도 디지털 시대에 꼭 필요한 정보 찾기 능력을 키우는 기초가 된다.

챗GTP로 인한 신종 직업과 멋진 질문 이야기

우리나라 청소년들은 컴퓨터와 인터넷 사용 시간이 김에도 불구하고,

문해력 선진국에 비해 의외로 정보 찾기에 약하다.

이즈음 대화형 인공지능 서비스인 챗GPT가 화제인데, 챗GPT에게 뭔가를 물으면 제법 대답을 잘해준다. 예를 들어 '대화형 인공지능 서비스가 무엇인가?'라고 물으면 일목요연하게 대답을 내놓는다.

그런데 조금만 깊이 들어가면, 이제 '인간의 질문'이 문제가 된다. 더 좋은 정보, 내가 원하는 답을 제대로 찾으려면 '질문을 잘해야' 한다. 그런데 내가 알고 싶은 정보와 관련된 배경지식이나 문제의식이 없으면 '좋은 질문'을 제대로 할 수 없다. 또한 질문을 대화형 인공지능의 특성에 맞게 해야 더 좋은 답을 얻을 수 있다.

이에 따라 해외에서는 고객의 요구를 듣고 인공지능에게 할 수 있는 '좋은 질문'을 뽑아주는 신종 직업이 등장했는데, 우리 돈으로 연봉이 3억~5억 원에 달하기도 한다고 한다.

어떤 사람들은 누군가가 하는 질문의 수준을 보면, 그 분야에 대한 그 사람의 지식 수준을 가늠할 수 있다고도 한다. 그러고 보니 고대 자연철학자 탈레스가 '최초의 철학자'라는 타이틀을 얻게 되고, 2,500여 년이 지난 지금까지도 기억되는 것은 인류에게 '멋진 질문'을 최초로 던졌기 때문이다. 신화로 모든 것을 해석하던 시대에 '세상의 만물은 무엇으로 구성되는가?'라는 멋진 질문을 던진 것이다.

그렇다면 우리 아이들이 어떻게 '좋은 질문'을 던지는 사람으로 성장할 수 있을까? 다음 장에서 그 답을 찾아보자.

6장

아이와 함께
행복한
다독으로
가는 길

묵독의 힘

흥미롭게도, 오래전에 책 읽기는 소리내어 읽기였다고 한다. 5세기부터 묵독이 등장했다고 한다. 묵독은 소리내지 않고 머릿속으로 글을 읽는 것을 말한다. 우리는 거의 대부분 묵독으로 책을 읽는다.

아이들은 소리내어 읽기를 어느 정도 하고 나면 자연스럽게 묵독으로 넘어가게 된다. 또한 소리내어 읽기는 독서에서 반드시 버려야 하는 것이기도 하다. 독해력의 진정한 성장은 묵독에 달려 있다.

아이가 묵독으로 빨리 넘어간다면, 굳이 소리내어 읽기에 붙들고 있을 이유가 없다. 소리내어 읽기에서 묵독으로 넘어갈 때, 소리는 내지 않고 입술만 중얼중얼 움직이다가 이런 현상이 점점 줄어들면서 사라지기도 한다. 실제로 우리집 한 아이가 이런 현상을 꽤 보였다. 묵독으로 얼른 가되, 간혹 동시나 교과서 등의 낭독을 병행하는 정도면 된다.

묵독을 하면 어휘력 성장이 빨라지는 이유

영미권 기준으로 보면, 초등 2학년 즈음이 되면 아이들이 아는 어휘의 수가 빠르게 늘어난다. 외국에서는 대체로 초등 입학 후 글자를 배우기 때문에, 초등 2학년 즈음이면 혼자서 책을 읽는 시기가 된다. 왜 이 시기부터 어휘력이 빠르게 늘어나는지는 묵독의 힘을 보면 알 수 있다.

우리가 일상생활 대화에서 사용하는 어휘는 대체로 2,000단어 정도이다. 소리내어 읽기를 할 때는 미국 대졸자 기준으로 잘해야 1분당 152~153단어를 읽는다.[1] 반면 능숙하게 책을 묵독하는 사람은 1분당 600단어를 읽기도 한다.[2] 소리내지 않고 머릿속으로 읽을 때 훨씬 빨리 읽는 것이다. 따라서 아이들이 읽기를 배운 후 묵독으로 들어가면, 읽기 속도가 빨라지며 어휘력 성장속도도 빨라진다.

묵독은 사람에 따라 편차가 꽤 크다. 미국 대학 신입생은 보통 1분당 240~300단어를 읽는데, 평소 책을 많이 읽고 문해력이 꽤 높은 사람들은 1분당 600단어 정도를 읽는다.[3] 최고 단계의 독서자는 1분당 900단어까지도 읽는다고 한다.

한 번에 읽어들이는 덩어리 크기가 다르다

묵독으로 가면 읽기 속도가 중요하다. 우리는 묵독을 할 때, 글자를 한 자 한 자 읽는 것이 아니라 덩어리로 읽는다. 흥미로운 것은 눈알이 스윽 한 번 움직일 때 읽어들이는 덩어리의 크기가 읽기 수준에 따라 다르다는 것이다.

---

1 정재석, "교사를 위한 난독증 이야기—속독법과 난독증", 정신의학신문, 2018.5.5.

2 정재석, 위의 글.

3 정재석, 위의 글.

읽기를 처음 시작하는 아이는 한 자, 한 자 읽는다.

> 우리 뇌는 글자를

읽기가 좀 숙달된 아이의 경우 한 번에 읽어들이는 덩어리의 크기가 커진다.

> 우리 뇌는 글자를 한 자씩 읽지 않고, 의미

읽기 수준이 꽤 올라가면 한꺼번에 죽 읽어들인다.

> 우리 뇌는 글자를 한 자씩 읽지 않고, 의미 덩어리로 읽는다. 눈으로 단어의
> 첫자와 끝자를 찍어 맞으면 무리 없이 읽을 수 있다.

아이가 한 번에 읽는 덩어리가 커질수록 읽는 속도가 빨라진다. 그렇다면 이 덩어리가 커지는 것이 중요하다. 이것이 어떻게 가능할까?

잘 읽는 아이는 무엇이 다를까?

결론부터 말하면, 잘 읽는 아이는 많이 읽는 아이다. 많이 읽으면 잘 읽게 되고, 잘 읽으니 더 많이 읽고, 아이들의 읽기 격차는 점점 벌어진다.

우리가 무엇인가에 숙달되려면 일단 많이 해야 한다. 이는 이미 미국의 심리학자 안데르스 에릭슨의 연구, 흔히 '1만 시간의 법칙'이라는

말로 알려진 연구로 입증됐다. 음악 명문학교 베를린예술종합학교의 바이올린 학생들을 대상으로 한 연구에 따르면, 세계적 연주자로 성장할 가능성이 있는 최우수그룹의 경우 18세 전까지 혼자 연습 시간이 7천 시간이 넘었으며, 우수 그룹은 5천 시간이 넘었고, 음악 교사 정도가 될 것 같은 그룹의 연습 시간은 3천 시간이 넘는 정도였다고 한다.

그렇다면 이 지식을 가지고, 질문을 바꿔 보겠다. 글을 잘 쓰려면 어떻게 해야 할까?

단순, 무식, 때려 박기의 힘

애들이 5세 8월일 때, 나는 주요 제품 개발을 끝내고 회사를 3개월 정도 쉬게 됐다. 우연히 한 교육업체의 홈페이지에 들어갔는데 알바 공고문이 눈길을 끌었다.

알바 일은 이랬다. 숫자는 기억이 잘 안 나서 부정확한데, 그림책 120~150권(?)을 읽고, 줄거리, 책 소개글, 감상평 등을 쓰고, 독후문제를 4~5문제 정도 내야 했다. 총 원고지 매수는 1,000매 정도로 기억되는데, 보통의 책 한 권이 좀 넘는 분량이라 했다. 1개월 반 만에 써야 한다고 했다.

알바 비용은 그저 그랬는데, 재미로 그림책을 공부하는 셈 치자 싶었고, 100권이 넘는 책을 공짜로 준다는 것이 매력적이었다. 자기소개서를 내고, 나중에 오리엔테이션에 갔더니 십여 명이 있었다.

대학 졸업 후 쓴 글이라고는 자기소개서와 일 년에 두세 번 쓰는 A4 용지 한 장 정도의 개발자 후기가 고작이었다. 업무 중에서 가장 부담되고 하기 싫어하던 일이었다. 며칠씩 골머리를 앓곤 했다.

그림책이야 금방 읽지만, 처음에는 정해진 몇 줄 안에 줄거리를 쓰는 것조차 힘들었다. 소개글과 감상평 등을 쓰는 것도 어려웠다. 독후문제는 머리를 쥐어짜야 했다. 그런데 하다 보니 하루에 작성하는 분량이 점점 늘어났다. 시일이 지나자, 글쓰기 부담이 점점 줄어들었다.

어느 순간부터는 애들을 어린이집에 보낸 후 그냥 마구 자판을 두들길 수 있게 됐다. 진도가 쭉쭉 나갔다. 마감 며칠 전에 마무리해서 보냈고, 이후 수정 지시가 따로 없었던 것을 보면 매뉴얼에 맞게는 쓴 모양이었다. 그때 깨달았다. 글을 잘 쓰려면 많이 쓰면 되는구나.

이후도 여전히 개발자 후기를 쓰려면 스트레스를 받았다. 하지만 부담감이 훨씬 줄었고 글도 좀 좋아진 느낌이었다. 그나마 이 경험이 있었기에 책 쓰기에 용기를 좀 낼 수 있었다.

그런데 그 알바 일을 안 하고 글쓰기 요령 책을 많이 사서 읽었다면, 글쓰기가 늘었을까? 두려움이 없어졌을까? 나는 아니라고 생각한다. 백날 요령을 찾아봤자, 글쓰기나 국어 과목이야말로 어느 정도의 무식한 때려 박기가 없으면 효과가 없다. 국어 과목이 성적 올리기가 유독 힘들다는 이유이다.

국어머리를 타고나는 일부 아이들이 있다. 이런 아이들은 국어 과목이 수월하고 책도 더 많이 읽는다. 하지만 우리집 한 아이처럼 거의 대부분의 아이들은 가정에서 읽기를 북돋워 줘야 한다. 그래야 학교 국어 선생님의 강의, 학원의 효과도 배가되며, 국어 일타 강사의 강의도 더 빛을 발하고, 다른 과목의 성적들도 같이 더 오르게 된다.

가정에서 부모가 신경써야 하는 과목은 영어, 수학, 사회, 과학 등이 아니다. 바로 국어다. 영어, 수학은 엄마표가 힘들면 학원의 도움이라도 받으면 된다. 하지만 국어는 학교와 학원의 힘만으로는 안 된다. 초중고, 가정에서 평소에 읽기를 북돋우기 위해 신경써야 한다.

아이를 다독으로 이끄는 방법

글을 잘 쓰려면, 지금 글을 잘 쓰든 못 쓰든 마구 많이 쓰면 된다. 많이 읽고 많이 쓰면 된다.

글을 잘 읽으려면 많이 읽으면 된다. 눈알이 한 번 움직일 때, 여러 단어를 한꺼번에 쭉쭉 머리로 빨아들이면서 읽기 속도를 높이려면 많이 읽으면 된다. 어휘력, 독해력이 좋아지려면 많이 읽으면 된다.

다독은 수준 높은 독해력으로 가는 유일한 길이다. 그런데 누가 다독이 좋은 것을 모르나? 문제는 타고난 국어머리도 아이들마다 다르고, 독서는 취향의 문제인지라, 아이들을 다독으로 이끌기가 어렵다는 데 있다.

다독에 관한 한 뚜렷한 하나의 해결책은 없다. 수많은 독서학자들과 교육학자들, 교육계 종사자들이 오랫동안 고민하고 연구해 왔지만, 뚜렷한 한 가지 해결책은 없다. 말을 물가로 데려갈 수는 있지만, 억지로 물을 마시게 할 수는 없다. 독서는 머리를 쓰는 거라서 더욱 그렇다. 다만, 우리는 부모로서 아이가 다독으로 갈 수 있도록 도울 수 있을 뿐이다.

다음에서는 다독이란 진정 무엇이며, 아이들을 다독으로 어떻게 조금이라도 더 이끌 수 있을지에 대한 고민을 나눠 보고자 한다. 먼저 다독이란 어떠해야 하는지부터 고민해보자.

맥락 읽기의 힘

2018년 국제 학업성취도평가(PISA, 피사)의 조사결과를 보면, 우리 청소년의 읽기 능력과 관련한 몇 가지 힌트를 얻을 수 있다. PISA는 경제협력개발기구(OECD)가 70여 개 나라의 만 15세 학생을 대상으로 읽기, 수학, 과학 능력을 평가한 것이다. 2018년 자료가 최근 것이며, 다음 국제 연구결과는 2024년에 발표될 예정이다. PISA는 읽기 성취도를 7단계로 나눈다. 1등급 미만, 1~6등급으로 숫자가 올라갈수록 성취도가 높다. 최고 등급은 6등급이다.

우리 청소년의 문해력 특이점

첫째, 우리 청소년들의 읽기 능력은 점점 떨어지고 있다. 읽기 국가 순위는 2015년 4~9위에서 2018년 6~11위 수준으로 떨어졌다(79개국 기준).[4] 수학과 과학 능력은 과거보다 올랐지만, 읽기 능력은 상위 수준이

---

4 PISA의 국가 순위는 평균점수 오차를 고려해 범위로 산출한다.

긴 하나 떨어지는 추세이다(2009년 2~4위 → 2018년 6~11위).

둘째, 읽기 능력 5등급 이상의 비율은 유지되었고, 최상위 6등급 비율이 살짝 증가했다(2015년 5등급 10.8%, 6등급 1.9% → 2018년 5등급 10.8%, 6등급 2.3%).

셋째, 읽기 능력 1등급 이하의 하위 그룹이 2012년 7.6%, 2015년 13.6%, 2018년 15.1%로 눈에 띄게 증가하고 있어 우려스러운 부분이다. 문해력 양극화 현상이 심화되고 있음을 알 수 있다.

넷째, 또 하나 눈길을 끄는 것은 세부 항목에서 '유창한 읽기' 수준이 다른 나라보다 떨어진다는 것이다. '유창한 읽기'는 읽기의 기본기에 해당하는 항목이다. 이 항목에 대한 정답률이 분석 대상국들은 90% 이상으로 매우 높았으나, 우리나라의 경우 86.7%로 5%P 정도나 차이가 났다.[5]

우리 청소년 읽기 능력의 약점

2021년 발표된 한국교육과정평가원의 자료에서는 2018년 PISA 조사에서 나타난 우리 청소년들의 읽기 성취 특성을 자세히 살펴보고 있다.[6]

이 연구에 의하면, 우리나라 학생들은 기술, 서사, 설명, 논증, 지시, 상호작용(편지나 메시지 등) 등 다양한 텍스트 유형을 읽는 능력은 양호했다. 반면 표, 그래프, 다이어그램, 일정표 등 다양한 자료로 구성된 경우, 그리고 이들 도식과 텍스트가 섞여 있는 경우 읽기 능력이 떨어졌다.

---

5 최인선, 김명화, 김수진, 김현정, 이신영, 민여준, "OECD 국제 학업성취도평가 연구: PISA 2018 상위국 성취특성 및 교육맥락 변인과의 관계분석", 한국교육과정평가원, 2021년, 307쪽.

6 최인선 외, 위의 책, 108~156쪽 참고.

또한 하나의 지문에 여러 저자들의 글과 그래프 등이 들어 있는 경우 읽기에 어려움을 겪는 것으로 나타났다. 예를 들어 복지에 대한 글이라면, 기원전 4세기 동양철학자 맹자의 "항산이 있어야 항심이 있다"라는 말부터 19세기 서양 공리주의자 벤담, 20세기 정치철학자 존 롤스, 현대 투자자 워런 버핏 등의 다양한 글이나 말을 인용할 수 있고, 여러 나라의 복지 예산을 비교한 그래프 등이 들어갈 수 있다. 이처럼 여러 저자들의 다양한 글과 그래프 같은 그림 자료가 함께 들어가는 글을 읽기 어려워한다는 것이다.

또한 정보 찾기, 글의 이해 등 기초적 읽기에서 다소 어려움을 보이는 것으로 나타났다. 아울러 문항별 정답률 분석 결과로 볼 때, 우리나라 학생들은 복합적 유형의 자료를 읽고 평가하여 의견을 적는 문항, 여러 자료를 검토하여 실생활의 문제 상황에 적용하는 문항에 대한 정답률이 낮았다.[7]

그렇다면 어떻게 해야 할까? 다양한 저자의 글과 그래프 등이 들어 있는 텍스트 읽기에 약하니까, 이런 유형의 짧은 지문들을 많이 구해 집중적으로 읽게 하면 될까?

맥락 읽기, 왜 중요한가?

아이들의 교과서를 호기심으로 좀 넘겨보곤 했는데, 우리 때에 비해 국어, 사회, 과학 등 다양한 과목에서 표와 그래프, 다이어그램, 일정표 같

---

7 최인선 외, 앞의 책, 300쪽.

은 도식이 등장했다. 이미 우리 아이들은 이런 양식에 꽤 노출되고 있다. 또한 중고생 수준에서 제시되는 그래프의 경우, 그래프 독법이 아주 어려운 것은 없다.

일단, 복합적 텍스트일수록 글의 맥락을 꽉 잡아야 한다. 맥락은 글의 맥(脈)인데, 표가 계속 등장하든, 그래프, 다이어그램이 중구난방으로 나오든 간에, 중심은 텍스트가 잡고 있다. 텍스트가 중심을 잡고, 표와 도식들은 돕는 역할을 하는 것이다.

또한 어차피 중요한 내용은 텍스트로 쓰여 있다. 따라서 글의 맥락을 잡고 있으면, 설혹 좀 낯선 그래프나 도식이 나오더라도 글쓴이가 말하고자 하는 바를 이해하기 어렵지 않다. 텍스트의 맥락을 꽉 잡는 힘이 부족하니, 이런 복합적 형태의 텍스트를 읽는 것을 어려워하는 것이다.

그런데 표와 도식 들이 들어 있는 짧은 텍스트를 많이 읽으면, 우리나라 청소년의 문해력 약점이 해결될까?

글을 쓰다보니 길어질 것 같고, 항목을 분리해야 할 것 같다. 맥락 읽기와 연결된 얘기다. 다음 꼭지에서 이 문제를 좀더 깊이 있게 들여다보자.

목적성 독서와
한 우물 파기의 힘

지금 우리 청소년들이 왜 복합적 유형의 텍스트 읽기에 약하고, 그것을 어떻게 해결할 수 있을지를 고민하고 있다. 질문은 표와 도식이 많이 들어간 짧은 글들을 학습시키면 이 문제가 해결되겠느냐 하는 것이다.

목적성 독서

보통 복합적 유형의 텍스트는 목적성 독서를 하는 사람들을 위한 콘텐츠인 경우가 많다. 일반인들이 복합적 유형의 텍스트를 많이 접할 수 있는 대표적인 분야가 경제 관련 글이다. 온갖 표와 그래프, 다이어그램 등이 줄줄이 등장한다.

또한 경제 관련 글은 우리 사회에서 일반인들이 목적성 독서에 뛰어드는 대표적 분야이기도 하다. 심지어 열성적인 사람들은 전문가가 쓴 400페이지가 넘는 보고서를 다운받아 읽는다.

그 분야 전문가의 읽기법은 좀 다를 수 있겠고, 여기서는 숙달된 일반인의 목적성 읽기법에 대해 말해보겠다. 전공자든, 가정의 돈을 지키기 위해 공부를 시작한 문외한이든, 경제 텍스트에 숙달된 사람들의 읽기법을 보면 좀 재미있는 현상을 볼 수 있다.

능숙한 목적성 독서자의 읽기법

A라는 사람이 경제 보고서 400페이지를 다운받았다고 하자. 그런데 이것 말고도 읽어야 할 자료가 많다. 매일 정보가 쏟아져 나온다. 경제에 대해 통 모를 때는 경제 용어뿐만 아니라 특히 그래프들이 낯설고 어렵게만 느껴진다. 그런데 관련 글을 계속 읽다보면 다양한 그래프들이 점차 익숙해지고, 아주 특이한 게 아니면 어렵지 않다는 것을 느끼게 된다.

그러다가 능숙한 목적성 독서자가 되면 좀 재미있는 현상이 나타난다. 일반인 기준이다.

첫째, 보고서 400페이지를 다운받으면 요약부터 본다. 요약은 몇 페이지 안 된다. 이때 요약도 다 읽지 않을 때도 있다. 눈으로 스윽 훑으며 중요한 단락들만 정독한다.

둘째, 차례를 죽 눈으로 훑는다. 관심이 가는 항목은 찜을 해둔다. 집중 읽기를 할 부분을 체크하는 것이다.

셋째, 스크롤을 죽 밑으로 당겨 내린다. 이때 시선은 큰 제목과 소제목, 표와 그래프 들에 둔다. 이제 텍스트보다 그래프가 더 보기 편하다. 간혹 눈길을 잡는 그래프가 있으면 멈추고 살펴본 뒤, 주변의 텍스트를 읽는다(이 과정을 안 하고, 그냥 바로 관심 항목으로 가는 경우도 있다).

넷째, 관심이 가는 항목을 정독한다. 이때도 그래프부터 보는 습성이 들어 있다.

능숙한 목적성 독서의 확장

앞에서 소개한 것처럼, 경제 분야에서는 능숙한 목적성 독서를 하는 일반인들이 많다. 아마 우리나라에서 수십만 명은 될 것으로 짐작된다. 이것이 어떻게 가능할까?

처음에는 텍스트에 중심을 두고 읽으며 해독에 급급하고 그래프가 어렵기 그지없었지만, 책과 보고서, 인터넷 글들을 닥치는 대로 읽는 과정에서 배경지식이 꽤 풍부해졌기 때문이다. 또한 표와 그래프도 워낙 많이 봤기 때문에 대부분 이미 익히 본 것들이다. 좀 특이한 그래프만 꼼꼼히 보면 된다. 아울러 경제 글의 맥락에 익숙해졌기 때문에 눈으로 빠르게 훑어내리고, 부분 부분 정독해도 맥락이 이해된다.

한 분야를 깊이 파서 능숙해지면, 이제 다른 분야로 들어가서도 생소한 어휘와 내용과 복합적 형태의 텍스트를 읽는 것이 좀 수월해진다. 이를테면 복지 분야라고 해보자. 그래프의 항목들은 다르지만, 경제 글에서 다양한 표나 그래프를 많이 봤기에 짧은 기간에 적응할 수 있다.

하나를 깊이 파면, 옆으로의 확장은 좀더 쉬워진다. 이것은 독서뿐만 아니라 일과 비즈니스 등도 그렇다. 위에서 소개한 것처럼 한 분야까지는 아니더라도, 책을 깊이 정독해 본 경험이 적으면 텍스트의 맥락을 못 읽고 휘둘리게 되어 있다.

최근 수능 국어의 지문은 예전보다 조금 짧아지는 대신 함축적인 경우가 늘어나고 있다. 예전에는 긴 지문 안에 배경지식이 어느 정도 들어 있어서 지문만 잘 읽어도 됐다면, 이제는 함축적인 지문을 읽으며 유추까지 해내야 하는 문제가 등장하고 있어 맥락을 읽는 힘이 더욱 중요해졌다.

여러 저자의 글에 대한 취약함

우리 청소년 문해력의 또 다른 약점으로는 하나의 글에 여러 저자들의 목소리나 글이 인용된 경우 잘 읽어내지 못하는 것을 들 수 있다. 그런데 이러한 인용 문구나 문장이 전체 글의 주인이 되는 경우는 굉장히 드물다. 적어도 중고등학생용 텍스트에서는 그러하다.

현재 글쓴이가 쓰고 있는 텍스트가 중심이고, 이런 인용구들은 글쓴이가 하는 설명이나 주장의 근거나 예를 들기 위해 가져오는 것이다.

따라서 하나의 텍스트에서 2,500여 년 전 플라톤의 글을 인용했든, 현대 미국 연방준비제도이사회 의장인 제롬 파월의 글을 인용했든 간에, 지금 글쓴이가 쓴 글의 맥락을 꽉 잡고 있으면, 설혹 인용구가 낯설어 읽기 힘들고 이해가 좀 안 되더라도, 그것에 휩쓸리지 않고 글쓴이가 주장하거나 설명하는 바를 이해할 수 있다.

그렇다면 글의 맥락 읽기는 어떻게 잘할 수 있을까?

언어 인공지능의 때려 박기

요즘 대화형 인공지능 서비스인 챗GPT가 화제가 되고 있는데, 언어 인공지능의 발달을 보면 흥미로운 지점이 있다.

쉬운 이해를 위해 대략 쓰면, 처음에 개발자들은 인공지능에게 어휘와 문법을 가르쳤다. 이른바 법칙 같은 것을 가르치려고 한 것이다. 우리가 국어 점수를 올리는 요령이 궁금하듯이 말이다.

그런데 이런 방식으로 30년을 했지만, 언어 인공지능의 성장은 생각보다 빠르지 않았다. 기껏 수많은 어휘를 가르치고 문법을 가르쳤더니,

말이 어눌하고 대화가 잘 안 됐다. 이 문제를 어떻게 해결했을까?

언어 인공지능 개발자들은 인간이 언어를 배우는 과정에 주목하게 됐다. 아기들은 글자와 문법을 전혀 몰라도, 부모의 말을 들으며 표정이나 행동 같은 것으로 의사소통을 하다 보면 자연히 말을 할 수 있게 된다. 대체로 모국어를 5,000시간 정도 들으며 의사소통을 하다 보면 말을 하게 된다.

또한 관광지에서 외국인들을 상대로 오래 장사를 해온 노인들 중에는 영어 철자나 문법을 전혀 몰라도 필요한 영어 대화를 잘하시는 분들이 많다. 즉, 상황과 맥락에 따른 영어 문장을 통째로 외워버리는 것이다.

이제 개발자들은 세상의 온갖 텍스트와 음성, 대화를 끌어모아 인공지능에 때려 박기 시작했다. 그러자 언어 인공지능의 기능이 나아졌다.

물론 인공지능이 대화 상황을 이해하는 것은 아니다. 그냥 상대방이 "Hi"라고 하면 확률적으로 많이 쓰이는 "Hi" 같은 대답을 내놓는 것이다. 또한 챗GPT 같은 대화형 인공지능 서비스에 질문을 하면 엉뚱한 대답을 하는 경우도 꽤 있다. 하지만 텍스트와 음성과 대화를 계속 많이 때려 박을수록 답변은 나아질 것이다. 이것이 우리에게 주는 힌트는 무엇일까?

글의 맥락을 읽는 힘은 다독에서 나온다. 글을 많이 읽을수록 맥락을 읽는 능력이 좋아진다. 닥치는 대로 많이 읽으면 된다. 결국 다독 문제로 다시 돌아왔다. 다독에 대해서는 뒤에서 한꺼번에 몰아서 보고, 여기서는 하나만 더 짚고 넘어가보자.

10쪽 미만의 텍스트를 읽는 아이들

2021년 OECD는 2018년 국제 학업성취도 조사를 바탕으로 디지털 문해력에 대한 보고서를 내놓았다. 이 보고서에 따르면, 우리나라 만 15세 청소년들은 디지털 텍스트를 읽을 때 사실과 의견을 구분하는 능력이 부족했다.[8]

또 하나 눈길을 끄는 것이 있다. 우리나라의 경우 학교 교육을 통해 아이들이 읽는 텍스트의 길이는 대체로 10쪽 미만이었지만, 디지털 문해력이 높은 영국, 캐나다, 핀란드의 아이들은 학교 교육을 통해 100쪽 이상의 텍스트를 읽는 경우가 많았다.[9]

이 조사가 주는 힌트는 무엇일까? 100쪽 이상이라면 거의 책이라고 할 수 있다. 10쪽 미만의 짧은 텍스트를 계속 읽는 것보다 긴 글, 그보다 책을 읽는 것이 장차 문해력 성장에 좋다.

이를테면 여러 저자들의 인용문이 들어 있는 글을 읽어내는 능력을 키우는 데도 짧은 글보다 긴 글이 낫다. 한 사람의 책을 읽다보면 그의 생각과 글 스타일을 자연히 느끼게 된다. 또한 한 꼭지, 한 장, 전체 책에 걸친 긴 맥락도 느끼게 된다. 이것을 오롯이 많이 느껴봐야 복합적 형태의 짧은 글을 읽는 체력도 길러진다.

짧은 글만 읽으면 긴 글을 읽을 힘이 부족하다. 마치 100미터 달리기 선수더러 갑자기 42.195km의 마라톤을 뛰라고 하는 것과 같다. 단

---

8 임혜원, "한국인의 문해력, 낮은 수준일까?", 이코리아, 2022.10.11.

9 임혜원, 앞의 글.

거리 선수가 하루아침에 마라톤을 뛸 수는 없다. 하지만 마라톤 선수는 100미터 달리기를 꽤 잘 뛸 수 있다.

　문해력의 힘은 긴 글, 특히 책 읽기에서 나온다. 즉, 텍스트의 맥락을 읽는 힘은 짧은 글이 아니라 긴 글에서 나온다. 결국 우리 청소년들의 복합적 형태의 텍스트 읽기, 디지털 문해력의 약점은 깊이 읽기(정독)와 다독이 진정한 해결책인 것이다.

배경지식의 힘

가톨릭대 김영훈 교수의 『독서의 뇌』에는 흥미로운 연구가 소개되어 있다. 문해력과 관련해 꽤 인상 깊은 연구였다.

연구팀은 아이들을 독해력이 뛰어난 그룹과 부족한 그룹으로 나눈 다음, 야구경기 한 회의 반을 기술한 텍스트를 읽게 했다.[10] 그런 다음 아이들에게 야구장과 선수 모형을 가지고 이 경기의 상황을 설명해보라고 했다.

어느 그룹이 텍스트를 잘 이해하고 잘 설명했을까? 독해력이 뛰어난 그룹이 아니었다. 흥미롭게도 독해력보다 배경지식의 영향력이 컸다. 야구경기를 잘 아는 아이가 잘 모르는 아이보다 텍스트를 잘 이해하고 설명했다. 그렇다면 배경지식을 어떻게 많이 쌓을 수 있을까?

뇌의 착각

우리의 뇌는 실제 경험과 책에서 읽은 간접경험을 구별하지 못한다. 그

---

10 김영훈, 앞의 책, 96쪽.

림책 『야구장 가는 길』(김영진, 길벗어린이)에는 야구를 싫어하던 주인공 아이가 우연히 친구들과 야구를 해보고 아빠랑 야구장에 간 얘기가 나온다. 야구경기도 보고 응원도 한다. 아이가 이 그림책을 읽는다고 할 때, 아이의 뇌는 실제 경험과 책으로 읽는 간접경험을 구별하지 않고 축적한다. 따라서 책을 많이 읽으면 경험이 축적되고 배경지식이 늘어난다. 배경지식이 늘어나면 독해력이 좋아지고, 독해력이 좋으니 독서가 재미있어지고, 다시 책을 더 많이 읽는 선순환을 일으키게 된다.

그렇다면 읽기를 통한 배경지식은 어떻게 얻는 것이 좋을까?

수능 국어 '헤겔' 문제가 주는 교훈

2022년 수능 국어에 독일 철학자 헤겔의 변증법과 헤겔 미학에 대한 문제가 나왔다. 4번부터 9번까지 무려 여섯 문제였다.

헤겔의 철학책은 독일 사람들도 "언제 독일어로 번역되나?"고 농담을 할 정도로 읽기 어렵다고 하고, 전공자들도 어렵다고들 한다.

사실 나는 애들이 5세 때 소리내어 읽기와 관련된 책의 집필에 참여하면서 머리말과 공부법을 쓰고, 책에 실릴 콘텐츠를 일차로 뽑는 역할을 했다. 그때 틈틈이 중고등 국어 교과서와 더불어 당시까지의 대입 논술 문제를 모두 검토했는데, 결국 철학이 기초라는 생각이 들었다. 그래서 우리집 애들에게 철학책을 좀 읽히기 위해 평소에 "수능 국어에 철학 문제들이 더러 나올 확률이 매우 높아"라고 자주 얘기했지만, 모호한 헤겔이 나올 줄은 정말 짐작조차 못했고 깜짝 놀랐다.

역시나 수능 국어의 헤겔 지문은 어려웠다. 정립-반정립-종합, 변증법의 논리구조라는 말은 그렇다 쳐도, '직관·표상·사유'라는 말은 모호하게 다가오고, '절대정신'이란 말에 이르면 정신이 혼미해진다.

아무래도 고등 때 '윤리와 사상' 같은 과목을 선택해 들은 아이들이 유리하긴 했겠지만, 단순히 독해력이 좋은 것만으로 이 문제를 풀 수 있었을까?

우리집 이과형 아이는 국어를 꽤 잘했는데 재미삼아 한 번 풀어보라고 했다. 수능 때 애의 국어 점수는 98점이었다. 그해 수능은 국어가 유난히 어려웠다고 기사에 났었다. 그런데 이 헤겔 국어 문제를 풀어보더니, 여섯 문제 중에서 두 문제를 틀렸다고 했다. 잘못 찍었으면 세 문제나 틀렸을 수도 있을 거라고 했다. 내가 보기에, 철학책을 한 권도 읽은바 없는 등, 철학에 대한 배경지식이 전혀 없었기 때문으로 보였다.

철학은 우리집 애들이 중학생 때부터 꼭 읽었으면 했던 분야인데, 우리집에서 독서 권장에 실패했던 분야이기도 하다. 이 아이는 중학생때 독서를 좋아했음에도 안 읽었다. 이 부분에 대한 고민과 해결방법에 대한 얘기는 뒤에서 다독에 대해 본격적으로 다룰 때 다시 얘기하겠다.

그렇다면 배경지식을 제대로 쌓는 법은 무엇일까?

수능 국어 지문에 어떤 철학자가 출제될지 모르니, 수능에 나올 확률이 높은 철학자들을 죽 뽑아서 지문을 100개쯤 만들어 문제로 풀어보는 것이 좋을까? 이제 경제도 수능 국어 지문으로 나올 때가 됐다 싶으니, 항목별로 죽 100개쯤 지문화해서 푸는 게 좋을까? 실제로 이렇게 하는 경우도 있을 것 같다.

한 아이의 고등학교는 내신 영어시험에서 영어 교과서의 지문은 물론이고, 매 시험마다 외부 지문을 150개 넘게 공부해야 했다. 외부 지문은 교과서 외의 지문을 말한다. 이 정도면 페이지가 적은 책 한 권의 분량은 될 터였다. 아이는 힘들다고 했지만, 나는 한글로 읽든 영어로 읽든, 일단 다양한 텍스트를 마구 읽어야 한다는 측면에서 좋아 보였다.

하지만 그래도 이것은 '조각난 지식'일 뿐이다. 조각난 지식들에만 갇히면, 생각하는 힘인 사고력이 자랄 수 없고, 사고가 확장, 융합되지 못하고 갇혀서 썩는다.

인간의 지식체계에는 맥락이 있다

인간의 지식체계에는 맥락이 있다. 인문, 철학, 사회학, 경제학, 과학, 역사, 미래학, 음악, 미술, 학습법, IT 등 모르는 분야에 들어가면 일단 생소한 어휘들이 쏟아져 나온다. 각 분야마다 이 어휘들이 종으로, 횡으로 엮어지며 나름의 맥락을 만들어낸다.

서양 미술의 고대 이집트 벽화에서 사람들의 얼굴을 옆 얼굴로만 그린 맥락이 있고, 고대 그리스 조각에서 균형 잡힌 육체를 표현한 맥락이 있으며, 중세 미술의 맥락이 있고, 르네상스 미술이 등장한 맥락이 있고, 바로크, 로코코, 신고전주의와 낭만주의, 리얼리즘, 인상파, 후기 인상파를 거쳐 추상화 등 현대 미술이 등장한 맥락이 있다.

과학에서도 고대 자연철학자들에서 출발해 아리스토텔레스를 거쳐 근대 과학적 방법론이 등장하고, 실증주의가 득세하고, 그에 대해 칼 포퍼가 반증주의로 과학하기의 방법론을 뒤집은 맥락이 있다.

그러하기에 짧은 글들보다 한 권의 책이 주는 간접경험이 더 강렬하다. 짧은 글보다 책에서 느끼는 맥락의 힘이 세고, 그보다는 전체 그 분야 흐름의 맥락이 힘이 더 세다.

배경지식을 쌓으려면 책을 읽어야 하고, 그중에 전체 흐름을 아주 쉽게 보여주는 책이 들어가면 좋다. 우리집 애들에게 '특정 책이 재미있더라' 소리는 자주 해도, '특정 책을 읽어라, 읽어라' 한 적이 별로 없는데, 중고등 때 아주 쉬운 철학책 한 권은 꼭 읽어보라고 꽤 졸랐었다.

학교 수업이 쉬웠던 이유

팔순이 가까운 어머니는 시골 유복한 집에서 자랐는데, 여자가 무슨 공부냐는 외할아버지의 반대로 학교를 별로 못 다녔다. 그래도 외할아버지는 막내딸을 사랑해 옆에 두고 이것저것 가르치셨는데, 그중에 재감각도 있었던 모양이다. 어머니는 가난하게 결혼생활을 시작해 7년 만인 30세에 읍내 요지의 월세 건물주가 됐고, 배움에 한이 많아서인지 가난에서 벗어나자마자 책을 사들이기 시작했다. 평생 무척 알뜰한 어머니가 딱 하나 과소비한 것이 있었으니 바로 책이었다.

우리나라에서 40여 년 전에는 전집 판매가 성행했다. 우리집은 전집 영업사원 분들이 꼭 들리던 집이었다. 어느 정도였냐면, 그냥 책을 닥치는 대로 사들였다. 한국 위인전 전집만도 다섯 질 있었다. 책을 둘 곳이 마땅치 않아지자, 급기야 찬방에 박스째로 높게 쌓아 놓고 한 권씩 빼내 읽게 됐다. 겨울방학에 새로운 전집이 들어와서 박스를 뜯고 책을 꺼낼 때의 설레던 기억이 지금도 또렷하다. 그래서 내게 책은 두께, 무게, 온도로 기억된다.

장녀인 나는 초등 4학년부터 중학 2학년 즈음까지 책에 빠져 살았다. 집의 책을 다 읽고, 학급문고의 책을 다 읽고, 그래도 책이 고파서, 그때는 도서관이 없었기에 친구들 집의 책장을 돌며 죽 빌려봤다. 책장 구경하느라 초등 6학년 때 버스를 30분 타고 면에 사는 반 친구의 집에 가기도 했다. 와, 책이 많았다. 그 집 책장도 죽 털어 읽었다.

돌이켜보면, 어머니가 주먹구구로 사들인 것치고는 꽤 괜찮은 책들도 많았다. 초등 5학년 때 집에 들어온 청소년을 위한 교양전집이 있었다. 『국어와 문학』, 『우주와 개발』, 『수학의 세계』, 『생물의 세계』, 『화학의 세계』, 『음악의 세계』, 『미술의 세계』, 20권쯤 되는 크라운 판형(248×176mm)의 300쪽이 좀 넘는 책들이었다.

초등 5~6학년 때 이 교양전집을 무척 사랑하여 여러 번 반복해서 읽었다. 시조나 한시가 나오면 암송하기도 했다. 『우주와 개발』 같은 책은 여러 번 계속 반복해서 읽으니 별의 등급과 이름들이 자연히 외워졌다. 그리고 6학년 겨울부터 세계문학전집에 빠져들었다.

고등학교는 대도시로 나와서 혼자서 자취하며 다녔다. 1학년 1학기 첫 중간고사 성적은 어리바리하다 전교 980여 명 중 194등이었는데, 기말고사에서 전교 5등을 했다. 담임 선생님이 성적이 이렇게 급상승하는 경우는 처음 봤다고 하신 기억이 난다. 초등, 중등 때 책을 꽤 봐서 기본 독해력이 있었고, 이미 책으로 읽어 배경지식이 있었기에, 수업 시간에 엄청 집중해 들으면 대략 이해가 됐다.

다독과 배경지식의 힘은 강하다. 이제 본격적으로 아이들과 다독으로 가는 방법에 대한 고민을 나눠보자.

아이와 함께
다독으로 가는 길

이란성 쌍둥이를 키우면서 애들마다 타고나는 게 참 다르구나, 절실히 느끼곤 한다. 애들은 참 아롱이다롱이다. 독서에 대한 태도와 독서 취향도 그렇다. 다독으로 가는 길에 정답은 없다. 다만 이런 방법은 어떨지 제안해 본다.

다시, 도서관·서점과 행복한 기억 연결하기

우리집은 유아 때부터 초등 3학년 정도까지 거의 매주 어린이도서관에 갔다. 온 가족이 가고, 엄마가 바쁠 때는 아빠가 데려갔다.

다독에 대해 꽤 고민했는데, 아무리 생각해도 일단 도서관과 서점에 한 달에 한 번, 안 되면 두 달에 한 번이라도 가는 게 시작인 것 같다.

책을 고른 다음에는 일단 맛있는 것을 사 먹여야 한다. 이거 중요하다. 오는 길에 핫초코 같은 맛있는 간식을 사주며 수다를 떨고, 어떨 때는 가족 외식도 좋다. 기분도 서로 안 상하게 되도록 즐겁게 유지하는 것이 중요하다. 우리집의 경우 대형서점에 간 날이라 안에 팬시점이 있는 경우, 아이가 원하면 평소에 안 사주던 것도 더 잘 사줬다. 책이 있는 공간이 행복한 기억으로 남았으면 했다.

애들이 부모 욕심만큼 다독을 하는 것은 아니다. 우리집 아이들이 중고등 때 세계문학전집을 독파했으면 하는 마음이 있었다. 한 아이는 좀 읽고, 한 아이는 거의 안 읽었다. 그런데 대학생이 된 후 세계문학을 읽기 시작했다. 책의 공간과 행복한 기억이 연결되어 있으면, 언제가 되었든 읽게 된다. 대입이 끝이 아니다.

아이와 서점에 가면 부모가 꼭 해야 할 행동

아이와 서점에 가시면 부모님들도 읽을 책을 한 권씩 골라 사셨으면 한다. 아무 책이든 상관없다. 교양서든 얇은 에세이든, 걷기 책이든 뭐든, 몇 페이지 안 되는 책이든 관계없다. 그냥 부모가 본인 읽을 책을 사는 모습을 계속 보여주는 것이 중요하다. 다 안 읽어도 상관없다.

독서도 모방 행동이다. 아이의 문해력을 높이고 싶으면, 독서 프로그램이나 문해력 학원부터 알아볼 것이 아니라, 또는 어디 대단하고 남들이 안 알려주려 하는 기똥찬 독해학원이 있는지부터 찾을 것이 아니라, 먼저 아이를 책이 있는 공간으로 자꾸 데려가고, 부모가 책을 사는 모습을 보여주는 것이 길게 보면 더 효과적이다.

앞에서 우리집 영어 문해력 반성문에서 썼듯이, 사교육을 많이는 안 시킨 우리집에서 영어는 가장 오래 시키고 돈이 많이 든 과목인데, 이 글을 쓰면서 머리로 대강 계산해보니 약 10년 동안 문과형 아이는 약 4천만 원, 이과형 아이는 고등 때는 안 가서 3천만 원 정도 든 것 같다. 반성문에서 썼듯이, 부모가 영어 문해력에 대해 고민했다면, 같은 학원을 보냈더라도 비용 대비 효과가 훨씬 나았을 것이다.

책 과소비자인 어머니를 둬서 그런가, 나는 알뜰하지만 책 구매에 대해서는 좀 관대한 편이다. 애들이 골라 샀다가 안 읽은 책이 있으면 어떤가. 물건을 고르는 것도 연습이다. 부모가 산 책을 앞 부분만 읽다 말았더라도 어떤가. 그렇게 서점에서 몇 만 원씩 버려봤자, 사교육비에 비하면 조족지혈이다.

어쨌거나 아이에게는 도서관, 서점에 부모와 함께 갔던 행복한 기억들은 남는 것이고, 그것이 나중에 이 아이한테 무언가로 돌아올 수도 있다. 261쪽에서 소개할 제임스 카메론 감독이 그랬듯이 말이다.

다청(다양한 듣기)에서 다독으로 가는 힘

다청(多聽)은 '많이 듣기'라고 할 수 있는데, 나는 이 말을 '많이 듣기, 다양하게 듣기'라고 하고 싶다. 이 부분은 의도했다기보다는, 지나놓고 보니 이런 면이 있구나 느끼게 된 것이다.

철학자들의 삶에 대한 이야기를 읽다보면 비슷한 장면들을 만나는 경우가 있었다(근대 철학자 중에는 철학자이자 법률가, 과학자 등인 경우가 많았다). 물론 노예[11]였던 에픽테토스, 유대인 교회로부터 추방당해 평생 외롭게 렌즈를 닦아 생계를 꾸렸던 스피노자, 주로 가정교사 일로 먹고살았던 칸트, 족보학이 주된 수입원이었던 라이프니츠 같은 철학자들도 있지

---

11 우리가 흔히 떠올리는 일 노예는 아니었다. 신분은 노예지만 주인을 위해 지식노동을 한 사람으로 볼 수 있다.

만, 대체로 신분이 높고 부유한 집안 출신인 철학자들이 더 많다. 이들 중에는 어릴 때 부모가 명사나 지식인 들을 정기적으로 집에 초대해 대화를 즐기는 것을 보고 자란 경우가 많았다.

하지만 우리집 같은 평범한 맞벌이 집에서는 누군가를 집으로 초대해서 다양한 대화를 나눈다는 것은 어렵다. 나는 이런 것은 생각도 못해봤다. 대신 우리는 아이들에게 다양한 '듣기'를 제공할 수 있다.

애들이 중학생이 되자 부부만의 시간이 늘어나기 시작했고, 우리 부부는 드라이브를 자주 다녔는데 지루해질 때쯤이면 남편에게 기사를 낭독해주곤 했다. 이 습관을 애들과 함께 차를 타고 가거나 집에서도 간간이 하게 됐는데, 그럴 때면 관련 대화로 이어지곤 했다. 나는 주로 경제 기사나 트렌드 기사, 여행이나 문화 기사를 낭독했다.

덕분에 아이들이 초등 고학년, 중고등 학생이 되자 가족 대화가 다채로워졌다. 특히 사춘기 때 도움이 됐다. 애들이 좀 날카로워졌는데, 식사 시간에 가족 대화를 하다가 자칫 서로 날카로워질 수 있으니 기사에서 본 좀 가벼운 얘기를 화제로 던지는 게 편했다.

'다양한 듣기'와 관련해 좀 우스운 경험을 한 적도 했다. 애들이 대학생이 된 후, 내가 유튜브에서 큰 형사 사건 관련 동영상들을 계속 틀은 적이 있었다. 나는 뭐에 꽂히면 두어 달을 그것만 파는 습벽이 좀 있다. 그러자 식사 시간 가족 대화에 연쇄살인 같은 게 자주 올라오는 것이 아닌가. 그래서 집안일을 할 때, 경제 관련 인터뷰나 강의를 네댓 달 집중적으로 틀었더니, 가족 대화에 경제가 등장하고 아이들의 관심도 커지고 쉬운 경제책을 읽은 아이도 생겼다.

부모가 틈틈이 다양한 기사들을 낭독하다 보면, 가족 대화도 다채로워지고, 아이들의 배경지식이 늘어나며 관심사가 좀더 다양해지고, 그 분야 책도 읽을 가능성이 조금이라도 높아지게 된다.

제임스 카메론이 아이 독서에 주는 교훈

「터미네이터」, 「타이타닉」, 「아바타」의 감독 제임스 카메론은 '하이테크 필름 메이커의 천재', '흥행의 제왕'이란 별명을 가지고 있다. 최첨단 기술을 영화에 접목해 영상 예술의 새로운 지평을 열고 있다. 그의 스토리는 부모들에게 독서의 힘과 아울러 다독이란 진정 어떠해야 하는지를 다시 생각하게 한다.

제임스 카메론은 고등학교를 마친 후 2년제 칼리지에 다니다가 영화 일에 관심을 가지고 중퇴했다. 하지만 생계를 위해 트럭 운전사로 일해야 했다. 광활한 북아메리카의 트럭 운전사는 며칠, 때로는 일주일씩 트럭을 계속 몰고 목적지로 가야 하는 고된 일이다.

카메론은 고등학교 때 SF 소설 마니아였다고 한다. 영화 전공자도 아니고, 주변에 영화계 인맥도 없었다. 놀랍게도 그는 영화 만들기를 책으로 배웠다. 도서관에 있는 영화 관련 책을 모두 독파해 버렸다. 「터미네이터」 대본을 쓰고, 나중에 단편영화를 찍는 등 우여곡절을 거쳐 이 시나리오를 1달러에 파는 대신 감독을 맡아 영화화에 성공했다.

우스개지만, 우리 같았으면 고등 때 SF 소설에 빠져 있으면 독해 문제집을 보라고 했을 것 같다. 고등 때 SF 소설을 읽은 행복한 독서의 기억으로, 그는 영화감독이 되고 싶었을 때, 전공한 지식도 인맥도 없을 때, 도서관의 영화 책들을 떠올렸고 독파했다. 이것이 독서의 힘이고, 진정한 다독이다.

문해력은 애들에게 주는 '예금통장'이고, 책이 있는 공간과 행복한 기억의 연결은 애들에게 주는 '보험'이다.

이것은 마치 씨앗을 뿌리는 것과 같다. 그냥 씨앗으로 죽고 말 수도 있지만, 언젠가 내 아이가 뭔가에 꽂혀 제임스 카메론처럼 그 씨앗을 꺼내들고 도서관을 찾아 관련 책들을 독파할 수도 있다.

다독의 빈 구멍을 채우는 집중 독서의 힘

다청을 '많이 듣기, 다양한 듣기'로 해석하듯, 나는 다독도 '많이 읽기, 다양한 읽기'로 해석한다. 아이는 다양한 읽기를 통해 더 다양한 세상을 만날 수 있다. 그리고 아이를 다양한 읽기로 이끌려면 '책과의 행복한 기억'이 매우 중요하다. 또한 다독(많이 읽기)으로 가는 힘 중에서 중요한 것이 '집중 독서'이다.

우리집의 이과형 아이가 중학 때 추리소설에 빠진 적이 있었다. 셜록 홈스를 읽기 시작하더니 계속 추리소설들만 찾아 읽기 시작했다. 중2 때 시험 기간이 얼마 안 남은 토요일에도 추리소설만 읽고 있었지만 그냥 내버려뒀다. 아이는 지금 집중 독서의 행복함에 빠져 있는 것이었다. 우리 부부는 추리소설들을 집에 사들였다.

아이가 무슨 책을 읽고 있는지, 요즘 뭐에 관심이 있는지 유심히 봐야 한다. 아이가 어떤 분야에 대한 책을 좀 읽는다 싶으면, 얼른 그 분야의 책들을 찾아서 공급해줘야 한다. 그게 추리소설이든 SF소설이든 역사 소설이든 심리책이든 상관없다. 그 집중 독서의 힘이 장차 진정한 다독, 즉 '많이 읽기'와 '다양한 읽기'로 가는 힘이 될 것이기 때문이다.

독서에서 하나를 집중적으로 파는 힘은, 결국 연결된 다른 분야로 옮겨질 수 있다.

우리집 이과형 아이는 초중고 동안 국어학원을 단 1개월 다녔다. 외에 독서, 논술, 글쓰기 학원도 다닌 바 없다. 우리집 문과형 아이가 중3 겨울방학 때 학원가에서 1개월짜리 고등 대비 국어 방학 특강 플래카드를 봤다면서 보내달라고 해서 보냈다. 둘이 같이 갔는데, 수업을 듣고 오더니 국어시험 문제를 푸는 데도 요령이 있다면서, 그것을 배웠다면서 식사 시간에 얘기하느라 난리가 났었다. 여튼 얘는 국어 시험을 초중고 항상 잘 봤는데, 바로 책 읽기 덕분이라 생각한다.

나도 집중 독서에 빠진 행복한 경험이 있다. 초중등 때 책 읽기를 좋아했다고 했지만, 학창 시절 나의 독서에는 아주 큰 구멍이 있었다. 초중등생이 책을 읽어봤자 얼마나 읽었겠는가. 빈 구멍투성이었지만, 결정적인 구멍이 있었으니 바로 한국 소설과 시였다. 나는 이것을 20대 초반에 깨달았다. 지인, 선배 들이 술자리에서 문학 얘기를 하는데, 교과서에서 본 작가의 이름만 알거나 또는 이름조차 모를 정도였다.

그래서 20대 중반 회사를 옮기며 쉬던 세 달 동안, 하루 종일 한국 소설책을 읽었다. 그때 북촌의 정독도서관은 매우 한적했는데 100원을 내고 책 두 권을 빌릴 수 있었다. 매일 책을 두 권씩 빌려와 읽고, 다음 날 반납하고 다시 빌려왔다. 저녁 약속을 빼고는 매일 한국 소설책만 읽었는데 행복한 시절로 기억된다. 그 후 서점에서 한국 소설책과 시집도 사서 읽게 됐다.

집중 독서는 굉장히 행복하다. 아이가 유아 때든, 초등 때든, 중학생 때든, 어쩌다 두세 권 읽은 것이든 간에, 어떤 책을 재미있어 하는지를 유심히 보고 그것을 계속 공급해야 한다. 그것이 초등, 중등 추천도서 목록보다 훨씬 중요하다. 아이가 재미를 느끼는 순간을 포착해 읽는 기간을 늘려줘야 한다.

부모가 몇 페이지만 보다가 자도 괜찮다

15년 전쯤 미국 대학의 한국인 과학 교수와 일한 적이 있는데, 그는 당시 8개의 공동연구를 동시에 진행 중이라 무척 바빴다. 일로 서너 줄의 짧은 메일들이 오갔는데, 1년 정도 지나자 애들 얘기를 한두 줄씩 덧붙이게 됐다. 우리집과 애들 나이가 비슷했다.

연구에 너무 지쳐 집에 오면 두어 달 책을 들지 않았더니, 8세 딸이 독서를 확실히 덜 하더라고 했다. 그래서 요즘 일부러 가벼운 자료라도 집에 들고 와서 소파에 누워 '읽는 척'을 한다고 해서, 메일을 읽다가 웃은 적이 있다.

아이가 다독으로 가려면 부모가 책 읽는 모습을 보여주는 것이 좋다. 하지만 맞벌이 가정에서 참 쉽지 않다. 집에 오면 파김치가 되는 날도 많다.

너무 어렵게 생각하지 않아도 된다. 책 과소비자였던 친정 엄마는 얇은 동화책이나 위인전을 자주 손에 들곤 했는데, 아이 넷을 건사하느라 힘드니 불과 몇 페이지도 못 읽고 잠들기 일쑤였다. 그래도 어린 내 눈에 그 모습이 너무 좋아 보였다.

그런 기억이 있어서 나도 애들 옆에서 부담 없이 아무거나 들고 조금이라도 읽었다. 책 읽는 모습을 보여주는 것을 어렵게만 생각하지 말자. 그냥 몇 페이지 읽다가 자도 괜찮다. 일단 부모가 손에 책을 들었다는 것이 중요하다.

부모의 독서 피드백 쉽게 하는 법

애들이 5세일 때 그림책 소개글 알바를 하며, 독후 문제를 400~500개는 만든 것 같다. 그때 질려서 그런가, 나는 그림책을 읽어준 다음에 독후 질문을 별로 해본 적이 없다.

이것은 개인 성향이긴 한데, 학창 시절 한때 책에 빠져 살았지만, 그때 어머니가 자꾸 책과 관련된 의도적 질문을 했다면 별로 안 좋았을 것 같고, 어쩌면 책 읽기가 싫어졌을 수도 있을 것 같다. 차라리 한창 읽을 때는 내버려두는 것이 좋았을 것 같다.

우리집은 책을 읽어줄 때가 아니라, 나중에 식탁이나 거실에서 책과 관련된 대화를 했다. 부모가 애들 책을 가끔 봤기에 대화가 잘 통했다.

책을 읽는 것도 중요하지만 '재미있게' 읽는 경험이 더 중요하다. 그래서 아이들의 독서 취향은 최대한 존중되어야 한다. 자기의 취향에 맞아야 재미가 있기 때문이다. '가르치고 이끄는 것'이 아니라 같이 호흡하고 '공감'하는 것이 중요하다.

애들이 초등 때 『제로니모의 환상모험』 시리즈를 무척 좋아했다. 하지만 나는 선뜻 이 책들에 손이 가지 않았다. 한 번은 물어보았다.

"그렇게 재미있니? 나는 시끄러워 보여 별로던데."

문과형 아이가 "엄마가 몰라서 그런다"며 어떤 책인지, 얼마나 재미있는지 흥분해서 설명하느라 난리가 났다. 정말 그렇게 재미있을까? 결국 나도 호기심으로 한 권 읽어보았다.

독서도 감정의 전이가 중요하다.

인생 살면서 엄청 재미있었던 책이 누구나 한두 권은 있을 것이다. 그 얘기, 그 감정을 전하면 된다. 부모가 이렇게 하면, 이제 아이가 책에 대한 자신의 감정을 부모에게 얘기하기 시작한다.

중학 때 이과형 아이는 『이기적 유전자』를 읽더니 너무 좋다며 책 얘기를 며칠이나 했고 꼭 읽어 보라고 했다. 나는 아직 이 책을 안 읽었다.

부모가 꼭 그 책을 읽을 필요는 없다.

"책에서 뭐라던데?" 질문을 하며 감정에 호응해주면 된다. "아, 그게 무슨 뜻인데?", "뭐가 특별한데?", "와, 그래? 신기하다" 이러면 된다.

얘는 고등 1학년 때 읽은 『사피엔스』가 세 손가락 안에 드는 최애 책이다. 당시 읽고 나더니 흥분했다. 며칠을 얘기하며 부모에게 읽으라고 했다.

"무슨 책인데?", "뭐가 재미있었어?" 감정에 호응해줬지만, 읽으라는 요구에는 "엄마는 요즘 글자를 보면 어지러워" 앙탈을 부리며 웃었다. 아이가 재미있다고 읽으라 할 때 만만한 그림책이나 소설책은 더러 읽고, 두껍거나 해서 부담스러우면 그냥 웃으며 앙탈을 부려도 괜찮다. 내 느낌에는 애들은 이것을 더 좋아했다. 자기들은 읽으라고 하고, 부모는 내빼는 것 말이다.

문과형 아이는 책을 많이는 안 읽었는데, 고등 때 소설가 한강의 『소년이 온다』를 읽더니, 싱크대에서 설거지하는 엄마 옆에서 눈물을 글썽이며 책 얘기를 한참 했다. 이 책은 무조건 읽어야 한다며, 온 가족을 들들 볶았다.

시작은 부모이다. 많이도 필요 없다. 인생을 살며 재미있었던 책 '한 권'을 떠올려 그때 흥분됐던 감정을 전해보자. 아이가 다독으로 가는 길의 디딤돌을 놓는 것이다.

엄마의 다독 반성문: 아이 독서 취향에 대한 고민이 부족했다

독서도 취향이라고 생각하기에 그런가 보다 하는 편인데, 그래도 아이들이 읽었으면 하는 게 있었다. 먼저 세계문학이나 한국문학을 많이 읽었으면 했는데, 그냥 책은 좀 사들이고 내버려둔 편이다. 애들이 좀 읽긴 했는데, 우리 때와 비교하면 별로 안 읽는 편이라 아쉬웠지만 기다렸다. 요즘 한 아이가 세계문학을 읽기 시작해 너무 반가운 마음이다.

또 하나는 쉬운 철학책으로 인류 생각의 역사를 한 번 짚어봤으면 했는데, 이것은 애들이 꼭 읽었으면 했다. 이과든 문과든, 뿌리가 철학이라 쉬운 책으로 한 번 훑으면 맥락이 더 잘 보일 것 같아서였다. 그렇다고 엄마가 철학에 대해 뭘 아는 것은 아니다. 하지만 쉬운 책 몇 권을 읽어봤더니, 와, 철학자들은 생각의 개척자였구나 하는 생각이 들어 그 감정을 나누고 싶었다.

하지만 지금까지 안 됐다. 딴 책은 읽어도 철학책은 손에 안 잡으려 했다. 그런데 이 책을 쓰면서 아이들을 다독으로 이끄는 방법이 뭘까를 다시 생각하다가, 문득 깨달은 것이 있었다.

엄마가 쉬운 철학책을 읽으라고 했지만, 아이의 독서 취향에 대한 고민이 부족했다. 엄마의 독서 취향과 아이의 취향이 다르고, 선호하는 책 스타일도 서로 다를 수밖에 없다.

나는 어떤 분야의 책들을 처음 접할 때는 일목요연하게 차례가 짜여져 있고, 항목이 탁탁 구분되어 있으며, 가능한 종합적으로 죽 다루는 책을 선호한다. 철학 분야에선 철학 유튜버인 김필영 박사의 『5분 뚝딱 철학』 같은 책을 좋아한다. 한 권만 봐도, 일단 뭐가 있는지 맥락이 보이는 책 말이다. 그다음 각론 독서를 한다. 하지만 아이들의 독서 취향은 나와 달랐다.

생각해 보니, 우리집 이과형 아이는 스토리와 추리소설을 좋아하고 인문교양서도 좀 읽기에, 글발이 살아 숨쉬며 읽는 맛이 끝내주는 황광우 작가의 『철학 콘서트』가 어울리겠구나 하는 생각이 들었다. 소설과 에세이, 그리고 무겁지 않은 인문책을 좋아하는 문과형 아이에게는 술술 읽히는 『소피의 세계』를 주면 읽겠구나 싶다.

일단 그렇게 어장으로 데려온 다음, 반드시 맥락은 짚어야 하니 『5분 뚝딱 철학』을 권했어야 했다. 왜 거의 5년을 아이들이 철학책을 좀 읽었으면 하면서도 이 생각을 못했는지 모르겠다.

다독으로 이끌려면 아이의 독서 취향에 대한 고민이 많이 필요한 것 같다. 뭐든 고민을 많이 해야 답을 찾을 수 있는 것 같다.

부모와 책 돌려 읽기

초등 6학년 12월 어느 금요일 밤, 남편이 수십 권이 든 책 박스를 집에 들고 왔다. 도서정가제 시행을 앞두고 한꺼번에 구매해서 회사의 책상 옆에 두었다가 들고 온 책이었다.

이과형 아이가 책 박스를 열어보더니 대뜸 고 장영희 교수가 번역한 펄벅의 『대지』를 손에 들었다. 그날 밤 잠들기 전까지 읽더니, 토요일 아침을 먹자마자 자기 방으로 들어가더니 계속 읽었다. 그리고 1권을 다 읽더니 바로 2권을 손에 잡았다.

"『대지』 책이 재미있지."

남편이 아이에게 1권을 받아 읽기 시작했다.

"맞아, 재미있지."

남편이 1권을 다 읽고 나자, 바로 내가 받아 읽기 시작했다.

토요일 저녁, 문과형 아이가 말했다.

"다들 뭐야? 주말인데 하루 종일 책만 읽고 있네. 그 책이 그렇게 재미있어?"

그리고 그 아이가 1권을 마지막으로 손에 잡았다.

그렇게 우리 가족 네 명은 주말 내내 밥만 먹고, 집토끼가 되어 『대지』 세 권을 돌려 읽었다. 앞에서 말했듯이, 우리집은 텔레비전이 없다. 스마트폰, 컴퓨터 사용 시간도 통제했다. 애들이 중학생 때까지는 부모도 집에서 스마트폰을 손에 들지 않았다. 그러니 주말이면 공원이나 영화관에라도 함께 나가려 들었고, 비가 오거나 해서 그마저 안 하면 심심해서 책이라도 손에 들 수밖에 없었다.

일요일 저녁 식사에서는 다들 『대지』 이야기를 하느라 여념이 없었다. 책 한 권을 네 명이 돌려 읽으니 가성비가 완전 좋다는 생각이 들었다. 책과 함께하는 평온하고 행복한 주말이었다.

엄마의 독서 편식 반성문과 동기부여

나는 이른바 '위인전'에 대한 알러지가 있다. 책 과소비자인 어머니 덕분에 어릴 때 한국 위인 전집만도 다섯 질, 세계 위인 전집이 세 질 있었다. 친구들 집의 책장에도 위인전들이 많았다. 그 시절 이런 류의 책들은 천편일률적이었다. 당시 충실한 독서자였던 나는 어느 순간, 이런 류의 책에 대한 염증이 단단히 생겨버렸다.

그래서 아이들을 키우면서 그림책 목록에서도 빼버렸고, 초중등 때도 이른바 위인전류처럼 보이는 책을 산 적이 없다. 엄마가 관심이 전혀 없고 오히려 '의도적'으로 등한시하다 보니, 아이들도 관심을 둘 기회를 갖지 못했다.

그런데 다양한 사람들의 삶 얘기를 읽는 것은 재미도 있고 의미도 깊다. 꼭 이른바 위인이 아니더라도 말이다. 어릴 때 우리집에 초등학생들이 쓴 시와 수필로 이루어진 전집도 있었는데, 작가가 아닌 나와 같은 또래들의 글도 이렇게 재미있구나 느꼈었다.

다양한 사람들의 삶 얘기는 아이들의 관심과 시야를 넓힐 수 있는 기회가 될 터였다. 또한 동기부여의 기회도 될 수 있었다. 생각해 보면, 엄마가 위인전이 싫다면 자서전을 찾으면 될 일이었다. 까맣게 잊고 있었는데, 이 책을 쓰며 생각해 보니 처칠, 카네기, 슈바이처, 마틴 루터 킹, 김구의 『백범일지』 등의 자서전을 재미있게 읽은 기억이 있다.

또한 자서전을 검색해보니 넬슨 만델라, 그리고 우리집 이과형 아이의 최애 책 중 하나인『이기적 유전자』를 쓴 리처드 도킨스의 자서전도 있었다. 자서전까지는 아니더라도, 이순신 장군의『난중일기』와 제인 구달의 책들도 있다. 또한 과거에 내가 읽었던 천편일률적인 위인전이 아니라, 제대로 쓰고 흥미진진한 사람에 대한 넌픽션을 찾으려면 찾을 수 있었다.

나는 아이들이 고등학생일 때 동기부여에 관해 고민하다가 '아, 사람 얘기를 뚝 잘라먹었구나'라고 반성하게 되었다. 엄마의 편견으로 아이들 독서의 한쪽을 잘라먹은 것을 반성한다.

독서와 대화

아이들이 자라면 읽는 책이 부모와 겹치기 시작한다. 독서력이 탄탄하게 자라면, 중학생, 빠른 경우 초등 5~6학년만 되어도 부모와 접점이 점점 생기기 시작한다. 이과형 아이가 초등 6학년 때『이윤기의 그리스·로마신화』시리즈를 읽기 시작하자, 우리 부부도 추억에 잠겨 한두 권 읽었다. 중학 1학년 때 코난 도일, 애드거 앨런 포, 아가사 크리스티 등 추리소설에 빠져서 계속 읽자, 우리 부부도 몇 권 읽게 되었고, 문과형 아이도 뭔가 싶어 책을 들게 되었다. 그런 날 저녁 식사의 화제는 단연 추리소설, 추리영화다.

어쩌다 과학책

중학생만 되어도 수행평가·공부·숙제만도 빡빡하고 영화도 봐야 하고, 아이돌 덕질도 틈틈이 해야 하고, 친구들과 놀기도 해야 하고, 책 읽을 시간이 점점 줄어든다. 와중에 학교 숙제로 독서록도 써야 한다.

　이과형 아이는 간간이 『파인만 씨, 농담도 잘하시네!』같은 과학책을 한두 권씩 가져왔다. 덕분에 어쩌다 과학책을 보기도 했다. 집에 굴러다니니 뭔가 손에 잡고 넘겨 보기라도 하게 되었다. 이 아이가 칼 세이건의 『코스모스』를 읽을 때는 감회가 새로웠다. 내가 예전에 좋아하던 최애 책 중 하나였다.

　아이와 독서를 '공유'하는 것은 또 다른 즐거움이다. 부모가 아이들에게 영향을 주고, 아이들이 부모에게 영향을 준다. 그리고 독서를 공유하고 서로 공감하게 된다.

3년에 11권쯤이야

아이들의 독서를 지켜본다는 것은, 부모에게도 이처럼 좀더 다양한 독서 경험을 할 수 있는 계기가 된다. 아이에게 독서를 지도하기 위해서가 아니라, 이왕 내 집에서 굴러다니니 읽을 만하고 읽고 싶은 것은 주워 읽게 된다. 그림책도 좋고 동화책도 좋고 에세이도 좋다. 문과형 아이는 고등 때 『미움 받을 용기』, 『죽고 싶지만 떡볶이는 먹고 싶어』같은 책을 사와서 읽기도 했다. 친구가 추천해준 책이라고 했다.

　독서연구에 따르면, 고등학교 3년 동안 책을 한 권도 읽지 않은 학생과 11권 이상 읽은 학생은 학습능력, 수능 성적, 취업에서 차이가 많이 났다고 한다. 부모가 간혹 함께 읽으며 즐긴다면, 아이가 설마 고등 3년 동안 11권이야 읽지 않겠는가. 그러니 부담 가지지 말고 시작해보자.

요즘 초중생,
왜 소설 읽기 지도가 필요한가?

우리말과 문체의 빠른 워밍업

아이들의 성장과정은 결국 부모로부터 독립해가는 과정이다. 아이가 태어나 기어다니다가 걷게 되고 자라는 과정은 점차 부모와 멀어져서 홀로 서는 과정이다. 양육의 최고 목표는 '아이의 행복한 독립'이다.

독서교육도 이와 마찬가지다.

아이가 행복한 책 읽기의 경험을 가지고, 부모 품을 떠나 나름의 자기 색깔로 독립해가도록 응원하는 것이다. 독서교육의 최종 목표는 '아이의 행복한 독서 독립'이다.

그렇다고 하더라도 아이의 성장과정에서 부모의 역할이 그러하듯, 아이의 독서 변화도 신중하게 지켜볼 필요가 있다.

다음은 아이의 독서를 보면서 느꼈던 고민과, 이것을 해결할 단초를 찾아가던 '개입'에 대한 이야기다.

벽초 홍명희의 『임꺽정』이 왜 생소할까?

초등 6학년 말에 이과형 아이가 벽초 홍명희의 『임꺽정』을 집어들었다.

엄마가 잠이 안 올 때 자주 꺼내 보는 책 중 하나였으니 궁금했던 모양이다. 이 아이는 초중등 때 독서를 좋아했다.

그런데 『임꺽정』 1권을 3분의 1 정도 읽더니 더 이상 읽지 않았다.

『대지』 같은 책은 읽고, 그 얼마 전에 『이윤기의 그리스·로마신화』 시리즈 다섯 권도 재미있게 봤는데, 왜 이 책은 그만 읽는지 궁금했다. 그래서 이유를 물어보았더니 이런 대답이 돌아왔다.

"생소하고 어려워서 읽기 힘들어."

마치 조선시대의 전기수(직업적 낭독가)가 이야기판을 벌이듯, 우리나라 최고의 이야기꾼인 벽초 홍명희가 술술 풀어놓은 이 재미난 이야기책을 왜 어렵다고 하지? 아이의 말을 듣는 순간 의아했지만 생각해보니 수긍이 갔다.

'아, 애네들 세대에는 그럴 수 있겠구나.'

『임꺽정』 1권은 '봉단편'인데, 조선시대의 관청, 벼슬 이름들이 줄줄이 등장한다. 아이에게는 어휘도 생소할 뿐더러 배경 역사지식도 부족했다.

한자어 어휘가 난무하는데다가 지금은 별로 사용되지 않는 순수 토박이말들도 우후죽순 등장한다. 구성지게 읊어가는 문체는 엄마 세대에게는 읽을 때마다 맛을 느끼게 하지만, 요즘 아이에게는 생경할 수 있었다. 어린이나 청소년을 위해 최대한 쉽게 풀어쓴 글, 현대어 문투에 익숙한 아이들이 아닌가.

아이 독서, 문학·교양서로 잘 확장되지 못하는 이유

초등 저학년까지 우리 부모들의 독서교육 열기는 자못 뜨겁다. 적어도 독서량에 관한 한 아이들에게 책을 충분히 읽히고 있다(아이들이 행복하게 읽고 있는지는 모르겠지만 말이다).

하지만 독서 전문가들이 공통적으로 지적하듯이, 초등 고학년부터 독서가 줄어든다. 본격적으로 학원 공부에 매달리는 시기와 궤를 같이 한다.

그러다 보니 아이들의 독서 이력은 그림책과 동화책, 어린이 교양서적, 과학이나 역사 만화책 정도에 머물고, 이후 문학책이나 교양서적으로 잘 확장되지 못하는 경우가 많다.

그나마 일부 최상위권 아이들이 특목고, 대학 입시를 대비해 생활기록부에 올리느라 소설책 및 교양서적, 과학책을 좀 읽는 정도이다.

그런데 문제는 이마저도 아이가 목표하는 진로와 노력의 일관성이 보여야 한다는 명목 아래 문과 지향 아이는 소설책과 인문책, 이과 지향 아이는 과학책만 주로 읽게 된다는 것이다(이런 독서의 폐해에 대해서는 281쪽에서 다룬다).

요즘 아이 독서, 과거와 무엇이 다른가?

지금의 중장년층이 어릴 때인 40여 년 전에는 책이 흔하지 않았다. 어린이, 청소년을 위한 책은 더욱 적었다. 그나마 많이 보급되던 초등학생용 위인전집도 한자어 어휘가 엄청 많았고, 중간에 시조나 한시가 많이 등장하는 것들도 제법 있었다.

이처럼 어린이, 청소년용 책이 부족하다 보니, 아이들은 그나마 구할 수 있는 성인용 책을 좀 일찍 손에 들게 됐다. 세계문학이나 한국문학, 『삼국지』같은 방대한 소설책 말이다.

아이들이 세계문학전집을 읽기란 쉽지 않다. 찰스 디킨스, 에밀리 브론테, 제인 오스틴 정도는 그래도 수월하게 읽어낼 수 있지만, 제프리 초서, 괴테, 도스토예프스키에 이르면 난해하고, 시적 표현으로 가득한 셰익스피어의 맛을 잘 느끼지 못한다.

그럼에도 불구하고, 아이들은 인내심을 가지고 읽어냈다. 이해가 잘 안 되면 읽고 또 읽었다. 책이 너무 없어서 아쉬웠기 때문이다. 그리고 그나마 손에 잡힌 이 소중한 책들을 기를 쓰며 읽어내는 과정에서 어려운 내용과의 간극을 스스로 메워가고 글맛도 터득해갔다.

하지만 요즘 아이들은 굳이 생경하고 어렵게 느껴지는 책을 쥐고 인내심을 발휘할 필요가 별로 없다. 책이 너무 많아 아쉬울 것이 없기 때문이다. 게다가 학원 공부 등으로 시간이 없으니 소설책이나 교양서적으로 확장해갈 여력과 의욕도 적다.

우리 어휘와 정서를 잃어가는 아이들

우리집 아이에게는 코난 도일이 벽초 홍명희보다 친숙하고, 서양 신화의 가이아가 우리 신화의 마고할미보다 친숙하고, 셜록 홈스가 걷던 19세기 빅토리아 시대의 런던이 임꺽정이 걷던 16세기 조선 명종 때의 양주보다 훨씬 친숙했다.

어휘력, 독해력의 문제보다 그 '정서의 갭'이 더 인상적이었다.

언어는 문화다. 우리글, 우리 문학 속에는 우리 정서와 문화가 녹아 있다. 그런데 아이들이 풍부한 우리 어휘와 멀어지고 있고, 우리 문체의 한쪽을 빠르게 잃어가고 있으며, 이에 따라 우리 정서도 잃어가고 있다. 그리고 '우리 문학을 향유할' 아이들이 점점 적어지고 있다.

이야기와 상상력의 방

SF 영화 「인터스텔라」에서 우주여행을 떠났던 과학자 쿠퍼(매튜 맥커너히)는 지구에 있는 딸(앤 해서웨이)과 시공간을 초월해서 접속하게 된다. 영화 속에서 쿠퍼는 이상한 공간에서 딸의 '수많은 방들'을 맞닥뜨리게 되는데, 각 방은 각기 다른 시간 속의 딸의 방, 다른 세계다.

소설은 작가가 창조하는 또 하나의 세계다. 때로는 우리를 조선시대 한반도 곳곳으로, 1897년 경상도 하동의 평사리로, 16세기 영국 런던으로, 아이작 아시모프가 50여 년간 집필한 『파운데이션』 시리즈의 미래 은하제국 공간으로 이끌고 간다.

때로는 '돋보기'를 들고, 나와 같은 시간을 사는 어떤 사람의 일상과 사건, 내면의 풍경으로 끌고 들어가 깊이 천착한다. 시대는 같으나 역시 낯선 방이다.

소설의 책장을 열면, 작가가 만든 세계의 문이 열린다. 우리는 그 속에서 낯선 세계와 사람들을 만난다. 그들의 이야기와 사건을 따라가고, 그들의 감정을 느끼고, 그들의 생각을 엿본다.

우리는 문학이 삶을 얼마나 풍요롭게 하는지를 알고 있다. 많은 세계, 많은 방을 볼수록 내 방 또한 풍요로워지고 섬세해진다.

만약 우리 아이들이 우리 어휘, 우리 문체, 우리 정서를 잃어버린다면, 어느 날엔가 소설가 이문구의 문체가 살아 있는 『관촌수필』은 잊혀진 소설, 국어 문제집에서나 어쩌다 발견되는 글이 될 수도 있을 것이다.

표현이 사라지고 문장이 짧아지는 시대

나는 『임꺽정』이 생경하고 어렵다는 아이의 말을 듣고, 고민 끝에 일단 단편소설을 한 편 골랐다.

물론 아이가 성장해 우리 소설을 즐기는 날이 올 수 있을 것이다. 하지만 인생에서 한 번쯤, 우리 단편소설 몇 편을 낭독해보는 것도 좋을 것이라고 생각했다.

정보를 빠르게 읽는 시대, 정보만이 중요한 듯한 시대, '손가락으로 글을 넘겨버리며 눈으로 훑는 시대', 상세한 묘사나 표현, 깊이 있는 사고 표현들이 사라지고 문장이 계속 짧아지고 있다.

그리하여 아이들은 호흡이 긴 문장, 묘사가 치밀한 글, 사고를 깊이 파는 글과 점점 멀어지고 있다. 글의 호흡이 조금만 길어져도 읽기 어려워한다.

단편소설 낭독은 이러한 아이들이 우리 문체들에 빠르게 익숙해지기 위한 디딤돌이 될 수 있으며, 어휘력도 빠르게 높여준다. 또한 중고등, 대학 및 성인 때 우리 소설을 즐길 수 있는 기초 체력을 키울 수도 있다.

단편소설 몇 편 낭독하기, 실제 시간으로 치면 많이 잡아도 겨우 수십 시간이다. 하지만 효과는 크다. 유럽의 가난한 귀족 가정에서는 어머니나 언니가 책 한 권을 매일 조금씩 읽어주고, 아이에게 읽게 하는 연습을 통해 외국어를 가르치기도 했다.

우리 어휘와 문체를 위한 빠른 접근법

문체와 표현이 아름다우면서도 한국적 정서가 잘 드러나며, 아이가 읽기에 무난한 글을 선택했다. 이효석의 「메밀꽃 필 무렵」이었다. 낭독했을 때 아름다운 단편 중 하나이다.

글맛도 좋을 뿐더러 순수 우리 어휘와 토속어가 많이 등장하고, 문체가 너무 예스럽지'만'은 않아서 이질감도 덜하다.

배경지식도 많이 필요 없다. 아울러 낭독 과정에서 달밤, 하얗게 핀 메밀꽃 들판, 푸른 달빛이 눈에 떠오르는 시각적 효과를 불러일으키는 글이기도 하다.

> (중략) 대화까지는 팔십 리의 밤길. 고개를 둘이나 넘고 개울을 하나 건너고 벌판과 산길을 걸어야 된다. 길은 지금 긴 산허리에 걸려 있다. 밤중을 지난 무렵인지 죽은 듯이 고요한 속에서 짐승 같은 달의 숨소리가 손에 잡힐 듯이 들리며, 콩포기와 옥수수 잎새가 한층 달에 푸르게 젖었다. 산허리는 온통 메밀밭이어서 피기 시작한 꽃이 소금을 뿌린 듯이 흐붓한 달빛에 숨이 막힐 지경이다. (중략)

우리집 아이들에게 소리내어 읽어보면 어떻겠냐고 제안했다. 분명 읽다 보면 우리글이 얼마나 아름다운지를 느낄 수 있을 거라고 했다. 아이들은 나의 제안을 받아들였고, 이 단편소설을 몇 번에 걸쳐 낭독했다.

묵독과는 느낌이 또 다르다. 낭독하면 자신도 모르게 음률을 갖게 된다. 명문은 소리내어 읽으면 맛이 새롭다. 그러하기에 명문이다.

낭독은 에너지가 많이 든다. 우리 인체의 각 기관을 사용하여 정신을 집중해서 읽는 행위이기 때문이다.

그러하기에 역설적으로, 단기간의 짧은 훈련과 그에 따른 효과가 좋은 편이다. 우리는 틈틈이 단편소설 몇 편을 낭독했고 나름 효과가 있었다. 어휘력, 문체 등을 단기간에 익히는 데 매우 효과적인 방법이다.

아이가 어느 날엔가, 우리 어휘와 정서, 작가만의 독특한 문체로 빛나는 이문구의『관촌수필』같은 한국 소설을 읽을 때, 적어도 그리 생경하지는 않을 것이다. 우리 아이들의 한국 소설 읽기는 한국 문학과 문화의 토양을 키우는 데 낱알 하나라도 보탬이 될 것이다.

나는 그것으로 족하다고 생각한다. 스토리텔링을 위한 가장 기초적인 토대를 키울 수 있다면 금상첨화이고 말이다.

과학에 영감을 주는 독서

앙드레 김, 낯선 곳으로의 초대

일년 내내 비슷한 옷만 후줄근하게 입고 다니는 나는 그래도 보는 것에는 조금 관심이 있다. 패션 단행본도 사보고, 패션쇼 동영상도 찾아보고, 보그 같은 패션잡지도 어쩌다가 산다. 예전에는 패션 관련 프로그램도 자주 찾아보곤 했다.

예전에 OCN에서 방송한 '앙드레 김' 특집 다큐 프로그램을 본 적이 있다. 인터뷰 진행자가 어떤 디자인 관련자에게 물었다(앙드레 김이 생존해 있을 때 방영된 프로그램이다. 오래되어 기억에 의존하여 대화를 써 본다).

"앙드레 김이 과연 뛰어난 디자이너인가? 주로 흰색, 겹옷, 화려한 무늬, 꽃무늬, 레이스…, 순수를 지향하는 환상적인 패션이라고 하지만, 어떤 이는 좀 과장되어 보인다고도 하고, 어떤 이는 디자인이 별 변화가 없이 반복된다고도 한다. 평범한 사람들도 앙드레 것이구나 알 정도라는 것이다. 디자이너로서 너무 식상하게 계속 머물러 있는 것 아닌가?"

그러자 그 패션 관련자가 대답했다.

"세상에는 수많은 디자이너가 있다. 옷도 셀 수도 없이 많다. 그 속에서 평범한 사람들마저 '누구의 디자인'이라고 인식되게 하는 것은 정말 대단한 것이다. 디자이너로서 자신만의 아이덴티티를 찾고 키워내는 사람이 얼마나 되겠는가."

나는 패션과 전혀 상관없는 직업을 가지고 있다. 하지만 이 방송은 내 뒤통수를 세게 쳤으며 이후 자주 되뇌는 말이 됐고, 이듬해 참여한 프로젝트가 성공을 거두는 밑바탕이 됐다. 나는 회의 참석자들에게 왜 이 콘셉트를 강력하게 밀고 나가야 하는지, 나의 시장 진입 전략의 의미가 뭔지, 그 인터뷰 방송에 나온 말을 들려주며 열렬히 설득했다.

우리는 때로는 익숙하지 않은 것, '낯선 것'에서 단초를 얻는다. 이제 이 낯선 것과의 만남, 특히 독서가 어떤 효과를 주는지 들여다보자.

한 과학자와의 만남

마흔 넘어서 일로 접한 한 과학자와의 만남은 많은 것을 느끼게 했다. 낯선 만남이었다. 아이비리그 교수인 그는 과학자였지만, 미술에 조예가 깊었고, 음악을 좋아했고, 소설책과 인문책, 경제책, 철학책 등을 꽤 깊이 있게 읽고 있었다.

비트겐슈타인의 철학책을 다시 읽고 있었고, 한국 소설가의 신간을 찾아 읽고, 미국에서 새로 출간된 주목할 만한 전문 심리학 책을 읽고 있었다. 연구를 위한 출장에서도 음악회를 찾았다. 연필 스케치화도 그렸다. 이 사람 뭐지? 낯선 만남이었다.

문화와 취향은 하루아침에 길러지는 게 아니다

좀 속물적인 이야기로 시작해보자. 나는 성인이 되어 직업을 가진 후에 차곡차곡 모으는 것은 가족의 안전을 위한 돈만인 줄로 알았다. 하지만 교양도 쌓는 것이더라.

20대에는 다들 고만고만해 보였지만, 마흔을 훌쩍 넘은 어느 날, 문득 주위를 둘러보니 간극이 상당했다. 이 과학자만이 아니다. 독서를 차분히 계속 쌓아오던 사람들과 나의 간극은 대단했다. 어떤 시스템 전문가는 어릴 때 아버지의 LP판으로 음악을 듣기 시작했다는데, 쉰을 넘긴 그는 음악과 미술에 무척 조예가 깊었으며 관련 책들을 탐독해 식견이 대단했다. 가랑비에 옷이 젖는 것이다.

문화와 취향은 하루아침에 길러지는 것이 아니다. 돈은 하다 못해 시골 땅에 하루아침에 길이 나서 부자가 될 수 있을지언정, 문화와 취향이야말로 하루아침에 메워지는 것이 아니다.

다행히 뇌는 직접 경험하는 것과 독서를 통한 간접경험도 구별하지 못한다. 아이가 다양한 문화와 취향을 길러갈 수 있도록 다독의 디딤돌을 놓아보자.

새는 양쪽 날개를 달고 난다: 영감을 주는 독서

나는 그 과학자의 독서가 궁금했다. 그해 그는 연구 프로젝트 여러 개에 연구비가 많이 나왔고 매우 바쁘다고 했다. 그런데 와중에 왜 난해하기로 유명한 비트겐슈타인의 철학책을 다시 보고 소설책, 경제책, 심리책, 미술책 등을 계속 읽고 있는지 좀 의아했다. 그래서 안 지 일 년쯤 됐을 때 물어보았다.

"과학자인데 철학책, 인문책, 소설책을 많이 읽으시는데요. 저는 주변에 거의 경영대, 사회과학, 문과 출신들만 있어서 과학 전공자들을 통 접해본 적이 없어서…. 과학자는 주로 과학책을 보고 연구만 하는 줄 알았거든요. 그런데 왜 철학책이나 인문책, 소설책을 많이 보시나요?"

그가 대답했다.

"당연히 흥미로 보는 거지요. 재미로 보는 거긴 한데, 제 연구에 영감을 불어넣어 주기도 해요."

아이들의 교육과 독서교육에 가장 큰 영감을 준 말이었다.

'과학도 영감이 필요하구나.'

내가 패션 프로그램에서 일의 영감을 얻었듯이, 그는 낯선 책 공간에서 과학적 영감을 얻기도 하는 모양이었다.

그러고 보니 맞다. 17세기 철학자 베이컨의 『뉴 아틀란티스』에는 원거리 소리 전달장치, 잠수함 등에 대한 아이디어가 등장한다. 거기서 또 약 2세기 정도를 거슬러 올라가면, 레오나르도 다 빈치의 메모에도 그런 아이디어가 나온다.

인간에게 독서하는 뇌 부위가 없듯이, 창의성을 담당하는 뇌 부위도 없다. 인간은 아직 창의성의 비밀을 다 알지 못한다. 뇌의 이곳저곳이 활성화되고 연결되는 과정에서 창의성이 발현되는 것 아닌가 하는 정도만 알 뿐이다.

우리집 이과형 아이가 중학생 때 한국 단편소설 몇 편을 소리내어 읽도록 독려했다. 당시 애는 수학과 과학을 잘하며, 작문에서 상을 받을 때는 논술 같은 것에서만 받아왔다.

하지만 새는 양쪽 날개를 달고 난다. 이 아이가 문학의 날개도 맛보았으면 했다. 무엇보다 이 땅에서 태어난 아이가 우리말과 글이 살아 있는 한국 문학의 맛을 알았으면 했다. 그를 통해 철학과 인문, 예술로 독서가 확장되었으면 했다.

어쩌면 미래의 어느 날, 실험실에 앉아 있는 아이에게, 또는 컴퓨터 앞에서 그래프와 씨름하는 아이에게 그것이 휴식이 되고 영감도 줄 수 있지 않겠는가.

낯선 곳으로의 독려

독서도 마찬가지다. 어차피 독서도 취향이 있다. 옆에서 매일 끼고 지도하지는 않되, 아이가 좀더 다양한 경험으로 나아갈 수 있게 독려해야 한다. 얼마나 멀리 갈지는 아이의 몫이고, 그 먼 땅으로 향하는 첫 번째 발걸음, 두 번째 발걸음을 디딜 기회는 주는 것이 좋다.

그것이 우리집에서는 도서관에서 책을 빌릴 때 썼던 5대 5대 5에서 엄마 몫인 5였다. 엄마 몫의 5에서 자유롭게 아이들이 접해보았으면 하는 다양한 분야의 실험적인 책들을 과감하게 끼워 넣었다. 서점에도 갔지만, 도서관을 자주 이용한 이유는 이처럼 낯선 책을 부담없이 과감하게 빌려올 수 있었기 때문이다. 그림책의 크기가 보기 드물게 굉장히 크다는 이유로, 혹은 보기 드물게 작다는 이유로 빌려온 경우도 있었다. 적어도 잡지꽂이에 넣어 한두 번이라도 눈길을 잡을 기회를 제공하는 것이다.

인류가 탄생한 이래, 낯선 곳으로 겁없이 발을 내딛는 인간 유형은 항상 있어왔다. 어떤 이유에서건, 부족을 떠나, 또는 부족의 정찰대로서 미지의 낯선 땅으로 하루, 며칠, 몇 달을 앞으로 더 나아가 걸어본 사람들 말이다. 이들의 발자국으로 인해 온 지구에 인류가 퍼지게 되었다.

또한 우주 개척자들만이 개척자가 아니다. 모든 위대한 철학자들은 그 시대를 뛰어넘는 위대한 사고의 개척자들이었다. 마찬가지로 서양 여성 의류사에서 코르셋을 던져버린 디자이너도 위대한 개척자였다.

무슨 일을 하든, 단 반 걸음만이라도 앞으로 더 나아가는 것은 흥미진진하고 벅차다. 때로는 낯선 책과의 만남이 그 매개체가 된다.

한국의 문해력 교육, 어디로 가야 할까?

몇 년 전부터 문해력이 화두가 되고 있습니다. 저 또한 한 사람의 부모로서, 문해력을 사회적 화두로 키워온 분들께 감사한 마음입니다.

그런데 조심스럽지만, 우리 문해력 교육의 유행 양상을 보면 우려스러운 점이 없지 않습니다.

문해력이 아이들에게 또 하나의 공부 과목이 되어가는 느낌이 듭니다. 아이들의 학습 부담을 줄이기는커녕 오히려 늘어나게 하고 있습니다. 그리하여 아이들의 책 읽는 시간을 도리어 줄이고, 놀 시간, 멍 때릴 시간을 줄이는 방향으로 나아가고 있는 것은 아닌지 우려스럽습니다.

읽기 텍스트를 연령대, 학년별로 나누고, 글의 형태, 주제별로 나누고, 어휘 부분도 따로 잘라내고, 급기야 한 문장, 한 단어로 쪼개고, 쓰기도 한 줄 쓰기 식으로 자르고….

한 편의 텍스트를 자꾸 자를수록 아이들의 맥락 읽기가 약해지고, 파편화된 기계식 학습에 가까워집니다. 안 그래도, 우리 아이들이 학교 교육에서 10쪽 미만의 텍스트를 주로 읽고 있고, 이는 학교 교육을 통해 주로 100쪽 이상을 읽는 청소년 문해력 선진국들과 비교되는 지점인데, 학교 밖의 문해력 교육마저 자르거나 짧은 텍스트가 횡행하는 현상이 걱정이 됩니다.

이런 방향으로 계속 나아가면, 우리 아이들이 이미 하고 있는 정형화된 액자에 우겨넣는 '조각화된 지식교육', 기계화된 학습에 불과해질 수도 있습니다.

우리의 문해력 교육이 아이들의 학습 부담을 줄이는 방향으로 나아갔으면 합니다. 아이들이 즐거웠으면 합니다. 또한 문해력에 대한 사회적 관심의 환기가 우리 사회에 부족한 부모와 자녀의 대화가 늘어나고 대화 소재가 더 다양해지는 계기가 되었으면 합니다.

아울러 가정이나 학교 현장에서 아이들의 글 읽는 소리가 더 많이 들렸으면 좋겠습니다. 무엇보다 우리 아이들이 책 읽는 행복함을 누리는 방향으로 나아가길 진심으로 빕니다.

이 책이 바쁜 부모님들께 작으나마 도움이 되셨으면 하는 마음 간절합니다. 아울러 다문화 가정이나 조손가정 등 문해력 성장환경이 어려울 수 있는 우리의 소중한 아이들을 가르치시는 교사 분들께 혹시라도 작은 참고가 되신다면, 글쓴이로서 더할 나위 없이 기쁠 것 같습니다. 감사합니다.

김선 드림